しまくとぅば
ルネサンス
沖縄国際大学
公開講座 26

## はしがき

「しま」という言葉は、琉球列島では、「海に囲まれた領域」のみならず、「集落、村、共同体」、特に「生まれ故郷」のことを指す。この琉球における「しま」は、古代語の同じ意味を持つ「しま」と相通じていると同時に、そこに住まう人々の拠り所としての意味合いを深く帯びている。「しまくとぅば」とは、琉球列島に千近くあると言われる各集落の固有の言葉であり、そのそれぞれが独自の文化的な伝統を引き継いでいるといってもよいだろう。かつて、「しまくとぅば」は人々の日常生活とともにあり、豊饒をもたらす畏れ多き神々への祈願も、喜怒哀楽の表現としての歌謡も、「しまくとぅば」によって行われていた。

しかし、近代以降、「しまくとぅば」は排斥の憂き目に遭う。「しまくとぅば」は時代遅れのものと見なされ、学校教育においては、「方言札」に代表されるような「標準語励行運動」が行われた。また、メディアの普及は、人々に広い知見を与えたが、同時に「強大言語」（日本語・英語）の普及と「弱小言語」（しまくとぅば）の抑圧を招いた。その結果、現在では「しまくとぅば」を話すことができるのは老年層に限られ、若年層は話すことのみならず、理解することすら難しくなってきている。

このような現状は何も琉球列島に限ることではない。世界には数千もの言語があると言われているが、そのまま放置すれば、九十パーセント以上が今世紀中に消滅すると言われている。世界における「消滅危機言語」の問題と、「しまくとぅば」断絶の問題は決して無縁ではない。それは地球規模での多様性や環境の破壊ともつながっている。「言語消滅」の危機感を受け、二〇〇六年、沖縄県は「しまくとぅばの日」を条例化し、また、二〇〇九年にはユネスコが琉球列島における六言語を「危機言語」に指定し、継承への取り組みを促した。いま、内外から、「しまくとぅば」の再生（ルネサンス）が求められている。

沖縄国際大学の二〇一六年度うまんちゅ定例講座「しまくとぅばルネサンス」では、「しま」の人々の拠り所であった「しまくとぅば」にこだわり、その再評価、再生に向けた取り組みを紹介する。そこでは、「言語」の視点のみならず、「芸能」「文学」「教育」「文化交流」といった様々な分野から考察を行っている。しかも、琉球のみならず、台湾、香港といった近隣アジアの事例も紹介し、地球規模での「言語復興運動」につながっていこうと意図している。総勢十三名による研究者が、それぞれの「しまくとぅば」への思いを語る場ともなっているので、ぜひともご一読をお願いする次第である。

二〇一六年度沖縄国際大学公開講座委員長　西　岡　敏

## 平成28年度沖縄国際大学公開講座（うまんちゅ定例講座）

| 回 | 日程 | テーマ | 講師 |
|---|---|---|---|
| 第1回 | 6月11日(土) | 琉球文とシマ言葉<br>—言語文化の視点から継承について考える— | 狩俣　恵一（沖縄国際大学総合文化学部教授） |
| 第2回 | 6月18日(土) | しまくとぅばと学校教育 | 田場　裕規（沖縄国際大学総合文化学部准教授） |
| 第3回 | 7月9日(土) | ベッテルハイムと『英琉辞書』漢語 | 兼本　敏（沖縄国際大学総合文化学部教授） |
| 第4回 | 7月16日(土) | 沖縄を描く言葉の探求<br>—沖縄近代文学と「しまくとぅば」 | 村上　陽子（沖縄国際大学総合文化学部講師） |
| 第5回 | 7月23日(土) | 崎山多美の文体戦略<br>—「シマコトバでカチャーシー」を切り口に— | 黒澤亜里子（沖縄国際大学総合文化学部教授） |
| 第6回 | 7月30日(土) | 香港における言語状況<br>—トライグロシアへの軌跡と課題— | 李イニッド（沖縄国際大学総合文化学部教授） |
| 第7回 | 8月6日(土) | 琉球語の表記について<br>—「沖縄語」の表記を中心に— | 仲原　穣（沖縄国際大学総合文化学部非常勤講師） |
| 第8回 | 8月20日(土) | 琉球民謡に見るしまくとぅばの表現 | 西岡　敏（沖縄国際大学総合文化学部教授） |
| 第9回 | 8月27日(土) | 「しまくとぅば」の現状と保存・継承の取り組み<br>—沖縄奥武方言を中心に— | 中本　謙（琉球大学教育学部教授） |
| 第10回 | 9月17日(土) | 南琉球におけるしまくとぅばの現状<br>—多良間島を中心に— | 下地賀代子（沖縄国際大学総合文化学部准教授） |
| 第11回 | 10月1日(土) | 「うちなーやまとぅぐち」から「しまくとぅばルネッサンス」を考える<br>—語学教育の視点から— | 大城　朋子（沖縄国際大学総合文化学部教授） |
| 第12回 | 10月8日(土) | 現代台湾における原住民族語復興への取り組み<br>—その歴史的経緯・実践と沖縄「しまくとぅば復興」への提言— | 石垣　直（沖縄国際大学総合文化学部教授） |
| 第13回 | 10月22日(土) | なぜ琉球方言を研究するか | 狩俣　繁久（琉球大学国際沖縄研究所教授） |

しまくとぅばルネサンス ―― 目次

## しまくとぅばと学校教育

田場裕規



## ベッテルハイムと『英琉辞書』漢語

兼本敏

## 香港における言語状況
### ―トライグロシアへの軌跡と課題―

李　イニッド

琉球語の表記について

―「沖縄語」の表記を中心に―

仲原穣



琉球民謡に見るしまくとぅばの表現

西岡敏

# なぜ琉球方言を研究するか

狩俣繁久

※役職は講座開催当時、本文は講座開催の順序で編集。

# 琉球文とシマ言葉

## ―言語文化の視点から継承について考える―

狩俣恵一

狩俣　恵一・かりまた　けいいち
沖縄国際大学総合文化学部教授、博士（民俗学）
【所属学会】
奄美沖縄民間文芸学会代表委員・日本口承文藝学会理事・沖縄文化協会・アジア民族文化学会
【主要編著書】
『芸能の原風景』瑞木書房、一九九八年、『南島歌謡の研究』瑞木書房、一九九九年、『琉球の伝承文化を歩く2』三弥井書店、二〇〇三年

※役職肩書等は講座開催当時

## 一　はじめに ― 琉球語・ウチナーグチ・シマ言葉について ―

日本語が、東北方言・関東方言・関西方言などに分かれるように、琉球語は奄美・国頭・沖縄・宮古・八重山・与那国の六大方言に分かれている。その六大方言は、北部琉球方言圏（奄美諸島・沖縄諸島）と南部琉球方言圏（宮古諸島・八重山諸島）に大別されるが、前者では小地域（集落）の言葉をシマクチといい、後者ではスィマムニ（シマムニ）という。シマクチ・スィマムニの「シマ」は、集落（小地域）を指し、クチ・ムニは言葉の意である。

近年、シマクチ・スィマムニを総称してシマクトゥバ（シマ言葉）という新語が生まれ、シマ言葉とウチナーグチが混同されるようになった。しかし、ウチナーグチを通時的にみるならば、沖縄本島及びその周辺離島の広い地域で通用する新しい方言であり、集落のシマ言葉とは異なるものである。したがって、日常語のシマ言葉を習得すれば、琉球舞踊や組踊などの伝統文化の継承に役立つという言説は、沖縄諸島の場合はある程度認められるが、宮古・八重山の南部琉球方言圏にはあてはまらない。(1)

ところで、ウチナーグチが沖縄方言として広く通用するようになったのは、士族社会の消滅と深く関わっている。近世琉球国の王都（首里・那覇）には、琉球士族と町百姓（平民）が居住し、言葉は士族語と平民語に分かれていた。そして、近代沖縄においても、首里・那覇の琉球士族と平民の言葉は存続したが、いつしか士族語は首里の言葉、平民語は那覇の言葉と区別されるようになった。大雑把に言うと、士族と平民の身分差による言葉が、首里・那覇という地域別の言葉として考えられるようになったのである。首里には旧王族をはじめ旧士族たちが多く居住し、那覇は商業の街として平民が多く暮らしていたからである。

しかし、士族社会の消滅は士族語を衰退させた。また、首里・那覇には他シマからの移住者が増加し、いつしか平民語を基に他シマやヤマトの言葉が混入したウチナーグチ（沖縄口）という新しい方言が生まれた。新方言のウチナーグチは、沖縄芝居の言葉に使用され、ラジオやテレビ等で広く普及するようになった。ただし、ウチナーグチと沖縄芝居語は同じではない。

本稿では、琉球王国時代の中央語であった琉球士族語と、平民語系統のウチナーグチ、それに小地域語のシマ言葉の歴史的経緯を踏まえたうえで、琉球士族語（琉球文）の表記・読みと、近代以降におけるウチナーグチ・シマ言葉の文字化（表記）の問題を検討し、伝統的な言語文化の視点からそれらの継承について考察する。

## 二　琉球文の表記と読み

尚真王時代の中央集権制は地方の按司たちを首里に集めたが、その家族は大名家と呼ばれる貴族階級を形成した。そして、家臣たちのユカッチュ（サムレーとも）と称する士族階級があり、その下に町百姓の平民階級があった。その貴族及び士族の言葉（琉球士族語）と平民の言葉（平民語）

には差異があった。『沖縄語辞典』は、「貴族・士族の成人男子はs、c、zのほかに、平民および女子供のもたない子音音素ş、ç、z̧、および平民のもたない音素結合sjをもつ」と述べている。(2)琉球士族の男子は、発音の厳しい訓練をすると同時に、書き言葉の漢文・和文を学び、琉球独自の書き言葉の「琉球文」で、公文書・碑文・呪詞・オモロ・組踊・琉歌などを記録した。その琉球文には、候文もとり入れた。

当時の宮古・八重山をはじめとする地方士族は、中央士族の話し言葉（口頭言語）を聴き取れなくても、琉球文の公文書を読み、筆談で通じ合うことができた。その意味において、近世の琉球文は、琉球王国における真の共通語であったといえる。

## 三　おもろさうし・碑文の表記と読み

琉球士族は、古琉球時代に平仮名を使って口頭伝承のオモロを記録し、碑文を刻んだ。そして、彼らはその琉球文を琉球士族語で読んだと思われるが、現在では当時の発音がわからなくなっており、オモロ・碑文の読みはできなくなっている。文字は、そのまま残っても、話し言葉が変化したからである。

## 1　オモロの表記と読み

次のオモロの上段は、平仮名中心の和文である。下段は、読みを片仮名で記した。

| （琉球文） | （琉球文の読み） |
| --- | --- |
| 一　ゑけ　あかる　三日月や | ヱケ、アガル　ミカヅキヤ |
| （又）ゑけ　かみきや　かなまゆみ | ヱケ、カミギャ　カナマユミ |
| 又　ゑけ　あかる　あかほしや | ヱケ、アガル　アカボシヤ |
| 又　ゑけ　かみきや　かなままき | ヱケ、カミギャ　カナママキ |
| 又　ゑけ　あかる　ほれほしや | ヱケ、アガル　ボレボシヤ |
| 又　ゑけ　かみか　さしくせ | ヱケ、カミガサシクセ |
| 又　ゑけ　あかる　のちくもは | ヱケ、アガル　ノヂクモハ |
| 又　ゑけ　かみか　まなきゝおひ | ヱケ、カミガ　マナキキオビ |

この読みの特徴は、琉球語の発音に拘泥せず、書かれたとおりに読むことである。このような読みをする理由について、仲原善忠は次のように述べている。[3]

①「おもろさうし」には半濁音の記号はなく、F行とH行の書きわけもはっきりしないが、現在でさえ、この三つは併存している。（オモロの表記から、当時の発音を知ることはできない）

②袋中の『琉球神道記』（一六一〇）では「きこゑ大ぎみ」を聞補君（キフフギミ）と記しているが、明治時代はチフィヂンであった。（オモロの表記とは異なり、話し言葉の発音は変化している）

③（おもろさうしは）このような表記をしてあるから、却って沖縄語を知らない人でも理解しやすい。それを沖縄語にもどして沖縄風に発音したからといって理解がふかまるということではない。今でさえ難解なものを益々、暗い難渋なものにしてしまう恐れがある。「天にてる月」を「ティニニティルチチ」と発音したから、わかりよいとか、感じが出る、というものではない、と思う。「きこえ大ぎみ」とあれば字面をみただけで大体の見当がつく。それをわざわざ「チィクィイウヂミ」と書き直す必要はないと私は考える。（オモロは表記のとおり、日本語的に読むほうがわかりやすい）

そして、平仮名中心のオモロの表記は、その研究成果を踏まえて、漢字と平仮名の混交文で記すようになった。漢字が増えることで、意味が理解しやすくなるからである。次の(1)〜(8)は、筆者が便宜的に付したものであるが、(1)(3)(5)(7)の奇数句は主語、偶数句の(2)(4)(6)(8)は述語である。

**（漢字仮名の混交文）**

(1)　一　ゑけ　上(あ)がる　三日月や
(2)　（又）ゑけ　神(かみ)ぎや　金真弓(かなまゆみ)
(3)　又　ゑけ　上がる　明星(あかぼし)や
(4)　又　ゑけ　神ぎや　金細矢(かなまき)
(5)　又　ゑけ　上がる　群(ぼ)れ星(ぼし)や
(6)　又　ゑけ　神が挿(さ)し櫛(くせ)

**（訳）**

ゑけ、上がる三日月は
ゑけ、神の金真弓
ゑけ、上がる金星は
ゑけ、神の金細矢
ゑけ、上がる昴は
ゑけ、神の簪

(7)　又　ゑけ　上がる　虹雲（のぢくも）は　　ゑけ、上がる虹雲は

(8)　又　ゑけ　神が　愛（まな）きき帯（おび）　　ゑけ、神の愛しい帯

このオモロの冒頭の「一」は歌いはじまりで、「又」は繰り返しの符号。「ゑけ」は感動詞で、夜空の美しさをうたったものとされている。平仮名と漢字の混交文にすることで、暁の夜空に浮かび上がる三日月・金星・昴・虹・雲などを歌っていることが比較的理解しやすくなっている。

## 2　碑文の表記と読み

先述のオモロが韻文体であるのに対して、碑文は散文体である。次は、「添継御門の南のひのもん（新添石垣）」（一五四六年）の冒頭部分であり、尚清王の命で一五四六年に添継御門の石垣を積んだことを記している。（　）内は、訳文である。

首里の王、天つき王にせの、あんしおそしかなし天の、（首里の王・尚清王の）
ミ御ミ事に、するつきの、御ちやう、（詔により、添継の、御門の、）
御石かき、つミ申候時の、ひのもん（御石垣、積み申候時の、碑文。）
首里、天つきの、あんしおそいかなし天の、ミ御ミ事。（首里の、尚清王の、詔。）
御くすくの、御石かき、きよらさ、ちよさ、（御グスクの石垣は、美しく、強く）
あれとも、御くすくの、こしあて、（あれども、御グスクの腰当て、）
はへおもての、ひとへに、ありよるけに、（南表が、一重であるので、）

首里の御世の、御さうせめしよわちへ、（尚清王が、お考えなさり、）
御石かき、つませて、ミ御ミ事、（御石垣を、積ませよとの、詔を）
をかミ候て、くにの、あんしへ、（拝受候て、国々の、按司へ、）　―以下、省略―

右の傍線部の「御くすく」の読みは、現代のウチナーグチからウグスィクと類推される。また、「清らさ」の読みはチュラサ、「ちよさ」の読みはチューサと類推されるが、当時の発音が現代のウチナーグチの発音と同じであったかどうかはわからない。碑文の読みが継承されず、話し言葉の発音が変化してきたからである。したがって、仲原が「おもろ創作当時の音をそのまま再生し記述することは不可能であろう」と述べたことは碑文にも適用される。

その他、辞令書等の公文書、ミセセル・オタカベ等も琉球文で記されたが、当時の発音がわからないため、書かれた文字のとおりに読んでいる。換言するならば、『源氏物語』を平安朝時代の発音で読まないことと相通じるものがある。

## 四　琉歌・組踊の表記と読み

琉歌や組踊の〈唱え〉はオモロや碑文とは異なり、歌謡や芸能として継承してきたので、その読みは比較的明らかである。また、琉歌は８８８６音形式で、通称サンパチロク（3音×8音＋6音）といわれるが、組踊の〈唱え〉も８８８６音を基調としている。よって、琉歌や組踊の〈唱え〉は、その音数律で区切って読むので、比較的読みやすくなっている。

## 1　琉歌の表記と読み

次は、琉球文による琉歌の表記と読みの事例である。参考までに、訳も付した。

《かぎやで風》

| (琉球文) | (琉球文の読み) | (訳) |
|---|---|---|
| けふの　ほこらしやや | キユヌ3　フクラシャヤ5 | 今日の嬉しさは |
| なをにぎやな　たてる | ナヲゥニジャナ5　タティル3 | 何に喩えられようか |
| つぼでをる　花の | ツィブディヲゥル5　ハナヌ3 | 蕾んでいる花が |
| つゆきやた　ごと | ツィユチャ3　タグトゥ3 | 露に行きあったようだ |

傍線部の「けふ」を「キユ」(今日)と発音するのは士族語の発音であり、ウチナーグチの「チュー」(今日)とは異なっている。また、「つ」はツィ、「ほ」はフ、「こ」はク、「を」はヲゥ、「ぎや」はジャ、「て」はティ、「ぼ」はブ、「で」はディ、「きや」はチャ、「ごと」はグトゥと発音する。

傍線部の四句目は、意味的には「ツィユチャタ(5音)・グトゥ(2音)」であるが、音楽的には「ツィユチャ(3音)・タグトゥ(3音)」と分割して歌う。琉歌の8音は(5・3)音もしくは(3・5)音に分割され、6音は(3・3)音に分割されるからである。

分割する理由は定かではないが、近世小唄調の7775音が、(3・4)音、(4・3)音、(3・4)

音、（5）音に分割されて歌われるのと似ている。歌三線奏者に聞くと、5音・3音もしくは3音・5音に分割しないと歌いづらいという。

《若衆特牛節》

「若衆特牛節」の若衆とは「若衆踊り」のことであり、特牛節（クティブシ）は節名（曲名）である。つまり、「若衆特牛節」とは、若衆踊りの「特牛節」という意味である。「特牛」は、琉球語でクティ、九州南部方言ではコテイ・コッテイであり、「立派な雄牛」のこと。

ところが、「若衆特牛節」の歌詞は、「春になると常盤の松が鮮やかに色づく」という内容であり、雄牛を歌ったものではない。曲名（節名）と歌詞の内容が一致していないのである。実をいうと、元の歌詞は「大西のこていや・なづち葉ど好きゆる・わした若者や・花ど好きゆる」（大西の立派な雄牛はなづち葉が好きであるが、私たち若者は遊女が好きである）という意で、伊江島の歌（節）とされている。

つまり、琉歌は8886音の音数であれば、どの曲（節）で歌うことも可能である。また、歌詞の内容よりも三線楽譜（工工四）の曲名（節名）が歌の名称となる傾向にある。ちなみに、「若衆特牛節」の歌詞は、源宗于の「ときはなる・松のみどりも・春来れば・今ひとしほの・色まさりけり」（古今集24番歌）が元歌であり、和歌を元歌とした琉歌は数多くよまれている。

| （琉球） | （琉球文の読み） | （訳） |
| --- | --- | --- |
| 常盤なる（5） 松の（3） | トゥチワナル5 マツィヌ3 | 常磐なる松の |
| 変はること（5） ないさめ（3） | カワルクトゥ5 ネサミ3 | 変わることはない |
| いつも（3） 春来れば（5） | イツィン3 ハルクリバ5 | いつも春来れば |
| 色ど（3） まさる（3） | イルドゥ3 マサル3 | 色ぞまさる |

右の傍線部の「ないさめ」はネサミと読む。ドゥは、係助詞の「ぞ」。琉球語特有の表記と読みである。

《柳節》

琉歌の「仲風形式」は、和歌及び近世小唄の5音・7音と琉歌の8音・6音を組み合わせたもので、上句が55音、下句が86音のパターンが多い。ところが、「柳節」は上句が77音で、下句が86音という一風変わった仲風形式である。また、次の傍線部のように冒頭は〈ヤンナジワミドゥリ〉と歌い出すので、実際には8786音で歌っていることになる。

| （琉球文） | （琉球文の読み） |
| --- | --- |
| 柳は（4） 緑（3） | ヤンナジワ5 ミドゥリ3 |
| 花は（3） 紅（4） | ハナワ3 クリナヰ4 |
| 人は（3） 唯情（5） | フィトゥワ3 タダナサキ5 |
| 梅は（3） 匂ひ（3） | ンミワ3 ニヲゥイ3 |

この琉歌は、寛永一二年（一六三五）に将軍家光が上覧した「伊勢踊り歌」の「柳は緑　花は紅　人には情　梅は匂い」系である。琉球士族は、和歌や近世小唄と琉歌の形式の相違を意識しながら、ヤマトめきたる歌詞を琉歌に移植し、独自の琉歌の世界をつくりあげた。ちなみに、琉歌の歌詞は、〈今日の誇らしやや〉〈ほまれそしられや〉〈伊集の木の花や〉のように、「や」が一般的だが、「柳節」は〈柳は・花は・人は・梅は〉と、すべてヤマトめきたる「は」である。

近世小唄の影響を受けた「柳節」の表記は和文そのものであり、近世小唄と異なるところは歌詞の形式と琉球士族語の発音で歌われるところである。つまり、琉球語的に発音すれば、和語は琉球語に変わるということであり、そのことが琉球文の表記と読みの開きを大きくしているのである。

## 2　組踊の表記と読み

組踊では、〈唱え〉と呼ばれるセリフを述べるが、〈唱え〉の発声や抑揚は、ミセセルやオタカベの韻律を参考にしたといわれている。また、〈唱え〉の若衆・女性・成人男性・老人・間の者（マルムン、道化的な役）は、役柄に応じて発声・抑揚・テンポが異なる。〈唱え〉の抑揚には、老若男女の差異と身分の差異がある。次は、「執心鐘入」の冒頭の〈唱え〉である。

| **（琉球文）** | **（琉球文の読み）** | **（訳）** |
|---|---|---|
| わぬや　中城 | ワンヤ3　ナカグスィク5 | 私は中城 |
| 若松ど　やゆる | ワカマツィドゥ5　ヤユル3 | 若松である |

みやだいりごと　あてど　メャデイグトゥ5　アティドゥ3　ご奉公ごとがあって
首里に　上る　シュイニ3　ヌブル3　首里に上る
廿日夜の　暗さ　ファツィカユヌ5　クラサ3　二十日夜の暗さ
行先や　迷て　イクサチヤ5　マユティ3　行く先に迷って
ことに　山路の　クトゥニ3　ヤマミチヌ5　殊に山道の
露も　しげさ　ツィユン3　シィジィサ3　露も繁く
あの　村の　はづれ　アヌムラヌ5　ハジリ3　あの村のはずれの
火の　光　便て　フィヌフィカリ5　タユティ3　火のあかりをたよって
立ち寄やり　今宵　タチユヤイ5　クユイ3　立ち寄って今宵は
あかし　ぼしやの　アカシ3　ブシャヌ3　明かしたいものよ

この〈唱え〉も、８８８６音の琉歌形式で、（5・3）（3・5）（3・3）の音数に分割される。また、組踊の詞章は、琉歌同様に〈上る＝nuburu〉〈二十日夜＝fachikayu〉〈行く先＝ikusachi〉〈迷て＝mayuti〉〈今宵＝kuyui〉と発音する。ど（ドゥ）は、係助詞の「ぞ」。ヤユルは「～である」。「みやだいり」はメャデイで、「ご奉公」の意。「あてど」はアティドゥと読み、「～あって」の意。「しげさ」はシィジィサで、形容詞の語幹＋サ。

〈唱え〉では、琉歌と同じく、スィ（す）・ツィ（つ）・シィ（し）・ジィ（じ）・ヂィ（ぢ）の発音や、ハ行音のファ（は）・フィ（ひ）の発音などにも注意が払われるが、その発音には〈揺れ〉がある。

## 五　変体漢文と和文

散文体の碑文は琉球文で記しているが、日記・随筆・地誌などの散文体は、変体漢文や和文で記している。次の『遺老説伝』は変体漢文で、伊江朝睦の『伊江親方日日記』は和文で記されている。

1　変体漢文（『遺老説伝』一二二話）

一、往古之世與那城郡屋部村毎年屢遭火災燬失房屋民不勝其憂一日有君眞物出現囑村民曰屢有火災乃以有屋部之名也若不改屋部之名不得免其火災早改名以叫屋慶名即火災可以止矣村民聞之拝謝已改叫屋慶名自此以後未嘗有火災云爾。

《読み下し文》

一、往古の世、与那城郡屋部村は、毎年屢々火災に遭ひ、房屋を燬失す。民其の憂に勝へず。一日、君真物の出現する有り、村民に囑して曰く、屢々火災有るは、乃ち屋部の名有るを以てなり。若し屋部の名を改めざれば、其の火災を免るるを得ざらん。早く名を改め、以て屋慶名と叫べば、即ち火災以て止むべしと。村民之を聞き、拝謝し、已に改めて屋慶名と叫ぶ。此れより以後、未だ嘗て火災有らずとしか云ふ。

キンマムン（君真物）の託宣を受けて、火災の多い屋部村を屋慶名村と改めた話である。しかし、この文章は屋慶名村の言葉ではなく、琉球語でもない。意訳された変体漢文であり、日本語として読まれたものである。

## 2 和文

和文は、琉球国の公文書の他、私的な日記・和歌・物語などにも使用された。次は、三司官をつとめた伊江朝睦の「伊江親方日々記」の嘉慶拾四（一八〇九）年の一節である。

一、十日、八ツ頭時分にも相成り候や、本座に鳥入り、座の西角へつくばへ候て鳴き候に付、内田にや見付け、障子立て廻し、取り申すべしと仕り候内、南表へ飛び去りし由、申し出で候に付、女共驚き入り、方々占いたし候ところ、早々に浜卸りいたし候様申し来たり、渡嘉敷子を以て実応長老へも占御頼みいたし候に付、籤くき候ところ、鳥の様子も承り候へば、親方夫婦・樽にも運気弱く候間、御願共いたし、浜卸りいたし候様申し来たり。

《訳》

一、十日、午後二時頃だろうか、座敷に鳥が入って座の西角にとまって鳴いていたところ、内田仁也が見つけて障子を立てまわして捕獲しようとしたが、南表の方へ飛び去ったと申し出があったので、女たちは（凶事の前兆だと）びっくりしてあちこちに出向いて占いした結果、「早々に浜降りいたすように」と言ってきた。渡嘉敷子を使って実応和尚にも占ってもらったら、籤をひいたところ「親方夫婦、孫の樽も運気が弱くなっているので、御願などをいたし、浜降りいたしますように」と言ってきた。

これは、座敷に鳥が入ったので、占ってもらったところ、親方夫婦と孫の運気が落ちているので、浜降りをすることになった経緯を記している。日記に登場する伊江親方・渡嘉敷子・実応和尚・内田仁屋・女たちの会話は、すべて日本語である。琉球語を日本語に翻訳し、和文で記したからである。

## 六　琉球文の表記と読みについて

琉球王国時代、文字の読み書きができたのは琉球士族であった。彼らは和文を学ぶことで、琉歌・組踊の〈唱え〉を琉球文で記した。また、オモロ・ミセセル・オタカべの呪詞などの口頭伝承も琉球文で記したが、それは琉球語の文字化でもあった。しかし、それらの琉球文が読めなくなったのは、琉球文の表記と実際の発音との開きが大きいからであり、話し言葉が時代とともに変化してきたからである。

それに対して、琉歌や組踊は芸能として継承され、その読みも共に継承してきた。ただし、それらの琉球文には読みの〈揺れ〉がある。その要因としては、f音とh音の書き分けがされておらず、ʂ、ç、ʐ、sjの音、アクセント・イントネーション・声門閉鎖音などが表記に反映されていないこと、近代以降は士族語の変化が激しいことなどがあげられる。その琉球文について、『沖縄古語辞典』は次のように述べている。[(4)]

「おもろさうし」は変体仮名を含む平仮名で書かれ、漢字はほんの少ししか用いられていない。これは島津の琉球入り以前から成立していた表記法で、当時の発音と表記の関係はまだ充分に明らかにされていない。組踊りや琉歌の表記も、「おもろさうし」式の表記を大体受け継いでいるが、「おもろさうし」のそれに比べると、標準語文語の知識に支えられている点がいっそう多く、漢字もかなり用いられているし、仮名の使い方も、発音との関係がはっきりしている。そして組踊り、琉歌を通じて大体固定化しており、今日でも琉歌を表記する場合などにしばしば用いられている。

つまり、琉歌や組踊の琉球文は、「おもろさうし」の表記を受け継ぎ、和文（文語文）の表記の影響を強く受けるようになった。その理由は、琉球士族が和歌や物語を読み、謡に親しむことで、和文の語彙・音韻・文法などを習熟するようになったからである。

## 七　近代における呪詞・歌謡・昔話の文字化（表記）について

近代になると、標準語教育が行われ、琉球文は使われなくなった。また、琉球士族の消滅は琉球士族語の衰退であり、琉球文を読める人は少なくなった。伊波普猷の『琉球戯曲集』は、琉球文の表記と琉球士族語の発音の溝を埋めるため、ローマ字で読みを記した。また、島袋盛敏の『琉歌全集』も、片仮名で読みを記している。

一方、明治以降は義務教育のおかげで、一般の人も読み書きができるようになり、地方の呪詞・

歌謡・昔話の文字化が行われるようになった。その記録は、「音声を重視した表記」、「意味を重視した表記」、「意味と音声を併記した表記」に分けられる。

1　音声を重視した表記

《マユンガナシの神口》

次の神口は「野底村から次々と豊作の種を蒔きながら川平村にやってきたのがマユンガナシであると、このように唱えるのですよ、尊」と要約される。

ヌスク、フカデ、アカイマス、タマズニ、パマザラ、タバルヌ、ウイニ、フウユー、マーユー、フツポール、マキイポールシ、クダリ、チャービール、マーユンガナシイデ、カン、カザル、ビントォードゥ。(「タータバル（田田原）」『川平村の歴史』)

右は地元の高嶺英亭が採録したものだが、音声を重視したため漢字を入れずにすべて片仮名で記している。口頭伝承の現場では、意味よりも音声を重視するからである。

《宮古島狩俣の祖神のニーリ》

1　ティンヌ　アカブシャヨ　　天の赤星よ
　　ティダナウワ　マヌスヨ　　太陽の子　真主よ
　　トント　　とこしえにとよもう〈囃子。以下略〉

2　ティラヌプズ　トゥユミャヨ　　ティラヌプズ〈神名〉　トゥユミヤ（豊見親）よ

　　ウィナウワ　マヌスヨ　　上なる子　真主よ

3　シラティヤマ　ビユヌス　　シラティ山に　座(おわ)します主

　　フンムスン　ビユヌス　　フンムス山に　座(おわ)します主

4　ヤマヌ　フシラズヨ　　山の　フシラズ〈神名〉よ

　　アウスバヌ　マヌスヨ　　青しばの　真主よ　　　　〈以下省略〉

（『平良市史』第七巻資料編5民俗・歌謡）

右は、狩俣のアーグ主であった平良昌喜が伝承する「祖神のニーリ」で、一九八〇年の夏プーズの折に平良新亮が採録したものである。この表記も上段の原歌はすべて片仮名である。私の手元にある竹富島の神司（神女）のノートも、「ウブスク、ユライバナ、スマイバナ、フヤン、ヒシユヤン」などと片仮名で記している。

このように伝承者が片仮名で表記するのは、意味よりも音声を重視したからである。しかし、当該地域の言葉を知らない人は、仮名表記の呪詞や歌謡を見ても音読することはできない。仮名表記は、イントネーションやアクセントを示していないからである。呪詞や歌謡を耳で聴いて、口で発する音声を知らなければ、仮名表記は音読できないのである。口頭伝承の仮名表記は、備忘録的なものであるといえよう。

2　意味を重視した表記

琉球文は、散文体の碑文・辞令書などの公文書に用いられたが、これは特定の様式文である。ところが、近世琉球の散文体の日記・随筆・物語・地誌・伝説などは琉球文ではなく、和文や変体漢文で記した。琉球文は、和文（文語文）を基本にしているため、琉球語の発音とは大きく異なっているからである。

近代においても、意味を重視した散文体の昔話や伝説は、和文で記すのが一般であった。佐喜真興英の『南島説話』（大正一一年）や島袋源七の『山原の土俗』（昭和四年）の伝説・昔話は標準語で書かれており、復帰前後から民話を採録した遠藤庄治も日本語に翻訳して記録するのが基本であった。

3　意味と音声を併記した表記

言語学者の宮良当壮は、仲原善忠のオモロの読みを批判し、発音どおりの表記を主張した。[5]

大体琉球文学はその本質からいうと、聴覚的の存在である。これを仮名或は漢字との混交文で表現するのは、文字を取り入れてからのことである。私などが採集して初めて文字化したのでも一二ではない。現在文字化されているものも、それまでは方言で口頭伝承されていたものである。今日は文字を重視する人が多いといえる。私などは視覚よりも聴覚を重視するものである。音声言語こそ本質的のものであって、文字言語は音声言語の映像ともいうべきものである。

宮良の発音どおりの表記は徹底したもので、母音・子音・有声・無声・長音・口蓋化など、発音のけじめを明確にすべきだと主張し、『おもろさうし』や組踊の琉球文をＩＰＡ（国際音声記号）で記した。しかし、彼の『沖縄の人形芝居』は片仮名で記され、『八重山古謡』は仮名と漢字の混交文で、漢字にルビを付した表記法である。結局、宮良は、文学資料すべてをＩＰＡで記しても、専門的な訓練がなければ、読むことはできないと考えたのであろう。

また、喜舎場永珣は、「八重山の方言は、五十音以外の音韻が数多く使用され、故文博・宮良当壮（とうそう）氏著『八重山語彙』中にある八重山語音韻表によると、十七種程発表されている」と述べた。[6]そして、「イィ、キィ、ギィ、シィ、ジィ、エェ、ティ、ディ、チィ、ヂィ、ニィ、トゥ、ドゥ、ピィ、ビィ、ミィ、リィ」の表記で『八重山民謡誌』（一九六七年）を刊行し、『八重山古謡上下』（一九七〇年）も同様に表記した。喜舎場が八重山歌謡の音声にこだわったのは、琉球士族語やウチナーグチとは異なる八重山方言の発音を大切にしたからであろう。

しかし、八重山の発音を正確に記そうとした喜舎場の『八重山民謡誌』『八重山古謡』であっても、当該地域の発音・抑揚に慣れていないと、音読することはできない。仮名表記で音声を記録するには限界があり、発音や抑揚を忠実に表記することができないからである。

## 八　ウチナーグチ・シマ言葉の文字化（表記）について

先だって、韓国の国際学術大会（全南大学校大学院国文学科ＢＫ21＋事業団　第四次国際学術大会、二〇一七、一、一九）で琉球語及び琉球諸語（シマ言葉・ウチナーグチ）の継承について報告し、中国・朝鮮族の朝鮮語教育の報告者との意見交換を行った。朝鮮族の話し言葉のテキスト化（文字化）は、公的機関から依頼された研究者が検討会議を開いて進めているという。北朝鮮と韓国のさまざまな地域から集まった朝鮮族は、異なった語彙や発音が多数あるため、規範を定めて言葉の採否と表記について議論しているとのことだった。その作業は、近代日本が国語教育をはじめるときの方法と似ており、我々沖縄のウチナーグチやシマ言葉の文字化（表記）にも類似の課題があると思われる。

### 1　日常語の表記（文字化）について

**《身分差・世代差・個人差のウチナーグチ》**

①士族語のアヤー（母）・ウスメー（お爺さん）と平民語のアンマー（母）・タンメー（お爺さん）など、身分差のウチナーグチがある。

②アッチャメー（乱舞）と新語のカチャーシー、最近はやりのオジー・オバーなど、新旧のウチナーグチがある。また、ウナイ（妹）は、「ウナイ劇団」「ウナイの会」のように「女性」

の意で使われるようになってきている。

③ククル（心）とチム（肝）、ニーセー（二才）とワカムン（若者）、イタサ（痛さ）とクリシャ（苦しさ）など、語源の異なる同義のウチナーグチがある。

右の①は身分差によるものであり、②は新旧語のウチナーグチ、③は語源の異なる同義のウチナーグチであるが、その他、敬語表現や発音などの差違も大きい。「帰りましょうねぇ」「コーヒー入れましょうねぇ」などの沖縄独特の共通語的な表現もある。また、お笑い芸人の「じゅん選手」は、ウチナーグチをゼロから学んだ若者であるが、年配の方から、「君のウチナーグチはおかしい」と言われるという。それに対して、彼は「子どもから高校生ぐらいまでにとって、分かりやすくしている」と述べる（琉球新報、二〇一六、九、一七）。つまり、日常語のウチナーグチは、意識的に変えられる多様性がある。それゆえ、ウチナーグチの表記（文字化）には、規範が必要となろう。

**《ウチナーグチの影響を受ける八重山方言》**

ウチナーグチは、八重山方言に浸透している。例えば、カジマヤーは八重山方言のマンダラーヨイ（九七歳の祝い）を駆逐しつつあり、カチャーシーは八重山方言のモーヤー（乱舞）を圧倒している。八重山方言のウキィナムニ（沖縄言葉）よりも、ウチナーグチが一般的である。地元の新聞でもカジマヤー・カチャーシー・ウチナーグチと記すことが多い。それに加えて、シマクトゥバ普及運動のおかげで、八重山方言のスィマムニ（シマムニ）も、シマクトゥバへと変わりつつある。

また、知事が県民に向かって、「グスーヨー　チュー　ウガナビラ」（皆さん、こんにちは）と挨拶すると、八重山の人々は違和感を覚える。おそらく宮古の人々もそうであろう。知事ご本人の意図とは別に、宮古・八重山のスマムニ（シマ言葉）が無視されたように思われるからである。

しかし、その一方で、八重山の島々や多良間島の伝統的な村踊りでは、組踊・琉球舞踊・沖縄歌劇などが演じられ、誇りをもって継承されている。そして、そのことは、「日常語のシマ言葉」と「伝統的な言語文化としての言葉」が同レベルではないことを示している。

## 2　竹富島における伝統的なシマ言葉の表記と音読について

竹富島の種子取祭の「ユークイ唄」は、一九九〇年に編集された。「巻き歌」（庭歌）の歌詞の順番が乱れて、竹富島の三集落の人々が一緒に歌うことができなくなったからである。それで、竹富公民館が主導して三集落で聞き取り調査を行った。調査班のアドバイザーとして参加した筆者の役割は、先行文献の調査と「巻き歌」の形式から歌詞の順番を整理することだった。幸いにも、筆者の整理結果と各戸訪問の調査結果が一致し、「巻き歌」は統一された。そして、「ユークイ唄」集を作成したが、その表記はすべて平仮名である。その理由は、「音の継承」を重視したからであり、漢字の意味に引っ張られて異なる解釈が生まれ、再び伝承の混乱が起きることを危惧したからである。

その後、筆者は一九九八年に『芸能の原風景―沖縄県竹富島の種子取祭芸能台本集―』を記録・編集したが、その表記は平仮名と漢字の混交文で漢字にはルビを付した。一般読者をも対象にしたからである。しかし、編集作業では表記について、筆録者の間からさまざまな意見が出された。次は、それらの意見を抜記したものである。

①「竹富」の名称には、テードゥンとタキドゥンがある。日常語ではテードゥンであるが、伝統的な歌謡や芸能ではタキドゥンである。

②日常語では、カヌシャマ（女性の恋人）、トゥバラマ（男性の恋人）、ヌベマ（女性名）、クヤマ（女性名）、ブナレマ（女性名）であるが、伝統的な歌謡では、カヌシャーマ、ヌベーマ、クヤーマ、ブナレーマ、トゥバラーマ（節名）など、長音になる。

③日常語の語中の促音は、伝統的な地名や狂言などでは促音にはならない。例えば、日常語では、クヌッコナーティ（こんなにも）、トゥッキ（説く）、クック（小城、火番盛）、クックバー（小城場、聖地）、ハナックオン（花城御嶽）などと促音であるが、伝統的なシマ言葉や狂言ではクヌㇲコナーティ、トゥㇲキ、クーㇲク、クㇲクバー、ハナㇲクオンとなる。

④語頭促音の仮名表記では、筆録者によってさまざまな意見が出た。例えば、「月調べ」は〈ッキシラビ・ヒキシラビ・シキシラビ〉、「草取り」は〈ッサタシ・ㇶッサタシ・ヒサタシ・ㇶサタシ〉、「後ろへ」は〈ッシティ・ヒシッティ・ㇶシッティ〉などであった。筆録者の内面の発音意識が表面化したのであろう。仮名表記の難しいところである。

右の①〜③については、結果として歌謡・芸能・地名・御嶽名などを伝統的な発音にしたがって表記することにした。しかし、④については、伝承の場では問題にならなかったことが、文字化するにあたって意見が分かれたのである。それで、「記録は目安であり、厳密な音表記ではない」ことを確認し、演目ごとに筆録者を決めて各自の主張する表記をそのまま採用することとした。つまり、「伝統的なシマ言葉」は、「仲間内の記録」という共通認識があれば、表記の相違を克服できるということである。しかし、それは内々の約束事に過ぎず、シマ言葉のテキストの場合は厳密な基準を設けて表記する必要がある。

以上のことから「伝統的なシマ言葉」は定着した言葉であるが、仮名表記の統一は容易でないことがわかる。ちなみに、「伝統的なシマ言葉」とは、地名・生物名・天体及び自然現象の言葉・諺、歌謡や芸能の言葉、民具及び技芸を習得するための用語、祭りとそれに関連する用語などである。

## 九　おわりに ― 学校教育と「琉球古文」「シマ言葉」―

近代日本語の教育は、富国強兵を掲げて、全国共通の普通語を定めることからはじまった。そして、学校教育は、普通語・標準語・共通語による中央文化中心の教科書で行われてきた。ただし、帝国日本の国内植民地としての北海道と沖縄県には、『北海道用尋常小学校読本』・『沖縄県用尋常小学校読本』があり、日本内地とは異なる教科書が使われたこともあった。(7)

そして、戦後は、郷土教育の観点から地方の歴史・文化・言葉などの教育が行われるようになった。特に、沖縄県の郷土教育は他府県よりも力強く行われ、歴史や伝統文化を学習することにも力を注いできた。しかし、県の「しまくとぅば」普及推進計画（二〇一二年）は、日常語のシマ言葉の普及と、組踊や琉球舞踊などの伝統的な言語文化の継承を混同しているようである。また、シマ言葉を文字化するにあたっての規範や表記についての充分な検討もされていないように思われる。

したがって、琉球・沖縄の伝統的な言葉を継承するには、「琉球文」を「琉球古文」と位置付け、従来の古文・漢文の教科書に加えて「沖縄県用　琉球古文」の教科書を作成することを提案したい。「琉球古文」は、正規のカリキュラムとして、沖縄県の中等教育機関で学ぶことが望ましいと考えるからである。

また、「シマ言葉」については、地域と初等教育機関が連携して取り組むことが望ましいと考える。そして、その効率的な運用を図るには、地域に根ざした「伝統的なシマ言葉」のテキストを作成し、地域と学校の連携体制を構築する必要があると考える。

注

(1)　シマ言葉は、小地域（集落）の言葉であるが、琉歌・組踊等の伝統芸能は琉球士族語で歌い、唱えている。また、碑文やおもろさうし等も琉球士族語（琉球文）である。

(2)　国立国語研究所編『沖縄語辞典　解説篇』一九七六年

(3)　仲原善忠「おもろ研究と音記」『月刊　琉球文学第十一号』一九六〇年、後に『仲原善忠全集第二巻　文学篇』に所収

(4)　国立国語研究所編『沖縄語辞典　解説篇』一九七六年

(5) 宮良当壮「琉球文学と音記の問題―仲原善忠氏の所感について―」『月刊　琉球文学第十一号』一九六〇年、後に『宮良当壮全集12』に所収

(6) 喜舎場永珣『八重山民謡誌』沖縄タイムス社、一九六七年

(7) 石井正己「帝国日本が編纂した内国植民地の教科書―『北海道用尋常小学校読本』『沖縄県用尋常小学校読本』―『沖縄文化の伝統と変容』、全南大学校日本文化研究センター第11回国際學術シンポジウム、二〇一七年

# しまくとぅばと学校教育

田場裕規

田場　裕規・たば　ゆうき

一九七二年沖縄県那覇市生まれ。

所属・職名：沖縄国際大学総合文化学部日本文化学科・准教授

最終学歴・学位：兵庫教育大学 学校教育研究科 教科・領域教育学専攻言語系コース国語分野修了・修士（学校教育学：兵庫教育大学大学院）

主要業績：「沖縄・地域から考える『伝統的な言語文化』―〈声〉と〈身体〉をどうするか」『月刊国語教育研究』（日本国語教育学会編）第五三七号、二〇一七年一月。『沖縄から考える「伝統的な言語文化」の学び論』村上呂里・萩野敦子編(担当：共著範囲：「第三章　国語科における沖縄古典芸能の教材化の視点と意義―「伝統的な身体文化」と「伝統的な言語文化」―」（溪水社）二〇一四年二月。

学外活動：沖縄県高等学校郷土芸能大会（審査員）、全国高等学校読書体験記コンクール沖縄選考会（審査員）、沖縄県高等学校総合文化祭弁論部門大会（審査員）、沖縄県立高等学校学校評議員。

専門：国語教育学、日本古典文学（萬葉集）、琉球芸能。

※役職肩書等は講座開催当時

# はじめに

「しまくとぅばと学校教育」について考えてみると、大きく二つの議論が見出される。即ち、「醇化」：（手厚く教え感化すること）と「涵養」：（自然に水かしみこむように、徐々に教え養うこと）の内、いずれに拠るべきかという議論である。児童生徒の発達段階や現行の学習指導要領との関係、さらに学校現場における教員のおかれている状況などを踏まえて、「しまくとぅばと学校教育」について考えていきたい。その際、県外の高等学校におけるカリキュラム編成の方法などを参考にして、いくつかの提案を行いたい。

しまくとぅばの日が（「しまくとぅばの日に関する条例」平成十八年三月三十一日公布）制定されて約十年になる。この間、沖縄県内はもとより、県外においても様々な動きがあった。しまくとぅばを愛護の視点でとらえる人々は多く、個人団体の別を問わず、しまくとぅばの復興に力を尽くす動きが拡がっている。

ただし、「しまくとぅば」は特定の言語を指すものではなく、自分自身が育つ地域のことば、あるいは、自分自身がより親しみをもつことばのことである。ゆえに、一つの言語に限定するものではない。地域に伝えられたことばは、どの地域のことばも、等しく大事にされるべきであり、他を抑圧するものであってはならない。しまくとぅばの復興は、沖縄県における統一言語を見出すためのものではなく、沖縄県の中で使用される言語の多様性を見つめなおし、それぞれの地域に伝わる言語文化を大切にしていくことが肝要である。

しかし、しまくとぅばの復興への取り組み方には温度差があり、継承について実効性のある方法は見出されていない。そのため、しまくとぅばの継承を考える時、度々学校教育への期待が高まり、県教育委員会に様々な要請が行われた。そこで、本稿では、現在学校教育でどのようなことが課題になっているのかを押さえ、学校において実現可能なしまくとぅばの指導について考察したい。

## 学校教育とことばの学習

学校教育は、社会を変える機能を持つ。学校教育は、統一的な学習内容によって、多くの学習者を特定の価値観や認識に鍛え上げる。その機能には、国家が介入しており、組織化された権力の発現として、人間を一定期間に変化させていく。その変化を育成と言ってもいいが、組織化された権力が垂直的に加わって機能していることに注目しなければならない。一定期間に所定の内容を修めさせ、人間を変化させていくことは、国民の育成という大きな目的を持つからこそ行われることである。国家の垂直的な力加わり方は、社会を変えることにほかならず、歴史的にみても、学校教育は社会変革の中心にあったと言っても過言ではない。ゆえに、学校教育には、公共性が求められてきた。

我が国における、ことばの学習の中心は国語科である。「言語の教育」の立場を強調する国語科は、人間が行う言語行為を網羅した教科内容を構想し、「話すこと・聞くこと」、「書くこと」、「読むこと」、そして〔伝統的な言語文化と国語の特質に関する事項〕を指導することになっている。その指導内容の公共性は担保されているのだろうか。この解答を即座に得ることは難しい。しかし、このようなことは言える。学校教育における国語科は、ことばの学習の中心にあり、その時々の時代性を考慮して検討されてきたということである。ただし、人間の言語行為の一部に偏って検討することはなかった。つまり、コミュニケーション能力だけを育成したり、書く能力だけを育成したりするのではなく、どの指導事項もバランスよく指導していくことを学習指導要領は旨としてきた。この部分に一定の公共性を見出すことは可能であろう。

例えば、しまくとぅばの継承について、学校教育に一定の役割を担わせるには、教育内容に公共性見出さなければならない。それは、教育内容の平準化、統一化を図ることを意味する。そもそも、学習は主要な内容を繰り返すことである。だから、教育内容に汎用性が求められてきた。また、主要な内容を繰り返すためには、単純化、形式化していくこともある。しまくとぅばの魅力は多様性なのだから、学校教育によって、平準化、統一化されることは、もっとも避けなければならないことになる。危機に瀕する言語への取り組みとして、緊急性があることを認識し、学校教育全体に「醇化」の方向を考えることは難しい。しまくとぅばの継承は、発達段階に応じた工夫こそ見出されるべきではないだろうか。また、時代性も考慮に入れなければならないだろう。そのためには、まず「涵養」の視点をもって検討されるべきではないだろうか。

# 二〇三〇年の社会と子どもたち

学習指導要領は、十年ごとに改訂を行っている。文部科学省は次期学習指導要領の改訂に向けて作業を着々と進め、小学校、中学校の学習指導要領を公表（平成二十九年二月十四日）した。小学校は、平成三十二年～三十三年にかけて全面実施、中学校は平成三十三年から全面実施になる。

改訂に至る議論のポイントは二つに整理できる。

一つは、「これからの社会は、これまでの社会の延長線上にない」という点である。これからの社会は、予測困難な社会と言われているが、その社会の中で、学校はどのような役割を担っていけばよいのだろうか。改訂の方向性は、まず「何ができるようになるのか」、「何を学ぶか」、「どのように学ぶか」の視点から、教育課程の理念や、新しい時代に求められる資質・能力の在り方、「主体的・対話的で深い学び（「アクティブ・ラーニング」）」の考え方等を分かりやすく明記している点である。科学技術の進歩に伴い、人間の生き方や価値観が早いペースで変わっていく中、「これからの教育は、これまでの教育の延長線上にない」という危機意識を前面に出し、社会で生きて働く力の育成を目指している点である。

二つ目は、その社会で生きて働く力を学校はどのように育成していくべきか、「学校教育の総点検」が求められたことである。授業改善はもとより、学校全体のカリキュラム・マネージメントも問われることになる。資質・能力の捉え方は、ほぼ従来の踏襲だが、その資質・能力の育成の方法（授業方法）について、詳細な記述がみられる。

一見すると、時代性を考慮し、新しい社会変化に応じた改訂のように見える。しかし、器に盛る中身は変わらないのに、器を増やした感がある。あるいは、問題を先送りし、様々な問題を学校現場に丸投げした印象をもつ。

これからの社会を論じて教育を考えるのなら、大胆な改訂が必要だったと考えられる。例えば、教科内容の精選は、どの改訂でも議論されてきたが、先送りされ、大胆な変更は行われていない。日本全国一律に教科内容をしばり、今度は教える方法までしばるというやり方は、本当に子どもたちの将来を保障することになるのだろうか。疑問である。

例えば「ゆとり教育」は今から考えてみると大胆な変革だった。教育課程の大綱化、弾力化に踏み切った「ゆとり教育」は、様々な場面で批判の的になったが、その成果は短期的なスケールで評価することはできない。むしろ、「ゆとり教育」を打ち出すことにことによって、社会がどのように変化していったかという点を考える必要があるだろう。教育課程の大綱化、弾力化は、学校の特色を出すためには、必要なことであり、学校に主体性を生み出した。そして、学校間に切磋琢磨が見られるようになり、学校のある地域や自治体と教育のつながりを見出すようになっていった。これは、教科内容を精選し、選択と集中を図ることによって生み出される授業時間が鍵になっていた。今次改訂には、教科内容の精選、選択と集中が見られない。

今一度問いたい。日本全国一律に教科内容をしばり、今度は教える方法までしばるというやり方は、本当に子どもたちの将来を保障することになるのだろうか。
二〇三〇年以降の社会について、驚くべきデータ[1]がある。

(1) 人口の推移と将来の人口
↓少子高齢化に進行により、二〇三〇年（平成四十二年）には我が国の総人口の三割が六十五歳以上の高齢者となる。

↓さらに約五十年後には、総人口が現在よりも三割減少、六十五歳以上の割合が総人　口の約四割に達する見込み。

(2) 生産年齢（十五歳以上～六十四歳未満）人口の推移
↓生産年齢人口は減り続け、二〇三〇年には二〇一〇年と比べ約八割（総人口の約五十八％）減少、二〇六〇年には、約半数まで減少する見込み。

(3) 世界のGDPに占める日本の割合の低下
↓世界のGDPに占める日本の割合について、二〇一〇年時点では、五・八％だったが、二〇三〇年には三．四％になるとの予測がある。
↓我が国の国際的な存在感の低下
（二〇一〇年　五・八％　↓　二〇三〇年　三・四％　↓　二〇五〇年　一・九％）
↓日本の一人当たりGDP
世界第二位（一九九三年）　↓　世界第十位（二〇一二年）

二〇三〇年は、現在小学校一年生（六～七歳）が、二十歳になっている頃である。大学に進学していれば、就職活動などに取り組んでいる頃なのかもしれない。少子高齢化が異常なほどに進み、すでに生産年齢に達している二十歳の大学生は、国の生産力に貢献できず、肩身の狭い思いをしているのかもしれない。しかも、世界のＧＤＰに占める日本の割合は低下し、生産力の低下が様々な経済の悪化につながっている可能性が高い。

人口が急激に減少し、生産力が低下した二〇三〇年には、どのような人材が活躍しているのであろうか。経済社会の発展を支える人材の育成は急務であり、所謂グローバル人材の育成は重要な課題の一つとなっている。沖縄県では、那覇国際高等学校がＳＧＨ（スーパーグローバルハイスクール）に指定されている。

しまくとぅばと学校教育を考える前提として、新しい学習指導要領の動向や二〇三〇年の社会についてしっかりと押さえる必要がある。教育の議論は、善意で進められることが当然のこととしてあるために、その善意が学校に混乱を招くということが散見される。そこで、しまくとぅば継承のために、学校には何ができて、何ができないのかを次項に整理して考えていきたい。

## しまくとぅばの継承―学校にできること・学校にできないこと

●学校教育できること

(1) しまくとぅばと関わらせた教科指導（随時）

↓国語科や社会科の内容と一部関わらせた指導

↓国語科において〔伝統的な言語文化と国語の特質に関する事項〕に関わらせた指導

(2) 学活やホームルームでの指導（数時間）

(3) 総合的な学習の時間

↓地域学習、地域文化の調べ学習等

↓自ら課題を発見し解決する体験学習等

(4) 学習発表会、文化祭等学校行事の中での指導

↓しまくとぅばを用いた演劇等・課題研究発表等

(5) 学校設定教科、学校設定科目（高等学校）

↓高等学校普通科、総合学科における郷土文化コースの拡充

↓高等学校に専門学科（言語文化科）の設置

●学校教育でできないこと

・全児童生徒を対象に特定のしまくとぅばを用いて指導

↓しまくとぅばで現行の教科・科目を指導することは現段階では困難であり、混乱を招く。

・しまくとぅばによるコミュニケーション能力の育成

↓義務教育において、しまくとぅばのコミュニケーション能力を身に付けさせることは、他の多くの教育内容に授業時間を要するので、現実的ではない。

↓特定のしまくとぅばを用いて教科を教えることは、少数派の抑制、キラー言語等の懸念

●学校教育ではやや難しいこと

・音声言語指導を徹底したカリキュラム

↓児童生徒の日常の言語生活との落差

↓児童生徒のみならず、沖縄に住む人のほとんどが「日本語」という大言語の中で生活している。

しまくとぅばの継承について、学校教育でできることとできないことを述べてきたが、強調しておきたいことは、不可能なことが多いということではない。危機に瀕している言語をいかにして再生・復興していくかとなると、どうしても緊急的な対応の必要性を感じてしまうが、学校教育は長期的なスパンで考えなければならない。ゆえに、「醇化」ではなく、「涵養」の視点でとらえる必要

があるのである。しまくとぅばによるコミュニケーション能力の育成について、即効的な取り組みは難しいが、長期的なスパンで再生・復興を進めていくことは可能であろう。学校教育は社会を変える機能をもつわけだから、小さな積み重ねを行う以外にない。

次に示す「学校種別しまくとぅば学習イメージ」によって、学校教育におけるしまくとぅばの継承のあり方を提案したい。

「学校種別しまくとぅば学習イメージ」は、中央から左側は音声言語指導を重視する内容を示し、中央から右側はテキストによる指導を重視する内容であることを示している。つまり、小学生や中学生は簡単な音声言語指導を中心に行い、内容もあいさつなどの簡単なしまくとぅばに留め、身近な事物の名称やことわざなどを理解する程度にする。活動のイメージとして、小学校は「ふれる」、中学校は「親しむ」とする。「ふれる」「親しむ」ことを旨とするならば、体験的な活動に取り組むことが大事であろう。例えば、しまくとぅばを用いた歌を歌う活動などは、毎日の学活などで取り組むことができるだろうし、あるシチュエーションを設定した演劇化などは、身体活動を伴うので永続的な感覚を育てることにもなる。中学・高校では習得した音声言語の背景にある「言語文化」への理解を徐々に促すことが大切である。例えば、古典学習などで学ぶ古語について、その意味するところを調べ、しまくとぅばとの比較の中から、その背景にある思想や感情を理解することによって学習の深まりをもつ。ただし、高等学校からは、すべての学校で「言語文化」の理解に取り組むのではなく、郷土文化を中心に学ぶ専門学科や専門のコースで進めることにする。そして、大学で

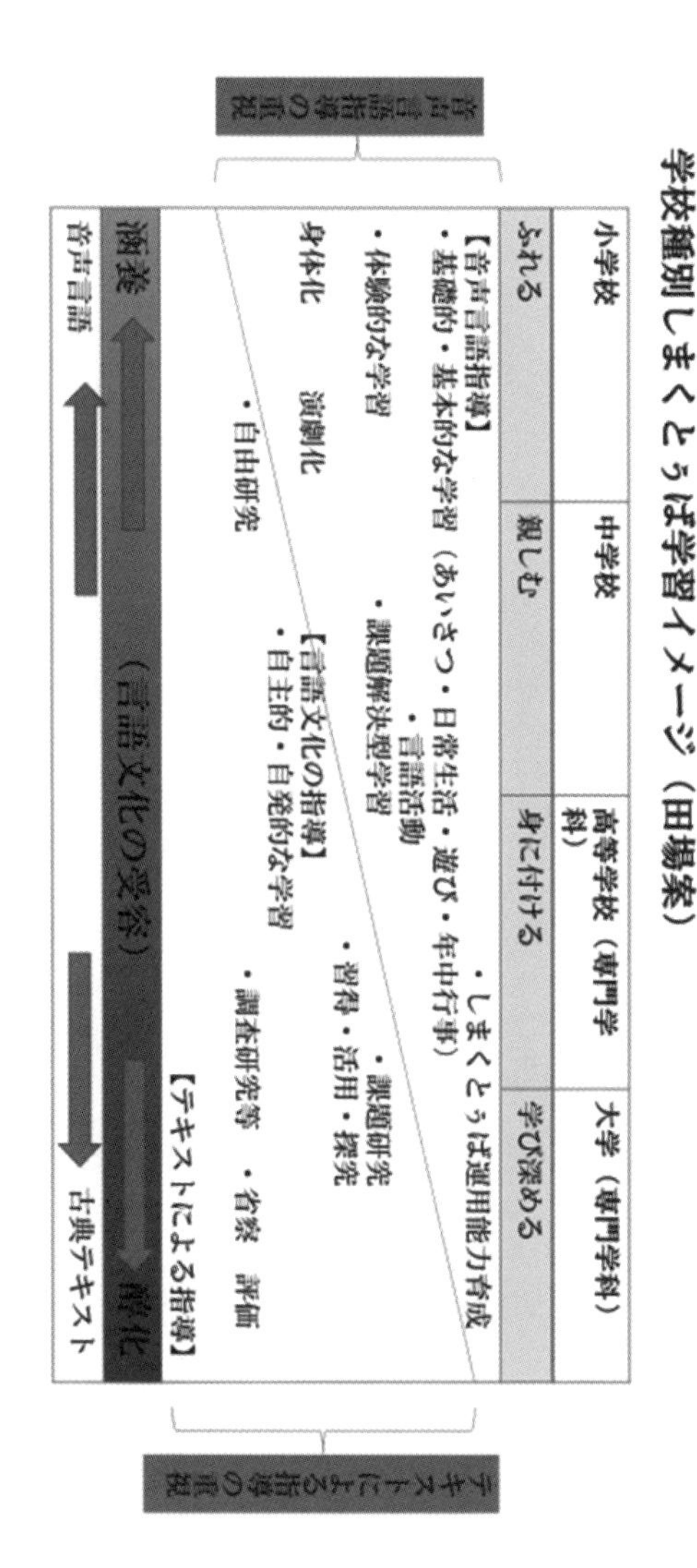
学校種別しまくとぅば学習イメージ（田場案）
小学校
中学校
高等学校（専門学科）
大学（専門学科）
ふれる
親しむ
身に付ける
学び深める
【音声言語指導】
・基礎的・基本的な学習（あいさつ・日常生活・遊び・年中行事）
・しまくとぅば運用能力育成
・体験的な学習
・言語活動
・課題解決型学習
・課題研究
・習得・活用・探究
身体化
演劇化
・自由研究
【言語文化の指導】
・自主的・自発的な学習
・調査研究等
・省察
評価
【テキストによる指導】
涵養
（言語文化の受容）
醇化
音声言語
古典テキスト
音声言語指導の重視
テキストによる指導の重視

は、しまくとぅばの運用能力を徹底して鍛える専門学科において、しまくとぅば学習を深めていく。

義務教育は、しまくとぅば学習の種まきを行い、高等学校からは郷土文化を学ぶことを専門にする学科やコースで、しまくとぅばを身に付けることを目指していく。ゆえに高等学校では、一部の人たちがしまくとぅばの学習に取り組むことになる。そして、大学ではこのような高等学校での学びを積み上げる形で、本格的な言語運用能力の習得をめざし、しまくとぅば継承の中核的な人材を育成していく。ただし、大学では、音声言語の習得以外にも、古典テキストへの理解も進めていき、文字言語としてのしまくとぅばの習熟も目指していく。

つまり、校種によって学習の住み分けを行い、各校種の育成を目指すイメージをもとに、多様なカリキュラムを構想することが大事なのである。とは言え、前項で述べた学校教育でできることとできないことを踏まえる必要はある。そういう意味では、どの程度まで、しまくとぅばの再生・復興が期待できるか、いささか心もとない。学校教育で行えることは、今のところこのレベルのことに留まると考えられる。

では、何が再生・復興の鍵を握るのであろうか。それは、高等学校教育、大学教育におけるしまくとぅば継承に関するカリキュラムの強化である。しまくとぅばのネイティブの方と言語的に断絶した世代が多くなる中、その断絶を埋める人材の育成が急務である。しまくとぅばの音声言語にも、文字言語にも一定の知識を持つ人材を、高等学校と大学で育成する必要がある。

例えば沖縄県立南風原高等学校には、郷土文化コースが設置されているが、専門学科としてカリキュラムを編成することは、全県的にしまくとぅばの指導を展開することよりも、ハードルは低く、確実な社会変革をもたらすと考える。現在、南風原高校では、郷土文化に関する学校設定科目（古武術、琉球舞踊等）を三年間で十五単位取得するカリキュラムを組んでいる。一年生で四単位、二年生で五単位、三年生で六単位と学年進行で一単位ずつ増えていく。普通科に編成されたコースなので、四～六単位くらいしか組めない。しかし、例えば郷土文化学科として専門学科を設置することができれば、十五単位を越えてカリキュラムを組むことができる。

義務教育において、しまくとぅばに「ふれ」、「親しんだ」生徒が、さらに学びを深めるために、高等学校で専門学科のカリキュラムを学ぶ方向性があってもいいのではないだろうか。兵庫県には、宝塚北高等学校という学校がある。宝塚北高校には、日本で唯一演劇科が開設されており、専門学科として定着している。宝塚北高校を訪問し、教育課程や専門科目について、お聞きすると、強調していたことがある。「宝塚北は、俳優を養成しているわけではありません。また、演劇を教えることを目的にしているのではなく、演劇で人間教育をしているのです」と。進路決定率も高く、生徒たちの満足度も高いという。生徒たちは礼儀正しく、あいさつや発言も立派だった。「演劇で人間教育」をしていることが、よくわかった。

南風原高校の郷土文化コースも、同様に専門科目を充実させることによって、専門学科を構想できると考える。これまでの教育の集積を図り、教育実践をより深めてくことが、可能になる唯一の高校だと言える。高等学校において、言語文化の学習に取り組んだものが、しまくとぅばの音声言語と文字言語による知識、技能をさらに深めるために、大学は存在する。とくに、しまくとぅば運用能力を身に付け、古典テキストにも習熟することは、しまくとぅばの継承を中心的に担う人材として期待される。このような、学習過程を通して、しまくとぅばの継承者を育成していくことが「涵養」的な学習と言えると考える。

「学校種別しまくとぅば学習イメージ」は、あくまでも私案である。可能ならば、社会教育の視点からも学習イメージがあると良いだろう。

## むすびに

「出藍の誉れ」という故事成語がある。弟子が師匠の学識や技量を越えることのたとえである。現代はややもすると、大人たちが子どもの将来を決定し、学ぶ内容も、学ぶ量も決めてしまっている。あるいは、大人の都合のいいように、子どもたちの将来を決めてしまっている面が際立ってきたと思う。

「出藍の誉れ」のごとく、大人が染めた藍色にどんどん色を重ね、子ども自身が青色を濃く美しく染め上げていくには、しっかりとした「学びの足場」を築く必要があると考える。しまくとぅばと学校教育に関する実践も、子どもたちの将来を明るく照らし出すものであってほしいと心から願ってやまない。

## 注

(1) 中央教育審議会 初等中等教育分科会 教育課程部会 教育課程部会（第96回）配付資料。教育課程企画特別部会 論点整理（案）補足資料より（文部科学省ＨＰ）。

# ベッテルハイムと『英琉辞書』漢語

兼本　敏

兼本　敏・かねもと　さとし
一九五五年沖縄生まれ
所属・職階：沖縄国際大学総合文化学部日本文化学科・教授
学歴・学位：米国州立ハワイ大学大学院East Asia Languages and Literatures 修士課程修了　修士
専門分野：中国語学・中国語教育・対照言語学
主要論文：『『英琉辞書』にみる助数詞と量詞について』（大学紀要、二〇一四年）・「教本としての『拾口』について」（大学紀要・二〇一二年）・「『琉球官話の資料集成』における〝了〟に関する考察」（大学紀要二〇〇八年）・「ことばと異文化接触」『沖縄国際大学公開講座「異文化接触と変容」』（一九九九年）

※役職肩書等は講座開催当時

# ベッテルハイム『英琉辞書』と漢語

『英琉辞書』（原題：English-Loochooan Dictionary）はB・J・ベッテルハイム（伯徳令）が一八四六年～一八五四年の間、琉球に滞在し編纂した辞書である。この辞書は当時の沖縄における言語事情を知る資料として度々取り上げられるが印刷物としては未だ版行されていない。自筆原稿は現在の大英図書館に収蔵されているが複写資料としてはハワイ大学図書館のSakamaki/Hawley Collectionにも保管されている。更にその複写資料のマイクロ写真の印刷コピーが沖縄国際大学に所蔵されている。しかし、解像度の低さから判読が難しい箇所が多々あり、今回は、大英図書館から取り寄せたデジタル写本を使い、記載されている漢語表記に触れながら辞書の全体像を紹介したい。(1)

まず初めにベッテルハイムが訪れた当時の琉球と来航した外航船舶について大まかに把握しておく。照屋(2)によると一七世紀末から僅か半世紀の間に英、仏、露、米、プロシアなどから六〇隻以上の船舶が寄港と述べている。これは琉球の地理的条件が日本本土、中国本土への経由地点として政治的にも注目されていたことを示している。

## 一九世紀の琉球と欧米の関わり

沖縄が琉球王朝と認識されていた時期、一八世紀末からの半年間、外国船舶の来航が頻繁であった。一七九七年に宮古島付近で座礁した英国船籍プロビデンス号が琉球人の救助と手厚い支援を受けて以来、英国船の来航が多くなり、英国船アルセスト号に乗り込んでいた軍医ジョン・マクラウドが記述した『アルセスト号　朝鮮・琉球航海記』が一八一七年に発刊された。その後、英国海軍琉球伝道会を組織したH・J・クリフォード[(3)]が乗船していたバジル・ホール率いる英国船ライラ号が琉球王国を訪れ、四〇日間の滞在で観察した当時の琉球を著した『大琉球島探検航海記』が一八一八年には出版された。これらの発刊物により、琉球に対する具体的なイメージが西洋諸国に広まった。バジル・ホールは、武器のない平和な島国、温和で実直な教養高い琉球人と語ったとされている。一八四〇年に北谷沖で座礁したインディアン・オーク号の琉球人による救出と支援は琉球王国の存在を改めて広めることとなった。

一八四四年にはフランス・インドシナ艦隊のアウクメーヌ号が来航し和睦、貿易、布教を求めた。当時の琉球王府はキリスト教布教を禁じていた島津家との関係もあり受け入れには消極的であった。しかし、泊村に通事オーガスト＝コウと、フランス人宣教師フォルカードが宣教のために二年の滞在を許され、その間に収集した琉球語を『仏琉辞書』として執筆している。

一八四六年には英国海軍琉球伝道会よりB・J・ベッテルハイムが琉球へ派遣されてきた。彼はプロテスタントとしては初めての使途伝道師として、家族を伴い琉球に一八五四年七月までの期間現在の護国寺に逗留した。彼の滞在中はフォルカードと短い期間ではあるが時期を同じくしており、交流があったことが日記に記録されている。(4)

また外航船の琉球への寄港が水や食料の補給が主たる目的の場合、王府はそれらを無償提供していた。なぜなら琉球を管轄していた島津（薩摩藩）は外国船舶の来航が貿易に発展していくことを懸念していたため、王府はその疑念を払拭する必要があった。(5) また琉球王府は頻繁な外国船の来航に対応するための総理官や布政官という臨時の役職を設置して王府との直接的な接触を避けていた。

## ベッテルハイムについて

先ずベッテルハイムを派遣した英国海軍琉球伝道会（Loochoo Naval Mission）について紹介しておく。前述したように一八一六年にバジル・ホール（Captain Basil Hall）が琉球に寄港、上陸し四〇日間の探索を行っている。彼は当時の琉球王国の地図を書き上げ、琉球の人々の知的好奇心の高さ、礼儀正しさに感銘を受けて帰国した。バジル・ホールと同行していた海軍大佐H・J・クリフォード（Herbert J. Clifford）は琉球王国への思いが布教を目指すための私設組織として英国海軍琉球伝道会をスタートさせた。この組織は海軍内に任意で設置されたが翌年一八四三年には聖公会（Anglican Church）に正式に承認された。

一八四五年に聖公会から任を受けたベッテルハイムはハンガリーで生まれ、イタリアで医師となり英国に移り結婚しイギリス国籍を取得、一八四四年に第一子Victoria Roseが誕生、一八四五年に香港に滞在。香港では聖書を日本語に翻訳した人物として知られるギュツラフ（Karl Gutzlaff：郭実臘）に迎えられる。ベッテルハイムは滞在期間に中国語の習得に励み、ギュツラフから琉球に関する情報を得た。彼は第二子として生まれた長男に「ギュツラフ」（Bernard James Gutzlaff Bettelheim）と命名したほど彼を慕った。[6] また官話（中国における共通語である）の通訳士として広東出身の劉友干を雇い入れ、夫婦、二人の子供の他に乳母（家庭教師）を伴い琉球へ赴く。

琉球に上陸する前に、彼は彼自身の手記にも記述しているようにホールやギュツラフからの情報により、歓迎されると信じていた。しかし、現実は島津家によって管轄されており、キリスト教の布教はおろか琉球による独自の海外貿易も禁じられていた。当然、彼は多くの失望と困難な滞在を強いられた。その起因を意志の疎通と考え、彼の通訳士に対する評価は非常に低く、「劉の英語力は自分の中国語と同等であり上陸当初からの困難は劉の官話に問題があるのではないか」と記述している。琉球での歓待を期待していたのだから、想定外の面倒は当初から信頼を置いていない通訳が原因だと疑うのは当然であろう。

当時、琉球の通事（通訳官）の中国語は当然官話であったと思われる。また広東出身の商人である劉が話す広東語も中国語ではあるが、彼らがコミュニケーションに使用したのは共通理解できる官話であったに違いない。[7] 琉球滞在中に彼らへの要求は全て中国語の文書にして提出するように求められていたことから劉の中国語が少なくとも用を足すに十分であったと判断できる。

琉球上陸に際しては同伴していた乳母兼家庭教師が上陸を拒んで帰国、居住場所への不満など予想外に困難を伴った。しかし、彼は琉球におけるミッションとしてキリスト教の布教、医療活動、学校教育、聖書の翻訳を抱えていた。[8] 当時は島津の管轄の下、キリスト教の布教は禁止されており、同時期に泊村に滞在していたフォルカード達も、厳しい監視があった。活動は著しく制限されていたが、機会を見つけては民家に入り込み布教活動を行っていた。突飛のない行動に監視役は手を焼いただろうが、医療活動として彼の残した功績は大きく、仲地紀仁に日本本土に先んじて牛痘を教授した。仲地は教授を受けた二年後の一八四八年に実施している。この功績を称え、現在の護国寺入り口にはベッテルハイムと仲地の石碑が建立されている。

ベッテルハイムの琉球逗留中の評価は彼の性格、或いは積極的な活動からか決っして芳しくなかったと述べられている。

しかし、照屋が指摘するように、カー（George H. Kerr）による琉球に滞在中のベッテルハイムに対する評価は妥当ではない点が挙げられる。彼が医療活動以外にも「ナンミンのガンチョー（波之上の眼鏡）」と愛称で呼ばれ住民に親しまれていた。

記念碑：（左）ベッテルハイム　（右）仲地

滞在期間中に琉球語を習得（ペリーの手記によると夫妻とも漢字を習得）上海で琉球語と日本語の「福音（Gospels）」と「使徒行伝（Acts）」を書いている。[9] ベッテルハイムの中国語の能力については木津によると琉球滞在期間に白話文と文語文を区別できるほどの習得能力の高さを示しているという。[10] これらの事実から推測して居住地区の人々や監視役の役人とは言葉を学習できるほどの頻繁な接触があったと考えられる。また、彼は医療だけでなく英語の教授も行っており琉球の通事が英語に長けていたことが記されている。[11]

彼の業績として次のような聖書の琉球語翻訳と和訳を挙げておく。

琉球語訳

・ルカ伝　（路加福音）
・ヨハネ伝（約翰傳福音書）
・ローマ書（保羅寄羅馬人書）
・使徒行伝（聖差言行傳）

漢和対訳

・マルコ福音書（馬可傳福音書）
・マタイ伝（馬太傳福音書）
・ルカ伝

英琉辞書
・English-Loochooan　Dictionary

彼が翻訳したこれらの聖書が、布教にどれだけ寄与したかは評価の対象であるだろうが、琉球語の研究における資料的価値は更に評価されるべきだと確信している。

## 『英琉辞書』の「Chinese Derivatives」

次に彼が編んだ辞書について入手した資料を紹介する。

前述した『英琉辞書』のデジタル版と紙コピー版を画像で紹介したい。（次頁参照）

上段は大英図書館から取り寄せたデジタルコピー版である。左右見開きを一頁として右上に記されている。残念なことに頁の中央、所謂「のど」と呼ばれる綴じ代がオリジナルの文字を取り込んでしまい判読できない。

次に下段の紙媒体コピーの画像を紹介する。

デジタル版では判別が不可能である「のど」の部分は比較的見やすく、記載されている文字も見ることができる。

しかし、デジタル版とは違い、文字を拡大して読み取るには不向きである。

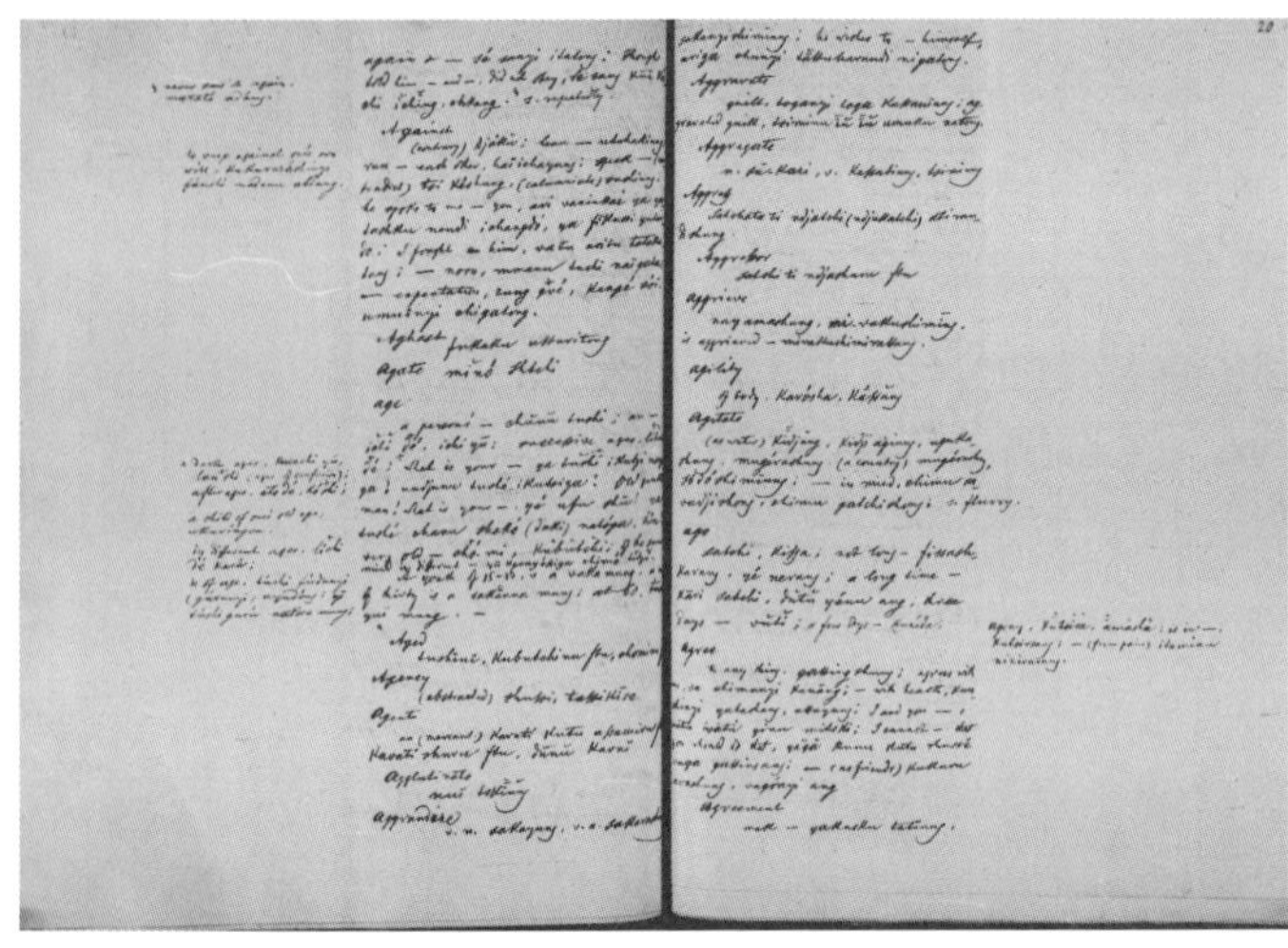

デジタルコピー版（大英図書館所蔵）

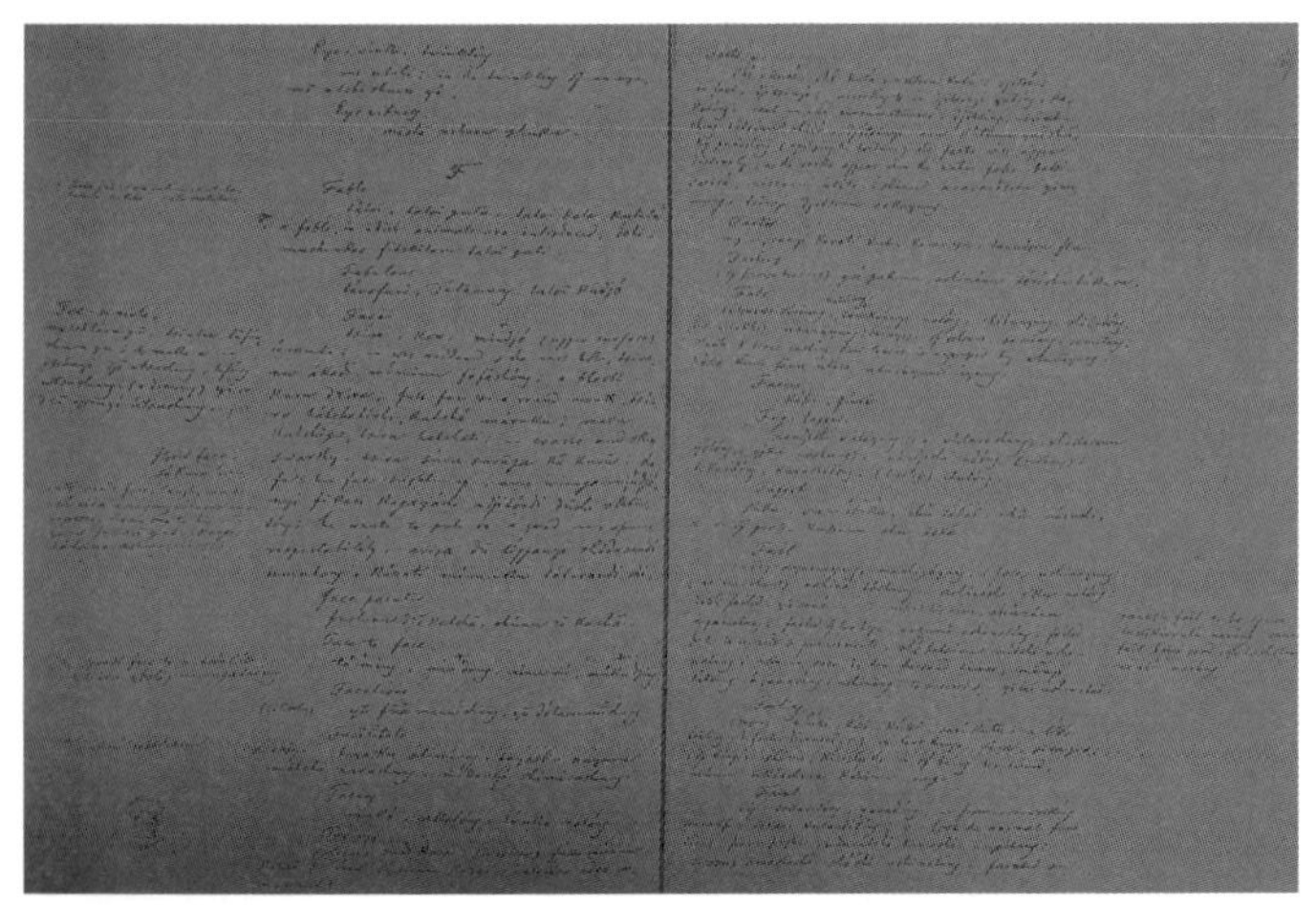

紙コピー版

ベッテルハイムは逗留中に一万余語（約一〇四〇〇語）を集録した英語―琉球語の辞書を編集した。この辞書は、見出し語を英語で記述し、意味を当時の琉球語で表し、その語の用例（句や節）も記載してある。しかし、どれも原則としてローマ字で表記されている。数語は漢字が混じっている場合もある。

また、琉球語には発音を反映させるために彼自身が解説した一〇種類の記号を用いて実際の音を記述している。琉球人がインフォーマントである点で当時の琉球における言語状況を反映させていると考えられる。伊波、高橋はこの資料を基に当時の琉球語の文法、音韻について分析研究している。石崎はベッテルハイムが短母音と長母音の記号を使い分けている点に注目し収録されている当時の琉球語を首里方言と比較し概ね同じだと解説している。[12]

ベッテルハイムは上陸の際、モリソン（Robert Morrison；馬禮遜）の『華英字典』とメドハースト（Walter Henry Medhurst）の『日本語語彙』を持参していた。これらは彼が編纂した辞書の底本になった可能性があり、伊波は一連の対照研究を行っている。[13]また高橋はベッテルハイムとモリソンの比較を語彙、意味記述、文法に至るまで詳細な比較対照を行っている。[14]

伊波によるとベッテルハイムがメドハーストの著書を底本とした根拠は弱く、琉球当地でインフォーマントを活用して収録したのだろうと結論付けている。また、高橋によると英文においては『華英字典』と『英琉辞書』は相似点が多く、『英琉辞書』の琉球語文は『華英字典』に記載されている中国語に酷似していると分析している。[15]

## 資料的価値

琉球語に関する資料は多くの場合、中国語で書かれている。しかし、クリフォードやバジル・ホールの語彙集や航海記など欧米言語で書かれている文献も存在する。欧米言語で書かれた文献は十七・十八世紀に多く、これらの資料は琉球に寄港した際に直接現地で収集した語彙であり、当時の琉球語の発音を書き写していると考えられる。琉球語の発音表記にはアルファベットが用いられているが記述者が当時の発音をどれだけ正確に書き取ったかは判断できない。

一方、中国語で記載されている資料には次のような考慮をしなければならない要素が存在する。先ず、中国語には多くの方言があり琉球語の発音を写し取るのに使用した漢字が記録者の母語によるものか否か。しかも、当時は方言の違いを超えて使用された共通語である「官話」でさえ時代と地域によって多少の違いがある。次に、中国語は口語と文語が使い分けられている。口語体と文語体の中間に位置するスタイルの存在も明らかになっている。文脈によっては発音を写し取って表現した文字なのか、文語体による意味を伝える漢字語句なのかにも注意が必要になる。

幸いなことにベッテルハイムは香港に滞在しギュツラフの下で「官話」を学習している。また琉球に持参した『華英字典』の冒頭には、「官話」に関する記述があり、南方官話であることが記されている。[16] ベッテルハイムが記載した琉球語は所々に官話の音韻や、欧米言語の音韻を基に記録され、解説されている。

これらのことから『英琉辞書』は当時の琉球語の様相をアルファベットと中国語を用いて転記している貴重な資料といえる。

## 『英琉辞書』の概要

この辞書は見開きを一頁とし、一〇九四七語の見出し語を六二二頁に記載している。欄外や余白にも琉球語や解説、用例が書かれているので整理すると見出し語の数は変わってくる。

辞書の最初のページにはベッテルハイムの手記が記載されている。日付が一八六七年四月一〇日と読み取れる。

日付から推測すると琉球から米国に移った後に表紙が付けられたと推測できる。辞書本体の最後の頁（六二七頁）には一八五一年一二月に校了したことが記されている。

辞書は名称が示すようにAから始まりZまでの英語の語彙が整理されて列挙されている。英

English-Loochooan
Dictionary
with many phrases in the higher
style of the literati, and a glossary
of derivatives from the Chinese language.

As this Dictionary was written while I was
in part supported by kind english friends,
and in grateful remembrance of many
favors, both temporal & spiritual, received
from Englishmen while in England & at
Loochoo. & especially for the gracious
protection received from the English Government
while in my mission field I wish this volume
to become the property of the national
Museum in London, Great Britain.

Cayuga, Illinois. U.S.A.
April 10th 1867
B.J. Bettelheim

語の見出し語の後にローマ字で綴った琉球語が記載されている。語義だけでなく用例（句や短文）も提示されている。

Ancients; +kū djing, nkashinu ftu.
（古代人：古人、昔の人）
※　＋記号は中国語からの派生語（原文のまま）

更に辞書にはA～Z以降に「Chinese Derivatives」と題した漢字で記されたページ（六二七―六六九頁）が綴じられている。収録語数は約一九〇〇語もあり一部を除きアルファベット順に記載されている。これは『華英・英華字典』の『五車韻府』を最後に収録したモリソンを彷彿させる構成である。

　ベッテルハイムの「Chinese Derivatives」（漢語）は次のような様相をしている。

　ここにはNの項をサンプルとして提示しておく。

写真資料から読み取れるのは、

nan　難　difficult, trial
nan se　〃災　calamity
nan yitchi　〃易　difficult or easy
nan sang　〃生　s. labour, travail
{sは参照の意}（原文のまま）

nでは「難」の漢字を筆頭にする熟語の読みをアルファベット順に記載している。漢字の字数や画数を基準にしているのではない。難産を意味するであろう「難生」の出産にあたる英語のスペルがイギリス式になっている。

伊波（一九九三年）では漢語の項目を完全なアルファベットの順序に整理し直して表記し分析している。つまり、各単語を見出し語として捉え、漢字の語彙構成ではなく読みに準じた場合に配列した資料を作成している。ベッテルハイム自身も「Chinese Derivatives」（漢語）の冒頭に並べ替えを含む整理を希望するとのコメントを書いている。

N項をアルファベットの順に整理すると次のようになる。オリジナルが漢語字典に準じて記述されていることが明確になってくる。

N項
nan　難　difficult, trial
nan　南　south

nan buku 南北 south & north
nan chuku 南極 south pole
nan dji 難事 toil, difficulty

「Chinese Derivatives」（漢語）のページに記載された漢字は、配列には語句を構成する先頭の漢字を基準に、同一漢字で構成される語句を配列するなどの一貫性を保とうとする工夫が見られるが漢字の語彙の採取における基準が明確でない。例えば、mの項に「mi 名: {s}fame,renowned」があり、英琉辞書のn部には、{name; 名前 na, myódji<名字>; 幼名 vorabinu na, bóza-na・・・}とnaが記載されていながら「Chinese Derivatives」（漢語）にはmの項目にもnの項目にも採択されていない。

中国語を習得し、漢字を理解し、読み書きを習得したとは言いながら『英琉辞書』本体以外に「Chinese Derivatives」（漢語）の部分を作成した意図が見えてこない。この辞書が将来的に利用者の便宜を想定しているのであれば、辞書本体の「英琉辞書」に収録した語彙を網羅していなければ単なる語彙リスト集になってしまい利用価値が半減する。

ベッテルハイムは「漢語」の序章部分に、中国語と琉球語の関係について彼なりの所見を述べている。その中の最後の項である第十一には「・・・中国語派生語はアルファベット順に整理し直し・・・・・、このリストは主要漢字の順になっている。・・・・」（傍線は筆者）とある。

彼の述べる主要漢字は何を基にしているのかも興味深いが、「中国語からの派生語」と考えてリストを作成したと推測できる。また、彼自身も冒頭で所見を次のように述べている。

㈠ 日本人は大抵の場合、漢字の中国語音を崩し訛らせただけの形で発音するが、時には中国語音とはまったくかけ離れた発音をする場合もある。例えば貞chingをtiと読む。

㈡ 熟語は大抵中国語の場合と同様に使われるが、独自の熟語もある。その場合でも構成する其々の漢字の意味は同じである。

・・・・(中略)

㈤ 同一の漢字でも熟語によって異なる読み方をする場合がある。

・・・

彼はどのようにして、あるいは何を参照にして中国語からの派生語と特定ができたのか、右の所見㈠の場合、彼の習得した中国語の発音から判断したり、琉球の通事が話す音を聞き取ることで判断ができたであろう。しかし、㈡の場合、漢字の組み合わせが中国語に無く琉球（日本）独自の熟語であると断定できる根拠は何か?を考えると、最初に思いつくのは中国語に精通した琉球の通事の存在であるが、これほど多くの語彙を中国語からの派生語ではなく琉球独自あるいは日本語独自の派生した語彙であると教示できたのであろうか。もしそうであるならベッテルハイムと監視役や通事との関係がどのようのものであったかが想像できる。あるいは、これほど多くの語彙を参照する中国語の字典を持参していた可能性も否定できない。その字典に収録された語彙はかなりの数であったに違いない。

漢字の語彙リストを作成することを想定した時、我々は通常、漢和字典をモデルにする。字典は一般的に漢字を構成する「偏」と「旁」の画数順に配列されている。ベッテルハイムの辞書本体に「radicals」（部首）の項がある。部首の数約二二〇個が四〇九頁から四一二頁に説明と供に記載されている。解説や名称が記載されていないのは四三個になる｛（伊波：（一一〇頁、一九〇〇）には四〇個となっている）｝。部首の解説および音韻が記載されていない部分に関しては後日に情報が入手できるだろうと注記している。

しかし、この部首の項を書くにあたって参考にする書籍がなかったとは考えにくい。彼が持参したとされる『華英字典』（R・モリソン）には記録されているので比較対照してみることで相互の関係が見えてくるだろう。

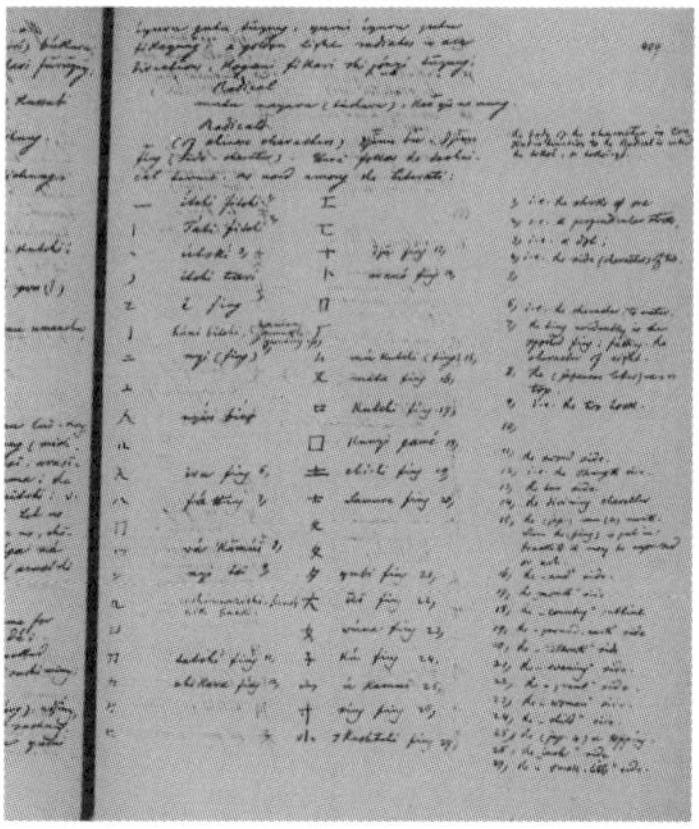

英琉辞書本体に収録されている部首の分類では「水」の次に「氵」を記載して関係性を解説している。一方「月」と「肉」の関係は次のようであり、特に記されていない。

水　mizzi fing{水};
氵（水の）簡略形　sán zí
肉　nyiku fing{肉};
月　tstchi fing{月};

一方、モリソンの『五車韻府』に提示されている部首表では「肉」と「月」は同列に配置されている（一三〇番）。

ベッテルハイムは部首を代表的な一字で表しており、モリソンのように関連（派生的）した部首は明示していない。しかし、ベッテルハイムも次の部首に関しては完全に写本したかのように二つの部首表記を提示している。左はその部首、琉球語の読み方、下の番号はモリソンの提示番号である。

邑　阝　kŭ zátŭ
　　　　一六三番

また、モリソンが一七五番に提示している部首「非」をベッテルハイムは一七九番目に配置換えしている。モリソンの配列は画数に準じており「非」は八画としているのに対し、ベッテルハイムは九画へ配置している。「非」を除いてベッテルハイムはモリソンの配列と完全に一致する。

以上のことからベッテルハイムは持参したモリソンの字典を参照した可能性が高いと推測できる。辞書本体（A～Z）には漢語からの派生語は+記号を付しているが、それらを網羅し整理した語彙が本体に続く「Chinese Derivatives」に収録されていると考えられるが、残念なことに載録されている漢語は本体内の+記号で示された語彙を網羅していない。また漢語由来の語彙が日本語を介して定着したのかは彼自身でも述べているように判断が容易ではない。

例えば、A項の三〇頁に記載されている次の語句では

Area: (of field)

sū tsibu; ---for gymnastic and exercise, kóba

以下は翻訳である。

sū tsibu（数坪）

体操や運動のための場所

kóba（広場）⇓　ひろば.

※「広」を「コウ」と音読

この例のように「広場」を「コウバ」と音読みし、中国語からの派生語と判断するか、「ひろば」と発音し和語とするか、このようなケースも多々ある。

## 最後に

フランスの伝道師が数年毎に交代するなか、ベッテルハイムが忍耐強く琉球に滞在したのは伝道というミッションに対する情熱以外に、家族の存在が大きいだろう。妻Elizabethも滞在中に琉球語を習得していた。また第三子の誕生を迎え名前をLucy Fanny Loochooとしたことから彼の琉球に対する拘りがうかがえる。また、当時はヨーロッパからの船舶の往来が頻繁であったためか『英琉辞書』に使用されている用紙には独特のマークが印刷されており、洋紙の補給に事欠かなかったことが予想できる。[17]

使徒伝道師としての彼に対する評価は様々なようだが、彼の残した辞書や琉球語訳の聖書は言語資料としては貴重であることに間違いない。

昨今、「うちなーロ」「島くとぅば」の復活と普及が提唱されているが、琉球語の口語にも中国語の官話同様に文語調、口語調の話し方があるとするなら彼の訳した聖書の語り口はスタイリッシュで独特な琉球語となるのではないだろうか。

### 参考文献

・屋部憲次郎（一九九五年九月）ベッテルハイムの「琉訳聖書を読む」（一）~（一一）沖縄タイムス
・木津祐子（二〇〇二）「ベッテルハイムと中国語 ―琉球における官話使用の一端を探る―」『総合文化研究所

紀要』 同志社女子大学
・　（二〇〇七）「清代琉球の官話課本にみる言語と文献」『一九世紀中国語の諸相』 雄松堂出版
・石崎博志（二〇一五）『琉球語史研究』 好文出版
・内田慶市・沈国威（編）（二〇〇七）『一九世紀中国語の諸相』 雄松堂出版
・張　美蘭（二〇〇七）「文法と語彙から見た一九世紀の域外漢語教材の官話の様相」『一九世紀中国語の諸相』
雄松堂出版
・千葉謙悟（二〇〇七）「清末における全国共通語および地方共通語の設定—Western Mandarinの関連から—」
『一九世紀中国語の諸相』 雄松堂出版
・朱　鳳（二〇〇九）『モリソンの「華英・英華字典」と東西文化交流』 白帝社
・高橋俊三（二〇一一）『琉球王国時代の初等教育　八重山における漢籍の琉球語資料』 榕樹書林
（二〇〇八）「ベッテルハイムの『英琉辞書』と『華英字典』との比較」『南島文化』（一九九五）「『英琉辞書』
の表記法」『南島文化』 沖縄国際大学南島文化研究所紀要
・伊波和正（一九八八）「フォルカードとベッテルハイム：フォルカード「滞琉日記」試訳」沖縄国際大学文学
部紀要．英文学科篇vol.11, no.1,（一九九二）「ベッテルハイム『英琉辞書』：漢語」『琉球の方言』 法政大学
沖縄文化研究所（一九九八）「ベッテルハイム『英琉辞書』：部首」『沖縄国際大学外国語研究』
・Anthony Philip JENKINS　- Bettelheim Journal and Correspondence（一八五二—一八五四、Part II）
『沖縄県史 資料編二二』　沖縄県教育庁文化財課資料編集班

・田名真之　琉球王国評定所文書、一四：五—四三〔巻頭論考〕王府の異国船迎接体制：総理館を中心に
・照屋善彦（二〇〇七）

## 注

(1) 大英図書館　メインカタログ：http://explore.bl.uk/primo_library/libweb/action/
(2) 照屋善彦「二〇〇七年度 沖縄キリスト教学院公開講座特別講座 ベッテルハイムの琉球伝道の史的意義」
(3) アイルランド生まれの英国人。一八一六年九月一五日ごろから一〇月二七日までの間、英国海軍大尉として琉球を訪問した。（『クリフォード訪琉日記』H・J・クリフォード著、浜川仁訳・解説 不二出版）
(4) 伊波（一九八八）
(5) 田名真之（二〇一六）「近世琉球の位置づけ」『歴史学研究 二〇一六、一〇』
(6) http://www.bible.or.jp/know/know17.html 現存する最初の日本語聖書 日本聖書協会
(7) 木津（二〇〇七）によればリンガ・フランカとして機能していたと述べている。
(8) 照屋善彦「二〇〇七年度 沖縄キリスト教学院公開講座特別講座 ベッテルハイムの琉球伝道の史的意義」
(9) Commodore Perry at Okinawa p.263（黄色ハイライトは筆者）
(10) 木津（二〇〇二）：二七—二九頁 更に習得に使用した教材を予測している。
(11) ペリーによる記述
(12) 石崎 二七一—二七三頁

(13) 伊波（一九九八）

(14) 高橋（一九九五）（二〇〇八）

(15) 高橋　八三―八四頁

(16) 木津、石崎、参照

(17)

# 沖縄を描く言葉の探求

## ──沖縄近代文学と「しまくとぅば」

村上陽子

村上　陽子・むらかみ　ようこ
一九八一年広島県生まれ。
所属・職名：沖縄国際大学総合文化学部日本文化学科講師。
最終学歴：東京大学大学院総合文化研究科博士課程修了、博士（学術：東京大学大学院）。
主要業績：『出来事の残響—原爆文学と沖縄文学』インパクト出版会、二〇一五年（単著）。
学外活動：日本近代文学会運営委員、日本社会文学会評議員（二〇一六年現在）。
専門：沖縄・日本近現代文学。

※役職肩書等は講座開催当時

# はじめに

沖縄近代文学において、「しまくとぅば」をどのように論じることができるだろうか。琉球処分以降、沖縄の人々は日本語を習得することを強いられた。また、日本語が「普通語」、「標準語」、「共通語」などと位置づけられる一方で、「しまくとぅば」は抑圧されてきたのである。したがって近代沖縄を生きた表現者たちは生活言語としては「しまくとぅば」を用い、表現言語としての日本語で執筆するという言語の二重性を生きなければならなかった。

必然的に沖縄近代文学は日本語と「しまくとぅば」の葛藤を内包するものとして生成されていったが、そこに見られるのは島ごと、地域ごとに異なる多彩な言語としての「しまくとぅば」とは異なるものだと言わざるをえない。沖縄近代文学にあらわれるのは、当て字やルビを活用して日本語読者にも通じるように工夫された「しまくとぅば」風の言葉としか言いようのない表現である。

本来であれば、小説の舞台となる地域や登場人物の出身地、世代などによって、用いられる「しまくとぅば」には差異があるはずなのだ。さらに出稼ぎや移民、戦争、占領などの時代状況の変化も言葉に大きな変化を与えた。沖縄の近現代を生きるとはすなわち「しまくとぅば」以外の言語を身につける必要性を迫られる経験にほかならず、個々人の生きた場所や時間によって「しまくとぅば」は無数の変節を促されたのである。しかし、そのような状況を踏まえて小説に登場する多彩な人物が話す「しまくとぅば」を正確に表現することはほぼ不可能だったのであり、仮に作者がそれを成し遂げたとしても、その複雑な言語関係を読み解くことのできる読者は極めて限られていただろう。

したがって、沖縄近代文学に生きられた言語としての「しまくとぅば」を見出すことは難しい。しかし「しまくとぅば」に基づいて生み出された文学表現についてあらためて考えていくのは意義のあることだと思われる。近代沖縄を生きた表現者の多くは「しまくとぅば」を切り捨てて日本語の表現のみを洗練させていくのではなく、沖縄に生きること、沖縄を生きることを描く道を選んだ。「しまくとぅば」を詩や小説にどう取り入れるかという試行錯誤は無論のこと、「しまくとぅば」を拒絶する身振りですら、沖縄を描く言葉をつかみとろうとする営為の中で生じた言語的葛藤や軋みを体現するものにほかならないのである。

本稿では、明治、大正、昭和という時代を通して、沖縄近代文学がどのようなかたちで「しまくとぅば」に向き合おうとしたのかをたどっていきたい。ただし、現在「しまくとぅば」と呼ばれる言葉はこれまでは「琉球語」、「沖縄語」、「沖縄方言」、「ウチナーグチ」などとさまざまに名指されてきた。本稿ではそれらの語を「しまくとぅば」という語に変換することなく、テクスト内の表現に基づき、「琉球語」や「ウチナーグチ」の語を括弧つきで適宜用いることとする。

## 一　「琉球語」の位置づけ―山城正忠「九年母」について

山城正忠「九年母」（『ホトトギス』一九一一年六月）は、沖縄近代小説の黎明期を飾る一篇である。沖縄近代文学の領域においては俳句や短歌に比べて小説の登場が遅く、明治四〇年代に入ってようやく発表されはじめた。岡本恵徳は「九年母」を「この時期の小説で最もすぐれていて、まがりなりにも一応の水準に達した唯一のもの」[(1)]として沖縄近代文学史に位置づけている。

作者の山城正忠は一八八四年に那覇市若狭に生まれ、県病院の事務員や軍隊を経て一九〇七年四月に上京、与謝野鉄幹・晶子の新詩社の同人となった。歌人として出発した正忠は「鶴岡と云ふ男」（『新潮』一九一〇年二月）や「石敢當」（『新文芸』一九一〇年八月）などの短篇小説も発表し、「九年母」で注目を集めた。[(2)]

「九年母」は、清を支持する守旧派と、日本を支持する開明派が対立している日清戦争開戦の年の沖縄を、漆器店の息子で一三歳になる政一少年の視点で描いた短篇である。政一の家には宮崎出身の小学校長・細川茂とその愛人で元遊女の女性・うしが間借りしている。ある夜、政一は細川の部屋をのぞき、うしの半裸と、細川が青い甕の中にしまっている分厚い札束を目にしてしまう。その後、漆器店の客を装って政一に接近してきた本土出身の「刑事探偵」は政一を遊郭に連れ出して青い甕の話を聞き出し、細川を検挙する。細川は守旧派の老人をだまして清への軍用金として金を出させ、それを着服していたのである。細川の逮捕後、被害者であった守旧派の老人が街の美少年を九年母[3]でだまして自宅に連れ込み、志那思想を鼓吹し、男色に興じていたという噂が流れる。島の人々が彼に罵詈雑言を投げつける場面でこの作品には幕が下りる。[4]

「九年母」には多数の先行研究がある。「九年母」における「ローカル・カラー」や対本土との関わりに注目した仲程昌徳、[5]主人公の「少年」性に着目した黒澤亜里子、[6]沖縄における「近代」の意味を少年という「可変的身体」やイメージを通して問い直そうとした本浜秀彦、[7]遊女表象に着目した浦田義和[8]の論考などが代表的なものとして挙げられる。

多様に論じられてきたテクストにもかかわらず言葉に注目した論考は少ないのだが、同時代の沖縄においては「九年母」の「琉球語」表現に対する厳しい批判があった。伊波普猷の実弟であり、新聞記者・文筆家として活躍した伊波月城は「九年母」を取り上げて以下のように評している。

　山城君が使用している所謂琉球語なるものは本県に来て居る他府県人の使用するブロークン琉球語と類似の言語であって私共は生まれからあんな琉球語を使ったこともなければ又純琉球人がそんなのを使って居るのを聞いたこともないのである。若し使はねばならぬならば偽りなく純琉球語を使用した方が自己の感情を忠実に吐露する上には都合が好くはあるまいか。又私は琉球語を使用しなくては沖縄（ママ）の風俗を写すことは出来る〔と〕思う[9]

伊波月城は、正忠が使っているのは「純琉球語」＝「しまくとぅば」ではなく「ブロークン琉球語」

だと断じている。仲程昌徳は月城の批判を取り上げて「琉球方言を用いるのなら「純琉球語」をと月城は言う。月城の言う「純琉球語」とは琉球方言そのままということであったかと思えるが、その琉球方言による表現は、琉歌そして歌劇どまりであった。／月城といえども、琉球方言による散文は、理想としては考えられたにしても、現実には困難な問題が多々あることを知っていたはずである。だから彼は、「琉球語を使用しなくても沖縄の風俗を写すことは出来る」と論を転換したのである」と指摘している。[10]

散文に向かない「純琉球語」を無理に変節させて「ブロークン琉球語」として小説に使うくらいであればいっそ日本語のみで表現をすればいい、という月城に対し、正忠が選んだのはまったく逆の方法であった。「九年母」では当て字やルビを用いた「ブロークン琉球語」の表現が模索されたのである。たとえば、台風で傷められた九年母の実をもぐために家族が集まる場面では次のような会話がみられる。


「ここにも落てとうさ、ほら、こんな大ッ(で)かいのが、これは我がもんだよ。」

「アラ兄さんここにも、こんなのが。」

と、一生懸命に吹きおとされた青いのや、ゆり落とされた黄いろいのを拾いあつめた。

「あんまり飛んであるくと、ころんで泣くんどう」と父はたしなめた。

　樹のまわりには主人の良平、妻のたま、三名の子供、厨女(めしたきおんな)のかま、漆器職工が三名、遊女あがりのうしなぞが立っていた。男女の髪油の匂が空気の裡にただよった。

これは「九年母」の中で唯一、島の人々のみが集った場で交わされる会話である。「男女の髪油の匂」という表現から、ここに集まっている人々がいずれも結髪の、琉球風の服装を維持していることがわかる。はしゃぐ子どもたちとそれをたしなめる父親を取り巻くのが島の人々のみであれば、ここでは「純琉球語」が会話に用いられてもおかしくはないはずである。しかし、実際にはここでの会話はあくまでも「琉球語」風の言い回しに留まっている。妹娘の台詞などは日本語そのものであり、「琉球語」の片鱗もない。この後、守旧派の老人がひとりごとをつぶやく場面もあるが、そのひとりごとも「やがて『黄いろ軍艦』が大和うちまかち、私なんかは唐の三司官なられる」といった具合で、「純琉球語」からはほど遠いのである。島の人々の内輪の語りですらこうなのだから、校長や本土出身の客を島の人々が囲むという状況で会話が交わされる場面では「純琉球語」での会話は望むべくもない。

正忠の「ブロークン琉球語」の表現は、同時代の中央文壇においては「地方色」豊かな表現として評価されることとなった。[11] 日本語に「地方色」の彩りを添える「琉球語」は、日本語/「琉球語」の階層性を突き崩すようなものではなく、まさに「彩り」の一つとして受け入れられたのである。ただし「九年母」において、日本人の校長・細川茂があえて「琉球語」や「島のなまり」を使う場面があることは、「地方色」や「彩り」とは別の文脈で捉える必要がある。それは植民者としての日本人が沖縄の人々に接近するための言葉としての「琉球語」の使用であり、当時の沖縄が置かれていた状況を彷彿とさせるものなのだ。まずは、細川が「琉球語」を使用する場面を見ておこう。

頃は明治二十七年のことで、朝鮮の南部地方に東学党匪の内乱が起ったのがもとで、日清両国兵が戦争を始めたという噂が伝わり、八月一日には宣戦の詔勅が下った。〔中略〕

芭蕉の葉の青く繁った小学校の中庭では、ほとんど毎晩のように「戦争幻灯会」がひらかれた。そうして戦争の起ったわけを、まだひらけない一般人民の頭に彫りこんだ。一方には学生間に、「うてやこらせや清兵を」という歌を唄っているうちにおのずから敵愾心を起させるようにできた、新しい節の、新しい軍歌が大変に流行った。校長細川茂は熱涙をふるって幻灯の絵解などを、よくまわらぬ琉球語でやった。

初めて全校の生徒を集めて宣戦の詔勅を捧読したとき、途中で、彼は感極まって泣いたそうだ。それが噂となってその名前が急に町中にひろがった。

家にかえると、松田の家にきて、戦の模様なぞをよく話した。或日、

「政ちゃんも髪を切らんとチャンチャン坊主だといわれるぜ」と、茂がいうと、

「イヤだ、言われてんすむさ、サイ」と、油でくろくにじんだ、赤い元結のゆるんだのをしめながら、子供は仏頂面をする。

「それじゃ日本人ではあらんさヤ」と、わざと島のなまりを出していう。

「日本人ではやしが。」

「髪きるのはイヤかねぇ、ハハハハハハ。」

と、訳もなくわらった。

　茂は職工どもが一生懸命に、仕事をしている日当たりの縁側に腰をかけた。その日は少しうすら寒かった。

「校長先生、家の政一もダンパツにして東京へ連れてってくすしよられ」と、色の黒い母がいうと、子どもはいきなりその後にまわって行って、腰のあたりをどやしつけた。

「イヤだ、おッかさんのふれもん、行かんさ、ヒヤア」と、ベソをかく。


　幻灯の絵解を「よくまわらぬ琉球語」でやるという細川の「琉球語」能力がいかほどのものかは、この箇所からだけでは判断がつきにくい。しかし、日本政府による沖縄に対する風俗改良が本格化したのが日清戦争後であることを考えると、細川はかなりの程度「琉球語」を扱えたのかもしれない。唐に心酔する守旧派の老人をたばかった際にも、細川の「琉球語」は活用されたことだろう。

　琉球処分直後の一八八〇年から一八八八年までの間、沖縄の学校では日本語の横に小さめに沖縄の言葉が添えてある『沖縄対話』という教科書を用いて児童生徒に日本語を教える「会話科」が設けられていた。「九年母」の舞台となっている一八九四年の沖縄では、学校でこそ児童が「一方的に標準語を理解しなければならなかった」が、それ以外の場所では日本人の官吏が「琉球語」を話さなければ租税の取り立てもできないという状況があった。[12] よって、この時代においては日本人教員や官吏が「琉球語」に巧みであった可能性も皆無ではない。「九年母」の細川も、支配や宣撫の手段として「琉球語」を習得していたのかもしれない。

そのような細川に対する政一少年の態度もまた印象的である。細川と政一の関係は小学校の校長先生と生徒というよりは、親戚のおじさんと子どものようだ。同居人の気安さが学校という公の空間での立場よりも優先され、細川が深くこの一家に溶け込んでいることがわかる。だが、その親しい会話の中で政一は琉球風の髷を切らなければ「日本人ではあらんさヤ」と言われ、「島のなまり」で沖縄の風俗を否定されていく。

細川が用いる「琉球語」は、「地方色」の表現などとしてではなく、宣撫と搾取のためのスキルとしての性格を強く打ち出して「九年母」というテクストに食い込んでいるのである。

## 二　逃げ場所としての「辻」における言葉—池宮城積宝「奥間巡査」について

大正期に入ると、沖縄の表現者たちは中央文壇の即時的影響を受けるようになり、短歌や詩の分野では質の高い作品が次々に生み出されていった。しかし小説の分野では「九年母」以降優れた作品がみられずにいたところ、池宮城積宝「奥間巡査」が『解放』の懸賞に入選して注目を集めた。

一八九三年に那覇市久米に生まれた池宮城積宝は早稲田大学で英文学を学び、語学の才を生かして翻訳を手がけ、歌人として活躍する際には「寂泡」の号を用いた。積宝は山城正忠とほぼ同じ時期から小説を書きはじめている。(13)

積宝の代表作として真っ先に挙げられる「奥間巡査」(『解放』一九二二年十月)のあらすじは次のようなものだ。中国大陸から沖縄に移り住んできた人々の子孫が住む貧しい「特種部落」(ママ)の出身である奥間百歳(うくまぬひゃあくう)が巡査の試験に合格する。部落の人々は我がことのように喜び、百歳の巡査就任を盛大に祝うが、巡査となった百歳は部落の不衛生さに不満を持ち、生活態度の是正を住民に強いるようになる。住民は百歳を避けはじめ、百歳は住民への「敵意」を募らせていく。部落に居場所を見いだせなくなった百歳は、同僚に誘われて沖縄の遊郭「辻」に足を踏み入れる。そこで出会った遊女「カマルー小」に恋心を抱いた百歳は、彼女と暮らすことを切望するようになる。そんなある日、百歳は偶然一人の窃盗犯を逮捕し、上司に手柄を認められるが、尋問が進むに従ってその男が「カマルー小」の兄であったことが明らかになるのである。

「奥間巡査」における制服の機能に着目した仲程昌徳は、制服を着ることで周囲を威圧する存在となった百歳が、「辻」へ向かう際には制服を脱いで「カマルー小」と「真の人間関係」を結ぼうと試みていると指摘した。しかし、「辻」からの帰り道に「カマルー小」の兄を逮捕したことで百歳は「「制服」を着けていなくても、「制服」を着けている時と変わらぬ人間になっていた」。仲程はそのような百歳のあり方に、百歳が自分自身のふるまいによって裏切られるという痛みを読みとっている。(14) 部落の中で浮き上がり、かといって九州出身者がほとんどを占める巡査仲間にもなじめず、二つの世界に引き裂かれるようにして生きた百歳の唯一の逃げ場所となるのが「辻」であった。「制服」は百歳の「辻」への向き合い方や、その空間に求めたものを見出すための非常に重要なモチーフであったということができよう。しかしそれだけではなく、百歳を巡査としてかたちづくっていたはずの日本語の用いられ方も合わせて見ていくことで、百歳と「辻」との関係はより明確になるのではないかと思われる。百歳がはじめて登楼する場面を見てみよう。

> 高い石垣に囲まれた二階家がずっと連って居る。その中から蛇皮線の音、鼓の響、若い女の甲高い声が洩れて来た。とある家の冠木門を潜ると、彼の友達はトントンと戸を叩いて合図をした。するとやがて、
> 「誰方（たぁ）やみせえが。」
> と云う女の声が聞えて、戸が開いた。女は友達の顔を見ると、ニコリと笑って見せた。
> 「入みそー、れー、たい。」
> 二人は「裏座（うらざ）」に導かれて行った。其処は六畳の間で、床には支那の詩を書いた軸物が掛って居るし、その傍には黒塗りの琴が立てられてあった。片方の壁の前には漆塗りの帳簞笥が据えられて、真鍮の金具が新しく光って居る。その傍には低い膳棚が、これも未だ新しくて漆の香がとれないように見えた。その反対の側には六双の屏風が立てられて居るが赤い花の咲き乱れた梯梧の枝に白い鸚鵡が止って居る画が描かれてあった。

百歳の目には凡てのものが美しく珍らしく見えた。

やがて、女達が朱塗の膳に載せて酒肴を運んで来た。二人が酒を酌み交して居る間、女達は蛇皮線を弾いたり、歌を歌ったりした。十四、五に見える美しい妓が赤いけばけばした模様の着物を着て出て来て、扇を持って舞ったり、薙刀をもって踊ったりした。


「奥間巡査」の舞台となっている大正期は、沖縄の近代化や日本人客の増加に伴って「辻」が少しずつ変化していった時期である。明治末期を舞台とする「九年母」でも「辻」は描かれるが、「九年母」の地の文ではいささか唐突に「ここに一つことわって置きたいのは、琉球の色町の有様である。そこはすべて内地のように明るい籠の裡に、赤熊髷（しゃぐま）をつけた赤い鳥のような女がならんでいるのではない。たかい石垣がこいの家に隠れている。そうしてくらい通りを、琉球の若者どもが悲しい恋歌を歌って女をつりだすのである。それから妓楼も待合をかねたようなもので、随って女も色を売るのみが能ではない。みんないっぱしの芸者にもなるのである」という解説が挿入されていた。

それに対して、「奥間巡査」では、女性たちは「赤いけばけばした模様の着物」を着て、薙刀をふりまわしている。大正期に入ってからは「辻」にも「明るい籠の裡」に女性たちが並ぶ張店格子の楼もできたようだ。[15] 畳、床の間、掛け軸、琴、帳簞笥、屛風などのしつらえは明治末期と変わらないものの、着物や演目などには変化が見え始めていたようである。

また、『琉球花街　辻情話史集』によれば、明治末期の辻では「誰方（たあ）やゝみせえが」とは、楼を訪れた男が馴染みの女性を呼び出すときのお決まりのやりとりであったという。

また女郎屋も宵の口から玄関の大戸を閉めてあったので男がその妓楼を訪れると、玄関の戸を軽くパチパチ叩くのであった。これに応じて中からターヤミセーガ（誰れに御用ですかの意）との女の声を待って、自分の適娼の名を呼ぶと其の女は大きな黄色い声を張りあげて、男の名指す女を玄関へ呼び出す。やがて呼び出された女が玄関へ来て戸を閉めたまま、中からターヤミセーガを繰り返して相手の男が自分を呼び出して居ることを確かめてから、やっと戸を開けて其の男に面会をするのであった。[16]

このように、「誰方（たあ）やみせえが。」は本来であれば女性の機嫌を伺う男と、客を迎える女性たちの駆け引きを引き起こす一言なのだが、同僚の巡査と連れだってはじめて登楼した百歳は、このような駆け引きを省いて迎え入れられる。百歳の適娼となった「カマルー小」は田舎出身の、まだあどけなさを残す一七歳の娘であった。彼女は、百歳を見送るときこそ「辻」の風習にならって「琉球語」を口にするが、百歳との会話では流暢な日本語を用いている。

百歳は次の月の棒給日の晩には、女の楼へ行くと、思い切って十円札二枚をカマルー小の手に渡した。女はそれを見ると、

「こんなに沢山貰っては、貴方がお困りでしょう。一枚だけでいいわ。」

と、そう云って、後の一枚を押し返すようにした。百歳は、

「貰っとけよ。もっとやる筈だが、また、今度にするさ。」

と云って、彼はその札を女の手に押し付けた。

この場面で百歳は給料二十三円のうちのほとんどを「カマルー小」に貢いだわけだが、そのやりとりの際に交わされる言葉が両者ともに日本語であることは興味深い。閨での、二人きりのやりとりが「琉球語」でないのはなぜなのだろう。百歳は学問や仕事のために、「カマルー小」は日本人客への接待のために、日本語を必死に習得してきたはずである。したがって、日本語は二人の職業性と強く結びついた言語だと言えよう。それが二人きりの私的な会話においても用いられていたとすれば、二人の付き合いは「巡査」と「遊女」という立場を越えるほどの深さに至っていないのかもしれない。自身の内面と強く結びついていたはずの「琉球語」が会話にあらわれてこないということからは二人の関係性のぎこちなさが透けて見える。そのようなぎこちなさは、巡査という百歳の職業によって最終的に引き裂かれていく結末に結びついていくだろう。

「奥間巡査」における「辻」は、和漢琉の文化や設えが混在し、「琉球語」と日本語が巧みに使い分けられる空間である。客の職業や立場に応じて対応を変える女性たちとかりそめの時間を過ごす中で、百歳は制服を脱いでもなおそぎ落とすことのできない、職業性に結びつく言葉を使い、その

言葉に応じるようにして「カマルー小」も日本語を用いていたのではないだろうか。

百歳の姿からは、「琉球語」と日本語、自分が育った部落と自分を取り込みつつ排除する警察組織のはざまを生きる苦しみが見て取れる。「辻」もまた、複数の言語に揺らぐ空間であった。その揺らぎこそが百歳につかの間の安らぎをもたらしたものであったろうが、制服や日本語という職業性に結びつくものは百歳にあまりにも強く絡みついていた。百歳の痛みと孤独は、言葉の面からも捉えることができるのである。

## 三　「沖縄」の不在―昭和期の文学

ここでは久志富佐子、山之口貘という二人の表現者に触れておきたい。昭和期に入ると沖縄における日本語習得はさらに切実なものとなり、明治末期の「九年母」にあらわれる学校や教育者、大正期の「奥間巡査」のようなエリート層の問題に留まらず、社会全体を巻き込んでいくこととなった。その理由の一つは、「海外移民という社会問題」だった。日本人として海外に移民していった沖縄の人々が、他府県出身者と日本語での意思疎通がうまくいかないために移民先で孤立していくという問題が表面化し、日本語教育が盛り上がっていったのである。[17]
また、日本本土においては「朝鮮人と琉球人はお断り」の張り紙が貼られるなど、あからさまな沖縄への差別があった。沖縄独特の歴史や文化、生活習慣は「近代化の遅れ」として捉えられ、積極的に日本に同化していこうとする風潮が沖縄社会に生まれていた。それは必然的に沖縄的なるものの否定へとつながっていった。

他府県出身者と異なるところのない「日本人」であるため、日本語の習得が必死に目指されたこの時期に発表されたのが久志富佐子「滅びゆく琉球女の手記」(『婦人公論』一九三二年六月)と山之口貘の「会話」(『文藝』一九三五年一〇月)である。

久志富佐子の生年は定かではないが、一九〇三年頃、沖縄の旧首里市に生まれたと言われている。久志は県立第一高等女学校卒業後、小学校の教員を経て上京し、「滅びゆく琉球女の手記」を発表した。(18)

「滅びゆく琉球女の手記」は日本本土で暮らす「妾(わたし)」の目線で、「琉球人」であることを隠して本土で暮らす叔父と、故郷に残された家族を描いたものである。「妾」の叔父は他県に籍を移し、事業で成功を収めているが、妻子にすら自分が「琉球人」であることを知らせずにいた。あるときこっそりと帰郷した叔父は、継母や親類が零落した生活を送っているのを目にし、「胸を打たれるよりも先ずうんざりして了った」。叔父は身内との付き合いを断って本土に戻り、それ以降は「妾」を通して継母にわずかな仕送りをしている。「妾」は故郷を切り捨てざるを得ない叔父を憐れにも思いつつ、貧しさに押しひしがれる「滅びゆく孤島」について考えをめぐらせるのである。

「滅びゆく琉球女の手記」は最後に「つづく」と記されており、当初は続編の掲載が予定されていた。しかし発表直後に沖縄県学生会や沖縄県人会からの抗議があり、続編が掲載されることはなく、久志は『婦人公論』に釈明文を掲載した。

ただし久志の釈明文は、「学生代表のお話ではあの文に使用した民族と云う語に、ひどく神経を尖らしていられる様子で、アイヌや朝鮮人と同一視されては迷惑するとの事でしたが今の時代に、アイヌ人種だの、朝鮮人だの、大和民族だのと、態々段階を築いて、その何番目かの上位に陣どって、優越を感じようとする御意見には、如何しても、私は同感することが出来ません。(此の考えは恐らく代表者だけの御意見だろうと存じますが)」という調子で、釈明というよりも沖縄の人々の内部に存在していた差別意識や「同化」に懸命に突き進もうとする風潮に対する批判を含むものであった。[19]

さてこのテクストに、いかなる「琉球語」を見出すことができるだろうか。次に引用するのは「滅びゆく琉球女の手記」の一応の結末部、母の家を訪れた際に叔父の帰省にまつわる顛末と愚痴を聞かされた「妾」が、就職先の村へ帰る場面である。

ぽつりぽつりと、時間を区切って行く馬の脚音に、絡みつくような御者の吹声がまことに似つかわしい没落の伴奏であった。「ダルユ、ウラミトテ、ナチュガハマチドリ　アワン　チリナサヤ　ワニントモニ」と云うのだったがそれを訳すると「誰を恨んで浜千鳥は泣いてるのだろう。ああ、此の辛い気持ち、千鳥に誘われて泣けて来る」立続けに御者は唄った「月ミリ(レ)バ昔ヌ(ノ)　月ヤスガ(ダガ)　カワテ(カワッテ)行クムヌヤ(モノハ)、人ヌククル(ノココロ)……」

幸住むと人の云う、或は、頭うなだれ帰り来る。ポール・ブッシェの詩が、断れ断れにきいている妾の頭の中で明滅した。琉球の多くの唄には、人の胸の悲痛をかきむしらずには置かぬ哀調があった。さも無くば、ナンセンスな歌詞と、やけくそなジャズにも似た節とが組み合って出来ている。

何百年来の被圧迫民族が、うっ積した感情が、このような芸術を、産み出したのかも知れなかった。妾は此の夕暮れの風景を好む。此の没落の美と呼応する、妾自身の中に潜む何物かに憧れを抱いた。

まず注目されるべきは、御者が唄う「琉球」の唄が「没落の伴奏」と表現されていることだ。「哀調」をたたえた「琉球」の唄は、「没落」の象徴としてここにあらわれている。しかし「妾」自身が「琉球」の唄を唄うことはない。彼女は困窮してはいるものの「琉球のインテリ」の一人であり、日本語を常用している。それは、御者の唄から「ポール・ブッシェ」の詩句[20]を連想したり、ジャズに喩えたりする思考からも見え隠れしている。

「妾」はここで貧困や差別に押しひしがれる故郷や親類たちの様子を「没落の美」としてまとめ上げ、それに呼応するものが「妾自身の中に潜む」ことを示そうとしている。それは、言葉を「琉球語」から日本語に切り替え、故郷を一種の牢獄のように感じながらもそこからのがれえない、「琉球のインテリ」が、「琉球」の唄によってうずくような感傷を突きつけられる瞬間であったはずだ。

拒絶しても、切り捨ててもなお身体の深部にしみるものとして「琉球」の唄はあった。

差別の問題は詩人・山之口貘の詩とも深く関わっている。久志とほぼ同年、一九〇三年に那覇市に生まれた山之口貘は、一九一七年に沖縄の俊秀が集う県立第一中学校に入学した。当時、一中では方言取締令が下され、罰札（方言札）制度が強化されていたため、校長「山口沢之助」の名前にちなんだ落首「やまと口札取るたびに思うかな、ほうげんの乱は止めたくの助」が学内に貼り付けられるという状況だった。貘はそのような状況への反感から、あえて罰札を一人占めにしたという。(21)

その貘が東京で、一九三〇年頃に書いたとされる詩が「会話」である。

会話

お国は？　と女が言った
さて、僕の国はどこなんだか　とにかく僕は煙草に火をつけるんだが　刺青と蛇皮線などの連想を染めて　図案のような風俗をしているあの僕の国か！
ずっとむこう
ずっとむこうとは？　と女が言った
それはずっとむこう　日本列島の南端の一寸手前なんだが　頭上に豚をのせる女がいるとか素足で歩くとかいうような　憂鬱な方角を習慣しているあの僕の国か！

南方

南方とは？　と女が言った
南方は南方 濃藍の海に住んでいるあの常夏の地帯 竜舌蘭と梯梧と阿旦とパパイヤなどの植物達が 白い季節を被って寄り添うているんだが　あれは日本人ではないとか　日本語は通じるかなどと話し合いながら　世間の既成概念たちが寄留するあの僕の国か！

亜熱帯

アネッタイ！　と女は言った
亜熱帯なんだが　僕の女よ　眼の前に見える亜熱帯が見えないのか！　この僕のように　日本語の通じる日本人が　即ち亜熱帯に生れた僕らなんだと僕はおもうんだが　酋長だの土人だの唐手だの泡盛だのの同義語でも眺めるかのように　世間の偏見達が眺めるあの僕の国か！
赤道直下のあの近所

「会話」には一言の「琉球語」も用いられず、「沖縄」という言葉が徹底して避けられている。その代わり、「世間の既成概念」「世間の偏見」に満ちたイメージが並べられ、「日本語の通じる日本人」の土地となるために懸命になっていた「沖縄」が浮かび上がってくる。若き日の貘は、相手から投げかけられる質問をはぐらかし、唇にのせることのできない「沖縄」の一言を飲み込みつづける、そのような詩を東京で書いたのである。

「会話」の執筆からおよそ二十八年後、実に三十三年の長きにわたって沖縄の地を踏むことのなかった貘は沖縄に帰郷した。一九五八年のことである。そのとき、貘は言葉をめぐる困惑に直面することとなった。[22]

弾を浴びた島

島の土を踏んだとたんに
ガンジューイとあいさつしたところ
はいおかげさまで元気ですとか言って
島の人は日本語で来たのだ
郷愁はいささか戸惑いしてしまって
ウチナーグチマディン　ムル
イクサニ　サッタルバスイと言うと
島の人は苦笑したのだが
沖縄語は上手ですねと来たのだ

東京での生活や詩作の中で飲み込まれてきた言葉が、「島の土を踏んだとたん」に口からすべり出る。当然「ウチナーグチ」で応答されると思っていたら、「島の人は日本語で」自分に言葉を返してくる。「ウチナーグチ」は会話の相手に確かに理解されているはずなのに、帰ってくる言葉が日本語であることに貘は「戸惑い」を隠せない。

日本語で詩を書きつづけた貘の内部に保存されていたもう一つの言葉が、三十三年ぶりの帰郷に伴って、強いられた日本語を押しのけるようにして「ウチナーグチマディン　ムル／イクサニ　サッタルバスイ（ウチナーグチまでもすべて／戦争でやられたのか）」というかたちでほとばしる。「ウチナーグチ」はいったい何にやられてしまったのか。「イクサ」はどこからもたらされ、「弾」は誰から浴びせられたのだったか。イクサを生き延びた「島の人」の身体に深く深く刻印された日本語もまた、「ウチナーグチ」を攻撃し、「イクサ」にかりだしたものではなかったか。そのような問いを投げかける言葉として、「弾を浴びた島」には、日本語と対峙する「ウチナーグチ」が書き込まれている。

## おわりに

沖縄近代文学と「しまくとぅば」の関わりをたどっていけばいくほど、沖縄の表現者の身体や言葉がいかに強く、深く日本語にとらわれていたかを突きつけられる。しかし同時に、自らを捉えて放さない日本語に向き合い、沖縄を描く言葉を探り、つかみとるという試みも絶えず成されていたのである。沖縄と日本のはざま、「しまくとぅば」と日本語のはざまで、さまざまな差異を生きる中で生まれてきた表現は、あるときには「しまくとぅば」の翻訳や変容をもたらし、あるときには徹底して押さえ込まれていった。しかし、そのようにして押さえ込まれた「しまくとぅば」は消え去っていったわけではなく、日本語と常にせめぎあっていた。そしてこのような沖縄近代文学の軌跡は、会話に「方言」を取り入れた大城立裕「亀甲墓――実験方言をもつある風土記」（一九六六年）や、「ウチナーグチ」を用いて少年の心中が語られる東峰夫「オキナワの少年」（一九七一年）、日本語と「ウチナーヤマトゥグチ」、「ウチナーグチ」が入り乱れる知念正真の戯曲「人類館」（一九七六年）などにつながっていく。

「しまくとぅば」と日本語の間に生じる言語的葛藤を手放さず、自らが習得した日本語を軋ませ、かきまぜ、新たな表現や文体に結びつけていった沖縄近代文学は、日本語にも「しまくとぅば」にも完全に回収されることがない。沖縄を描くためにつかみとられた言葉は境界を攪乱する文学として私たちの前に開かれているのである。

※山城正忠「九年母」、池宮城積宝「奥間巡査」、久志富佐子「滅びゆく琉球女の手記」および「『滅びゆく琉球女の手記』についての釈明文」の引用はいずれも『沖縄文学全集　第六巻　小説Ⅰ』（国書刊行会、一九九三年）に、山之口貘の「会話」および「弾を浴びた島」の引用は『山之口貘詩集』（高良勉編、岩波文庫、二〇一六年）

に拠った。ただし他の文献からの引用も含めて、旧字体は新字体に改めた。

**【注】**

(1) 岡本恵徳『沖縄文学の地平』三一書房、一九八一年、二〇頁。

(2) 「山城正忠」(『新沖縄文学別冊特集号　沖縄近代文芸作品集』沖縄タイムス社、一九九一年一月)参照。

(3) 作品のタイトルとなっている九年母は柑橘類の一種で、作中の会話文では「クニブ」と表記される。作中では「皮のうすい、フクロの大きな、淡黄い透明な液汁がそれに一杯はいッているのが取柄で、こころもち酸味がかッていて、あんまり吸うと歯をわるくするといわれているが、大そう賞美された」と九年母の味が魅力的に描写されている。

(4) 「九年母」は、鹿児島出身の山城一(やまのじょうはじめ)が李鴻章の密使を名乗って守旧派の領袖から大金をせしめた「山城事件」を素材としている(太田良博「山城事件」、『沖縄大百科事典　下巻』沖縄タイムス社、一九八三年、七五五頁参照)。

(5) 仲程昌徳『沖縄文学論の方法　「ヤマト世」と「アメリカ世」のもとで』(新泉社、一九八七年)および「沖縄近代小説の道程」(前掲『新沖縄文学別冊　沖縄近代文芸作品集』)。

(6) 黒澤亜里子「琉歌と和歌という境界——共同体、身体、ジェンダー表象をめぐって」(富岡多恵子編『詩歌と芸能の身体感覚　短歌と日本人Ⅳ』岩波書店、一九九九年)および「作品解説　九年母」(岡本恵徳・高橋敏夫編『沖縄文学選　日本文学のエッジからの問い』勉誠出版、二〇〇三年)。

(7)　本浜秀彦「オキナワ的身体とは何か――山城正忠「九年母」(一九一一年)に見る近代イメージと身体感覚、あるいは「身体の近代」」、『沖縄キリスト教学院大学論集』第三号、二〇〇七年二月。
(8)　浦田義和「山城正忠「九年母」論――「遊女」表象の意味するもの」、『社会文学』第四〇号、二〇一四年七月。
(9)　伊波月城「閑是非」、『沖縄毎日新聞』一九一一年六月二八日。
(10)　前掲　仲程『沖縄文学論の方法』三九頁。
(11)　「中央文壇における「九年母」批評一束」(『沖縄毎日新聞』明治四四年七月一〇日および一四日)を見ると、「琉球の色はよく出ている」(『創作』)、「鈴なりの九年母の色は都に住む琉球人をして故郷の色彩を一層つよく思いうかべるよすがとなったであろう」(『白樺』)、「矢張事件の描写よりも琉球〔の〕自然を書いた所がよかった」(『ホトトギス』)などの批評が紹介されている。
(12)　近藤健一郎『近代沖縄における教育と国民統合』北海道大学出版会、二〇〇六年、七二―七六頁。
(13)　前掲『沖縄文学選』五〇頁および『新沖縄文学別冊　沖縄近代文芸作品集』一一一頁参照。
(14)　仲程昌徳『新青年たちの文学』ニライ社、一九九四年、一七四―一七八頁。
(15)　張店格子の楼についてでは大正五年から一三年まで沖縄に滞在したE・R・ブルース牧師が撮影した写真が残っている。ただし設立時期や楼主については詳しいことがわかっていない(『沖縄の遊郭――新聞資料集成』月刊沖縄社、一九八四年、一七頁参照)。
(16)　『琉球花街　辻情話史集』沖縄郷土文化研究会、第三版、一九七三年、六五頁。
(17)　外間守善「第三章　言語」、『沖縄県史　第五巻各論編4　文化1』沖縄県教育委員会、一九七五年、三四一―三四二頁。

(18) 前掲『沖縄文学選』六〇頁および「インタビュー　幻の女流作家　久志芙沙子が語る「滅びゆく琉球女の手記」筆禍事件のあとさき」(『青い海』二七号、一九七三年一一月)参照。なお、「滅びゆく琉球女の手記」は「久志富佐子」、釈明文「久志芙沙子」で発表されている。本稿では作品発表時の「久志富佐子」で統一した。

(19) 「滅びゆく琉球女の手記」および釈明文をめぐる筆禍、発表の経緯などについては大野隆之『沖縄文学論――大城立裕を読み直す』(編集工房東洋企画、二〇一六年)に収められた「「滅びゆく琉球女の手記」論」で詳しく論じられている。

(20) ドイツの詩人、カール・ブッセ作、上田敏訳の「山のあなたの空遠く」(『海潮音』所収)を連想していると思われる。

(21) 「年譜――山之口貘」、『山之口貘詩文集』講談社文芸文庫、一九九九年参照。

(22) 仲里効は「弾を浴びた島」について「沖縄のことばが失われていく痛みと、その表出が逆に沖縄語のヴァイタルさと喚起力をもつ」(仲里効『悲しき亜言語帯――沖縄・交差する植民地主義』未來社、二〇一二年、二一一頁)と論じている。

# 崎山多美の文体戦略

## ―「シマコトバでカチャーシー」を切り口に―

黒澤 亜里子

黒澤　亜里子・くろさわ　ありこ
一九五二年、栃木県生まれ。
所属・職名：沖縄国際大学総合文化学部日本文化学科・同大学院地域文化研究科教授。
最終学歴・学位：早稲田大学第一文学部仏文学科卒業、法政大学大学院人文科学研究科（日本文学専攻）博士後期課程修了、文学博士。
主要業績：『田村俊子全集　全九巻・別巻一』（編著、ゆまに書房、二〇一二〜刊行中）、「Y・Yカンパニー論」『往復書簡 宮本百合子と湯浅芳子』（翰林書房、二〇〇八）、「琉歌と和歌という境界」『詩歌と芸能の身体感覚』（岩波書店、一九九九）、『逆光の智恵子抄』（学陽書房、一九九七）、「日本近代文学における両性の相克問題」『ジェンダーの日本史 下巻』（東京大学出版会、一九九五）ほか。
専門：日本近代現代文学　沖縄文学
※役職肩書等は講座開催当時

# はじめに

今回の講座では、近代の「沖縄文学」がどのような表記上の工夫（ワザ）を模索してきたか、という問題を参加者の方々と一緒に考えてみたい。

これは、私が沖縄に着任してからずっと気になっていた課題だが、「文体論」や「方法意識」と正面切って構えるのは、なかなかハードルが高くて手が付けられないでいた。もちろん「沖縄文学」は「日本語」で書かれているわけだが、そこには沖縄独特のコトバの歴史や文化、社会、政治の背景が複雑に絡まりあっている。他府県出身である私にとって「沖縄文学」の「文体」そのものを対象とすることはかなり難しい課題なのである。そこで、ここでは実作者である崎山多美による沖縄近代文学史の「おさらい」（批評的介入）を一つの道案内として、この課題を考え始めることにする。

以下が、本日取り上げる予定のテクストである。

0. 〈おさらい〉—崎山多美の「シマコトバでカチャーシー」をめぐって—
1. 「かぎやでふう」という複数の（翻訳）テクスト
2. 山城正忠「九年母」（一九一一）
3. 大城立裕「亀甲墓」—実験方言をもつある風土記（一九六六）
4. 東峰夫「オキナワの少年」（一九七一）

5．崎山多美「うんじゅがナサキ」（二〇一二～一六）他

6．まとめと〈予習〉―崎山多美の文体戦略をめぐるあれこれ―

抽象的な話では面白くないと思うので、実際のテクストを一緒に読みながら、肩の張らないオープンエンドの楽しい講座をめざしたい。

## ○〈おさらい〉―崎山多美の「シマコトバでカチャーシー」をめぐって―

崎山多美[(1)]は、沖縄在住の小説家である。一九五四年に西表島で生まれ、県内のあちこちに移り住んだ後に現在は沖縄市に住んでいるが、「その島の方言、シマコトバで、日本語をかきまぜながら小説を書いてみたい」とつねづね思っていたという。

では崎山のいう「シマコトバで日本語をかきまぜる」とはどのような「方法論（ワザ）」なのだろうか。今回、サブ・テクストとして使う「シマコトバでカチャーシー」（『21世紀文学の創造2 「私」の探求』岩波書店、二〇〇二年。以下、特に断りのない限り同著からの引用）の中で崎山は、そうした「ヒバンゴーゴー（かきまぜ表現の一例）」という「ムボウな小説のワザ」を発想せざるをえなかった「私的ないきさつ」を次のように説明している。

私は、沖縄以外の土地での生活体験がなく、外国語を一切解さず（せいぜい中学レベルの英語の読みくらい）、学校教育で身につけた標準的日本語と、ある時代の理不尽な要請から消滅の危機にさらされ大幅に変形しつつもかろうじて今に残された、沖縄のあの島この島のさまざまなシマコトバを、聞き、親しんできた言語環境をもつ小説家である

崎山が幼少期から島ごとに「通訳」が必要なほどに異なる「さまざまなシマコトバ」の多様な言語環境の中で育ってきたこと、学校教育で身につけた「標準的日本語」への強い違和感を持ち続けていたことが、「すなおに標準的日本語に寄り添うことを拒む心理的素地」を作ったことは事実だろう。ただし、これは崎山の作家としての私的な事情にとどまらない。

「標準的日本語」と「沖縄(シマ)コトバ」をめぐる言語学上の定義はひとまず置くが、沖縄のことばは千年以上も前に「日本祖語」から分かれて独自の発達を遂げた言語とされ、日本の他の地域との隔たりはきわめて大きかった。崎山流の表現によれば、両者のあいだには「平安時代人が現代日本人と道でバッタリ出会って会話を交わす」場合のような、「コミュニケーションのソゴが生じるのかなぁ」というくらいの「想像的把握」が必要だという。

また、「ある時代の理不尽な要請」によって「消滅の危機にさらされ大幅に変形しつつもかろうじて今に残され」たという「シマコトバ」の歴史、すなわち、明治十二年の「琉球処分」により日本の近代化の過程に組み入れられた沖縄では、それまでの伝統的な沖縄ことばと「標準的日本語（共

通語）」の使用をめぐる多くの葛藤が生まれた。こうした事情は、沖縄の近代文学の成立とも深くかかわっている。

沖縄の近代文学は、いわゆる「近代日本語」（共通語）の使用が一般化する明治三十年代半ばに登場する。「標準語」の習得がそのまま「近代化の遅れ」の克服につながるという認識は、方言札などの極端な強制を生み、風俗、習慣の違いや経済的な貧困とあいまって「琉球人」差別としてはたらいた。こうしたヤマト化＝近代化という図式は、戦前、アメリカ統治下から現在にいたるまで、沖縄文学における「コトバ／身体」の葛藤として表現者たちの重要な課題となり続けている。以下においては、テクストにそって、これらの表現者たちの試みを振り返ってみたい。

## 一 「かぎやでふう」という複数の（翻訳）テクスト

明治近代以前の琉球においては、琉球王朝時代に盛んに行われた和歌や俳句、漢詩なども受け継がれていたとされるが、とりわけ三線歌謡として歌われる八・八・六の韻律をもつ短詩型の琉歌は、人々に広く親しまれてきた。

たとえば、「かぎやでふう」（嘉謝伝風節）と呼ばれる琉歌は、崎山によれば「沖縄の『君が代』ともいうべきもっともポピュラーな祝儀歌で、、中高年の沖縄育ちの人ならほとんどが口にできる」という。ウタであるから、定まった一つのテクストがあるわけではないが、十八世紀の『琉歌百控』

をはじめ、複数の「写本」が存在する。

多くの歌い手や場のなかで歌い継がれてきた琉歌そのものにバリエーションがあるのは当然としても、ウタから「写本」へ、あるいは「写本ａ」・・・「写本ｘ」のあいだに複数の表記が生まれてくるいきさつはなかなか興味深い。ここにはすでに、一種の「翻訳行為」ともいうべき表記上の試行錯誤が見られるからだ。[2] こうしたいきさつを分かりやすく説明するために、崎山はまず、「読み」の音だけを韻律で区切る表記を、ひらがなで以下のように紹介する。

きゆぬふくらしゃや　なうにじゃなたてぃる
ちぶでぃうるはなぬ　ちゆちゃたぐとう

次に意味の対応する漢字を「半ば強引に」当て字で書き下し、音を「ルビ」というかたちで合わせて次のような表記を提示してみせる。（　）内はその「現代日本語」訳である。

今日(きゆ)ぬ誇(ふく)らしゃや何(なう)にじゃ名喩(なたて)ぃる
蕾(ちぶ)でぃうる花ぬ露出会(ちゆちゃ)た如(ぐとう)
（今日の喜ばしいことを何にたとえよう。
蕾んでいる花が露を受けてぱっと咲いたような心持ちだよ）

ここには、すでに何気ない表記上の「工夫（ワザ）」が含まれている。読み手は、耳で「読み」を聞き、目で漢字の字面やルビなどの「語感」をつかみ、最後に「意味」として全体を理解する。韻律、漢字やルビ、現代日本語訳と読み進んでいくうちになんとなく雰囲気がつかめてくるしくみである。「近代日本語」の文体は、漢文訓読体、雅俗折衷体、和文脈、欧文脈など、各種の文体の雑居状態の中から生まれ、定着してきたものだが、琉歌においてもこうした表記上のバリエーション、工夫は数多くみられる。後述する崎山のテクストは、こうした「伝統的」な表記の工夫を受け継ぎながら、過激にアレンジされているところが「崎山流」である。

## 二　山城正忠「九年母」（1911）―会話体の試み

明治四十年代（一九一〇年前後）になると、沖縄作家による最初の「近代小説」の試みが始まる。山城正忠の「鶴岡といふ男」、「石敢當」（明治四十三）、「九年母」（明治四十四）などがそれである。日本で最初の「近代小説」とされる二葉亭四迷の「浮雲」（明治二十～二十二）からほぼ二十年後のことである。

「九年母」（『ホトトギス』第十四巻十六号、明治十四年六月）は、実在の事件をもとに、日清戦争下の混乱した沖縄の社会相を描いた小説であるが、山城はこの「日本語で書いた」小説中の人物に「沖縄コトバ」をしゃべらせるという試みをしている（紙幅の都合で具体例は省略する）。

山城自身に厳格な意味での「方法意識」はなかったにせよ、近代文体における「標準日本語」と「沖縄コトバ」の〈距離〉を刻印した最初期のテクストと言えるだろう。

## 三　大城立裕「亀甲墓」（1966）──実験方言をもつある風土記

大城立裕[3]の「亀甲墓」が発表されたのは、山城正忠の「九年母」から五十五年後の一九六六（昭和四十一）年のことである。この作品は明確な方法意識にもとづき、「沖縄方言」を用いて創作した最初のテクストといえるだろう。「実験方言をもつある風土記」という副題にみるように、ここでは、沖縄の人々の祖先崇拝という死生観とともに、文中に挿入された「会話体」が「沖縄風」のニュアンス出すことに成功した文体として評価されている。以下にその一部を引用してみる。


「おい、ばあさん、艦砲だ、艦砲だ。いくさど」

「おお来るてよ。はやくにげんと。こどもたちは、はあ」

「ばあさん。あんたら、どこににげるて。いっしょに行かれいよう」

「なにッ、墓で殺すと？狂（ふ）れ物言いしくさって。（略）いっしょにおいておかんど」

「誰からきいたかといわれい」

「なにみて、とろばって（ボーとして）るか。早々と 歩きくされ」

（引用文中の傍点および訳注は崎山）

「狂（ふ）れ物言い」「とろばって」などの沖縄独特の語彙をはじめ、標準的な日本語の読者にも「意味の分かる」ように工夫した大城の苦心がうかがえるが、同時にここには、一種の文語的な「堅苦しさ」も感じられる。いってみればこれは、日常会話そのままの「自然な」会話体ではなく、大城が模索し、創りあげた一種の「翻訳体」ともいうべき人工的な文体だからである。

　仲程昌徳は、大城の会話体の特徴に言及し、「の」「ど」「て」（「てか」、「てさ」、「ても」「てど」、「てな」）の三つの助詞のゆれを中心として、動詞、畳語の使い方などにも意を用いた文体の工夫に言及し、「沖縄の言葉の独特な言いまわしを感じさせるよう充分に工夫してある」とする一方で、「一応沖縄風になっているとは言え、その幅というのもおおよそ知ることができよう」[4]とも述べている。

　崎山もまた、こうした大城の会話体について、「戯曲の科白まわし」のような歯切れの良い味わいを出した、とする一方で、「行かれいよう」「言いくさって」「いわれい」「歩きくされ」などの「語尾変化の工夫」そのものが「沖縄コトバの音感を捨象」する方向に働き、ややもすると、そのまま「標準的日本語に回収され安定してしまう危うさ」を感じさせる、と指摘する。せっかくの「沖縄コトバ」がぎゃくに「ちょっとハイカラなナイチャー物言い（ムヌイ）（内地人っぽいつまり標準語的言い方）」、つまり「保守的日本語の補完装置」になってしまったという批判である（崎山、一六九頁）。

　さらに崎山は、こうした自己の問題意識について次にように述べている。

私が小説を書くための「私」のコトバ探しをしていたとき、どうしても抵抗してみたかったのはじつはそこのところであった。標準的日本語に回収されてしまわざるをえない沖縄コトバの位置、というものを崩す方法を考えることから小説を書いていきたい、とせつに願ったのだ。方言を尾ヒレのように日本語にくっ付けることでなんとなく地方のアイデンティティを主張してみせる、というのではなくて、異質なコトバとコトバの関係を異質なままに立ち上がらせ、「私」なりの小説のコトバとしてどうにか想像（創造）できぬものかと。ムボウを承知で。

ここには、「シマコトバで日本語をかきまぜる」という崎山の明確な方法意識がある。そして、その直接の契機となったのが、次節でふれる東峰夫の「オキナワの少年」（一九七一）である。

## 四　東峰夫「オキナワの少年」（1971）―「沖縄コトバふう変態日本語」

東峰夫は、高校中退後、一九六四年に集団就職で上京。日雇い労働をしながら小説を書き、「オキナワの少年」（『文学界』一九七一年十二月）で文學界新人賞、翌一九七二年に芥川賞を受賞した。この年、沖縄はアメリカから日本に施政権返還されている。

そのころ、コザと呼ばれた沖縄市の高校の文芸部で小説を書き始め、「なかなかこの身に馴じんでくれない標準的日本語を溜息まじりに眺め暮らしていた」という崎山の前で、二つの「バクダン」

がさく裂した。一つは「政治一色に見えたコザの市の空」に、芥川賞という「文学の花火」があがったこと、もう一つが「オキナワの少年」の文体の衝撃である（崎山、一七三頁）。以下に、その一部を引用してみる。


「つね、つねよし、起(う)きれ、起(う)きらんな！」

「べろやあ！」

「好かんといっちん仕方あんな。もの喰う業(わざ)のためやろもん、さあはい！」

「だあ？　落(おて)てや無(ね)んせえ！　我(わ)あがベッドで犬の如し、あんやこと好かんといったえさに?!」

「ヒヤヒヤヒヤ！　あんちきしょうらがつるんで居(お)んど！」

「髪頭(かんとう)バアバアしているから、驚いたさあ、明日はかならず散髪(さんぱち)にいきよ」

（山羊に草やらんとならんがなあ、山羊が餌欲(やほ)さぬ餌欲さぬって鳴いてるがなあ）

そう阿鼻(あび)しているうちに、胆(きも)がホトホトしてきて、ヒィーッヒィーッヒィーッ。

「乳魔訶(ちいまが)の女子(おなご)、蜂鎌首(はちがまく)のおなごから選んで三、四名は集めんとならん筈や」


いきなり独特のリズムで少年のことばが飛び込んで来て、自由な躍動感を感じさせる冒頭である。以下、崎山の指摘にならえば、「戯画っぽい、ひんぱんなパンクチュエーション記号」の使用がリズム感をだす効果をあげ、沖縄の話しことばの音感と意味をふまえた「奇抜な当て字」は、文字の形象と音がいっしょになって「瞬時にイメージを触発する力」がある。つまり、意味が分からないなりに、一気に「分かってしまう」ような気がするところが文体の力である。

たとえば、「餌欲(やほ)さぬ」は沖縄語の「やーさん（ひもじい）」（崎山、一七五頁）を漢字に当て字したもの、これは「餌欲(やほ)さぬ餌欲(やほ)さぬ」という繰り返しの表記によって「メエ、メエ」という「山羊の鳴き声」まで連想できるところがすごい（これは黒澤の感想）。

また、「乳魔訶(ちいまが)の女子(おなご)、蜂鎌首(はちがまく)のおなご」は、沖縄語の「マギ（大きい）」の意味に、梵語「魔訶（大きくてすぐれている）」を当て字したもの、「蜂鎌首のおなご」は「ハチャガマク（腰のくびれた）」の意味に、昆虫の「蜂」を当て字するという自在な発想で、「おっぱいのバカデカイ女、蜂の姿のような腰のくびれた色っぽい女」（崎山、一七五―一七六頁）というような意味になる。ちなみに、私見だが「蜂鎌首のおなご」には当時放映していたアニメ「みなしごハッチ」（一九七〇年～一九七一年にフジテレビ系で放送）のイメージが紛れ込んでいる気がしてならない（当時、東峰夫は東京で日雇いをしながらこの小説を書いていた）。

閑話休題。「オキナワの少年」の文体についてはすでに多くの指摘があるが、こうした意表をつく表記の卓抜さはもとより、崎山が共感（「胆ホトホト」）したのは、何よりその「日本語をからかうような沖縄コトバのリズム」だったという。総じて、崎山はこれらの文体を「沖縄コトバふう変態日本語」と呼び、「私」のコトバ探しにおける「初恋」と呼んでいる。

## 五　崎山多美の文体戦略――「うんじゅが、ナサキ」ほか

次に、いよいよ崎山自身のテクストを読んでいくことにする。

崎山によれば、「かきまぜのワザ」とは、「バクダンを仕掛けたシマコトバを日本語の中に潜入させバクハツの機会をねらう、というゲリラ作戦」（崎山、一七〇頁）のことだという。これまで「　」の中に閉じ込められていた沖縄コトバの「会話体」を「地の文」に浸出、浸潤させたり、内部／外部からあれこれのワザで切り崩し、ゆさぶりをかける。そこでいつのまにか閉じ込められ、異化されているのは「標準語」の方という作戦である。

### 1　P音の快楽

まず初めに「ゆらてぃく、ゆりてぃく」（『群像』二〇〇〇年十一月）で軽くウォーミングアップしておきたい。コトバやリズムに対する崎山の感覚のするどさがよくわかる文体である。

「ゆらてぃく、ゆりてぃく」は、保多良ジマという滅びに瀕した架空の島の物語である。ある年の夏の終りの昼下がり。シマの北の外れの浜辺に、木炭のようにまっ黒の肌をした長身の大男（マギイキガ）が流れ着いた。この流れ者と、チルーという「プリムン娘」（変り者／ハグレ者）のあいだに一つの恋が生まれる。以下は、男のもとへ走ろうとするチルーと、それを阻止しようとする母親ウフチラーが激しく争うくだりである。

―阿ン母(アマ)ぁ、プリムン、プリムンんじ、
あんし、阿鼻阿鼻(あびあび)さんけー、
いよいよまあるく見開かれた目がウフチラーを睨んだ。
―我(ワ)んやてぃん、プリムンどやる、
プリムンぬプリムンに惚(フ)りてぃ、
ヌーぬ悪っさが、
プリムンとプリムン、似合いやあらにっ、
―あいエー、チルう……
と言ったきり、ウフチラーは返すコトバを失った。
―ナガリムンぬプリムン、んじ言(イ)ちん、
彼(あ)ぬプリムンや、リッパ、イキガやさ、
我んぬイキガー、彼ぬプリムンぬ他(フカ)―、
誰(タ)―ん無(ネ)―らんよっ。
思いもよらぬチルーの反撃だった。チルーの理の通った見事なプリムン物言(ムヌイ)いに、ウフチラーは打ち負かされてしまったのだ。

（引用文中の傍線 黒澤）

ここでは、まず怒涛のような「プリムン」というp音の連打に圧倒される。p音コトバには「生

理的な快楽」がある、とどこかの子供番組で聞いたことがあるが、二〇一六年末に「ピコ太郎」という芸人の短いYouTubeの動画が世界中を席捲したのは、このことにも関係があるだろう。わらべ歌ふうのことば遊びのリズムは、「ハグレもの（アウトサイダー）」としての「プリムン」の意味ともあいまって、この物語の強力な魅力の一つになっている。

ちなみに『沖縄語辞典』（国立国語研究所、一九八〇年一月）によれば、「hurimuN」は、「㊀ならず者。不良・やくざなど。㊁馬鹿。㊂気違い。狂人。ふれ者。」とある。すでに山城正忠は「ふれもん」、大城立裕は「ふれむん」、「狂（ふ）れ物言い」を使い、東は「フレむん」と表記している。「プリムン」は、その崎山バージョンであり、「プリムン娘」には、当時の「モー娘」や「プリプリ」（プリンセス・プリンセス）の音の連想もふくめて、現代風の娘とか「おバカ娘」のニュアンスがあるのが面白い。

会話部分だけでなく、「地の文」に何気なく「沖縄コトバ」を紛れ込ませるのも崎山文体の特徴である。もちろん、崎山の「初恋」である東峰夫ゆずりのパンクチュエーション、当て字、読みと意味、形象を組み合わせる手法も健在である。チルーの気迫にけ圧されて「ハゲッ」とのけぞる兄、「阿鼻阿鼻（あびあび）さんけー」、「一目散（いっさん）ゴーゴー」などのコメディ風、沖縄芝居風のドタバタもあり、「チルーの理の通った見事なプリムン物言い（ムヌイ）」のような、「理の通った」「見事な」と「プリムン物言い」のあいだの意味のギャップを笑う、「ボケ／突っ込み」の関西芸人ふうなワザも効いている。

そもそも、「ゆらてぃく、ゆりてぃく」という題名にもしかけがあるようだ。まず、素直に読んでみると、「ゆらてぃく、ゆりてぃく」は標準語の「揺れる」を連想することばである。「方言」の「意味」を辞書で引きたい欲望を抑えて、自分の感覚を頼りにもう少し進むと、「ゆらゆら」とか、「いったり、きたり」する「波の音」とか、スウィング感みたいなものが伝わってくる。「対語、対句」で叙述するのは沖縄コトバの特徴のひとつでもあるらしい。

このあたりで専門家に聞いてみると、「ゆらてぃく、ゆりてぃく」は、「寄り合ってこい、寄って来い」というような意味らしい。想像とは全く違う。しかし、ここでひるまず、先に進むことにする。この文体は、私のような読者を拒絶するのではなく、むしろ様々なイメージの「野合」（古い！）を挑発しているようにも感じるからだ。

この物語の舞台は、「滅びゆくシマ」というディストピアの物語である。波のあいだに浮かんでは消える「保田良ジマ」のイメージそのままに、主調低音のような「ゆらてぃく、ゆりてぃく」のスウィング感は続き、すべてはただの噂ばなしかのように、「ある／ない」、「肯定／否定」が繰り返されるデリダ風の結末につながる。ここには、既成の「沖縄的物語」、すなわち、土着、民俗、神話、戦争、基地などの用語で語られ、「無理解のまま大ざっぱ視線で持ち上げ、または貶めておく」（崎山、一七三頁）という「中央視線の批評」や、それに寄りかかりがちな「沖縄の文学状況」へのアイロニカルな批評的介入がある。

## 2 〈ズッコケ〉または異化作用

次に取り上げるのは、最新作『うんじゅが、ナサキ』[5]（花書院、二〇一六）である。ここでは「標準日本語／シマコトバ」の境界侵犯、「シマコトバでカチャーシー」のゲリラ戦術が、より過激に試みられている。

ここでは、先述の「ボケ／突っ込み」の工夫(ワザ)を少し詳しく紹介してみたい。すなわち、「標準的日本語」と「方言」のすきまに入り込んで力関係を転倒させ、「標準語」の異化と「ずっこけ」をねらう逆転技。いわば「ペース崩し」のワザである。

物語は、朝の出勤の支度に手間取っている「わたし」に、突然、姿の見えない「何者かの声」が囁きかけてくるところから始まる。それは、まるで部屋の壁や天井、流し、トイレなどのあたりから「何十年何百年もそこに吹き溜まっていた澱」がじくじくと漏れてくる、といったどこかうす汚れた違和感をともなう感じである。今朝はこんな調子で始まった。

〜〜えエーえエー、あんし、アワてィティ、マーかい、イちゅが？

この「声」はまず、意味不明の「異物／あれ」として日常空間に入ってくる。やがて、これが「ところどころ訛ったニホンゴが混入」するコトバであることが示され、本文中の「逐語訳」によれば

「~~もしもし、そんなに、慌てて、どこに、行く?」の意であるらしい。不意を突かれ、思わず「いつもの仕事よ」と応答してしまった「わたし」は、ごくふつうの「標準語」を話す勤め人ふうの女性、という設定だが、読み手はこの「わたし」という登場人物とともに、のらりくらりした「声／あれ」の調子にしだいにペースを崩され、翻弄されていく。

ここでは、最初は「あれ」の方が見慣れない「訛ったコトバ／異物」だったはずが、いつのまにかその流れが逆転してしまうような感じがしてくる。つまり、~~、「　」といったパンクチュエーション記号の書き分け、ひらがな、カタカナ、文字の大小などの表記の工夫によって、しだいに「わたし」の東京ふうのコトバ（標準語）に対する違和感が浮き立ってくるしかけなのである。

ついに「わたし」は仕事に行く気を失い、次々と訪れる謎めいた案内人に導かれて〈シマ巡りのタビ〉に出発することになるのだが、その前にもう一つだけ「異化作用」を使った工夫（ワザ）の例をあげておきたい。以下は、一番目の案内人が「わたし」のアパートを訪問する場面である。

「こんちはー」
透き通った高い声がドアの向こうから吹いてきた。
「ちわー」
と返したのはわたし。相手の調子に反響して軽く跳ねた自分の声にうろたえ、見ると、一分刈に剃りあげた頭を青くてからせた男がひとり、ぽつと立っている。

この部分が面白いのは、「音」の表記のしかけである。何のへんてつもない日常の挨拶が、ある種の「奇妙さ（エキゾチシズム）」を感じさせるのはなぜだろう。まず標準語の「こんにちはー」が、「こんちわー」という「透き通った高い声」としてズラされ、それに対する「ちわー」（相手の調子に反響して軽く跳ねた自分の声）という、さらに誇張された「音の反復」がその印象をより強めている。いいかえれば、ふだんは意識しない「コンニチハ」とか「サヨナラ」というコトバを「外国語の音」として日本語の「外部」から聞いた瞬間の感じを想像するのに近い。

ここで「標準語」の話者としての「わたし」が「自分の声」に「うろたえる」とはどういうことだろうか。このしかけは偶然ではない。こうした「自分の声／標準日本語」そのものへの違和、「揺らぎ」を経験することを通じてしか「わたし」は「うんじゅ」の記憶と出会うことはできないからだ。「わたし」とは誰か?そして「うんじゅ」とは?　いくつもの謎をはらみながら、読者は「わたし」とともに死者たちの「親密な声」と出会うべく〈巡礼のタビ〉をすることになった。クリスマスキャロルか不思議の国のアリスか、はたまた何かのロード・ムービーか。それはまた、「日本語／シマコトバ」をめぐる血生臭い格闘の経験でもあった。

## 3　「イタミ分け／命（ヌチ）の祝い（ウユエー）」への誘い

「わたし」は、戦争映画の「ロケ現場」のような海に臨んだ断崖絶壁の前で、三十人近くのモンぺ姿の「うら若い少女（ミヤラビ）」に出会う。ひめゆり部隊ふうの女学生たちの集団である。先頭には教師らしい「髭のイキガ」（男）がいる。

ミヤラビたちは、「わたし」に「イタミ分け／命（ヌチ）のウユエー」の儀式に加わるようにうながす。「ヌチのウユエー」とは、鎮魂の儀式の一種らしい。いまだに端役（エキストラ）意識が抜けず、傍観者的態度をとり続ける「わたし」に対し、霊たちの怒りの気配が向けられる。

> ミヤラビたちの顔が一斉にわたしに向けられた。（中略）くくく、と笑い声が上がった。全員が口元を押さえている。そのうち、くくく、がぐぐ、ぐぐぐ、ぐぐもり声になる。

からかいか、軽蔑か、時には「しっとりと」諭し、時には「卑屈」に媚び、挑発し、泣き、嘲笑し、「わたし」をこの謎の儀式に加わらせようと、ミヤラビたちはあらゆるやり方で揺さぶりをかけてくる。

ミヤラビたちは「わたし」を「チルー」なのだと断定する。のみならずワタシもアナタも「みんなチルー」なのだという。「それぞれのチルーの違いを超えて『心（ククル）なぐなぐー』とおこなわれるのが、ウユエーのウユエーたる所以」であり、白日のもとに「お互いのキズ口」をさらし、「かさね合わせる」ことで、僅かばかりでも「チルーとしてのイタミ」を「お互い軽くすることができる」という。妙に「エロチック／説得力」のある誘いである。

ただし、ここでの「イタミ分け」というコトバが怪しい。そもそも「イタミ分け」というコトバが、日本語の秩序の中に仕掛けられた「異物／バクハツ物」の一種かもしれない。なぜなら、「痛み分け」というコトバは、いわゆる一般的な「日本語」の語法では相撲などの「引き分け」の意であり、ビジネスなどの交渉ごとにおいても「両者が損害を分け合う」といった意味だからだ。前者の「痛み」は、負傷、怪我などをふくむ身体的な「負け」のイメージが強く、後者でも金銭などの「物質(モノ)」のイメージが強いが、ここには、明らかにそれとは違う文脈、意味が紛れ込んでいる。

「イタミ分け」というコトバは音が「カタミ分け」に似ているが、漢字で書くと「形見分け」で違うコトバになってしまう。また、テクストの他のところ（Q村でのクンレン）に「片身分け」という紛らわしいコトバも関連語として出てくるからややこしい。こうした連想ゲームのような読みや語義の混乱は、明らかに戦略的なものだと思われる。

『沖縄語辞典』によれば、「イタミ（ʔucijaN）」は「体の内部の痛み」とあり、器具や食物などが「痛む」場合にも使うが、「チム病み」、「チムを痛める／チムヤマシュン（cimu'jamasjun）」のような心の痛みにも多く使うようだ。沖縄のコトバには、「チム」にまつわる語が非常に多く、むしろ心身の苦しみ、痛みが一体化したような使い方のほうが本来の感じ方に近いのかもしれない。

言語、文化、アイデンティティが不即不離のものだとすれば、「荒ぶるヌチ」を鎮めるためには、そこにふさわしい「コトバ／身体」がなければならない。案内人たちのあの手この手の勧誘によって、心を開いた「わたし」は上着を脱ぎ、「汗ばんだ額や首すじ」や「貧弱な乳房」を風にさらし、霊たちの「大笑い(ウフワレー)」「くすくす笑い」の気配に取り囲まれる（ここには、さりげないまなざしの転倒がある）。かつてどこかで聞いたことがあるようで、どこにもないコトバを探し求め、タビは新たなステージへと進んで行く。

## 4　韻律の闘争（バトル）

狂言回しふうの凸凹コンビ（「わたぶーとちび」）が三線と太鼓をもって登場すると、「命の（ヌチヌ）お祝い（ウユエー）／イタミ分け」の儀式のはじまりである。以下では、乙女（ミヤラビ）たちとのウタの「掛け合い／応答」が、少しずつズレながら既成の「物語」を自壊させていくさまが描かれる。

まず、半円の参列横隊になったミヤラビたちが、「ビブラートの効いたソプラノ」で歌い始める。

――ヌチは宝ぁ、というけれどぉー、
――やはりー、ヌチは、タカラ、だからぁー、
――タカラとしてのこのヌチをー、守るべくぅー、
――……まもる、べくぅー。
――まーもるも、せーめるも、くーろがねのォー……、

学校唱歌ふうの「命どぅ宝」(6)と「軍艦マーチ」(7)は、尻取りゲームのようにもつれながら転調し、壊れたレコードのようにいつまでも続く。この堂々巡りを終わらせようと、黒スーツの男（イキガ）が次のよ

うな「琉歌」を高らかに詠みあげた。

イクサ世（ユー）や仕舞（シマ）ち、弥勒世（ミルクユー）、迎ゆる為（タミ）なかい、
心（ククル）なぐなぐとう、命（ヌチ）のウユエー、さびらぁー。

いかにも「沖縄ふう」である。しかし、イクサ世（戦争の時代）が終わり、弥勒世（平和な時代）を寿ぐかに見えるこのもっともらしい琉歌は、「古い謡（うたい）のパクリ文句」であり、「韻の壊れた」ものであるという。では、どうすれば死者の声を取り戻し、「イタミ分け」を行うことができるのだろうか（ミヤラビたちの体からは微かに陰気な匂いが）。

―ああ、悲しいことです。こうして話していても、ワタシたちの声があなたに届いているという保証は ざんねんながら、ないのですから。
―ワタシたちは、あのとき、この場所で、ごっそり死んだのですから。
―そうそう、あのときごっそり死んだおかげで、ワタシたちはそっくり生きかえり、こうして声を取り戻したのですから。
―そのようにして生きかえったからには、やはり、ワタシたちは、すっきりと死ぬべき立場と相成りましたが。

（引用文中の傍線 黒澤）

「ごっそり」死に、「そっくり」生きかえり、「すっきり」死ぬべき立場、と韻を踏みながらたたみかけてくる「冒涜／侵犯」的な文体の凄まじさ。ここにあるブラックなユーモアはじわじわと効いてきて、やがて読み手を内部から崩壊させずにはおかないだろう。

「荒れ狂うヌチたち」のミヤラビ・ダンスがまた不気味にすごい。拳を空に突きあげるしぐさはライブに熱狂する観客か、抵抗のシュプレヒコールか。何本もの骨だけの腕が空間を激しく攻撃し、彼女たちのゆらぎとともに三つ編みの棒がひゅんひゅん、ピシピシ跳ねあがる。マイケルジャクソンなみのダンスの切れである。

やがて、双方の掛け合いは、「韻律／身体」が葛藤、格闘を繰り広げるダンス・バトルさながらの断崖絶壁のクライマックスへと展開していく。

うーみ、ゆかばぁ……かばねー……
やーま、ゆかばぁー……かばねぇー……
……かえりみーはー、せーじー……。

「海ゆかば」[8]は、「国民精神総動員強調週間」のテーマ曲として一九三七（昭和一二）年に制定された国民唱歌である。「大東亜戦争」期には、ラジオの「大本営発表」が「玉砕」を伝える際に、必ずはじめに流されたという。「ひめゆり部隊」の少女たちもまたこうした韻律を身体化し、その「隠微な韻律／音程のあいまいな歌声」に「強要」され、また「陶酔し／おびえ」、「自らの歌」に追われるように断崖絶壁に向かって進んでいった。

ふるえながら立ち止まっては、一歩前へ、半歩引いては、また一歩……。うーみ、ゆかばぁ……の韻律にのってスローダンスの歩みをするミヤラビたち。わたしも、そうする。つられて、というより、ミヤラビたちのうたう歌の韻律がわたしにそうすることを強要するのだ。そうしながらも、しつように隠微な韻律への激しい拒絶感が起こる。だが、足の運びを止めることはできない。ミヤラビたちがするようにわたしもそのようにおこなうことが、チルーとしての自覚をうながし彼女たちとの「イタミ分け」を実現することになるということを、おびえと恍惚感のなかでわたしは理解する。

（引用文中の傍線 黒澤）

歌声が止み、断崖絶壁の一歩出前に立ったミヤラビたちが次のうごきへと誘われそうになった瞬間、ふいに「あるウタの韻律」[9]が「わたし」の口をつく。

うらむ、此（ク）ぬ世界（シケ）やぁ、……
情け無（ナサキネ）ーん海ぬう、我（ワ）ン渡さと思（ウム）てぃ、手（ティ）舞いすさぁ

「わたし」は、ミヤラビたちの背後に広がる海に向かって、「ありたけの喉」を張り上げる。オペラかとぅばらーまか、壮大な自然の舞台のなかで、空と海を切り裂くような「わたし」の声に、ミヤラビたちは一瞬踏みとどまり、ゆっくりと振りかえる。幾つもの目が「わたし」を見てほほ笑む。遊郭に身売りされる十七世紀の娘の悲痛な声と、沖縄戦で「集団自／死」を強いられた少女たちが、時空をこえて出会う「イタミ分け」の瞬間である。「わたし」もまた韻律に媒介されて「ヌチヌウユエー」の儀式の一員となっている。

5　「身体／コトバ」のクンレン

次に「わたし」が出会う案内人は、虎マーク入りの野球帽をかぶった小僧である。場所は、Q村という隠れ里のようなスポット。ハグレもののドゥシンチャー（同志たち）たちがひそかに集い、作戦を練っていたとおぼしきこの地下壕は、テロリストのゲリラ基地か、旧日本軍の海軍司令部か。壕の奥には、作戦会議や「最後の晩餐」の名残りがあり、アンモニア臭を含む刺激臭、食べ残しや体臭、排泄物の「残り香」らしきものがただよう。

ポスト・モダニズムふうな思想用語を駆使する小僧によれば、ここでひそかに「理解困難な他者や異界を認識する方法」を体得するクンレンが行われていたもようである。この「スパルタ式のクンレン」の目的は「小帝国Nの国語世界」の中に「旧ムラ語の破片」を潜入させ、その覇権的秩序をかく乱し、「わたし／あなた」の境界を浸蝕することによって、最終的には「ワタシはアンタ／

アンタはワタシ」という地点にもっていくことらしい。ただし、ここは追い詰められたシンカヌチャーの最後の砦、地上への出口はない。

「わたし」は、地下壕の行き止まりで一人の初老の男に出会うが、親しげに自分を「うんじゅ／アナタ」と呼ぶこの「吃音のオトコ」をどうしても思い出すことができない。オトコは、「——やっ、と、逢え、ましたね、アナタ。」と懐かしそうに呼びかけてくる。なんだ、このデジャヴ感は。いよいよ核心の場面だろうか——突然、変なノイズが。これはあの辻仁成が中山美穂の言ったセリフではないか？おかしい。急に「文章の品格」というものが落ちたような。これは「小帝国Nの国語世界」の崩壊のきざしか、それとも究極のボケか。

うす暗い壕の中に閉じ込められたまま身動きの出来ない時間がすぎる。焦燥のあまり、饒舌に未来や希望を語ろうとする「わたし」の中でコトバが自壊し始める。「東京ふう」の語尾やイントネーションでまくしたてる「わたし」のコトバの中に「アネッ」、「ウリ、ウリッ」などの「ヤバン」な「Qムラ語」が紛れ込みはじめる。シンクロが始まっているのである。

——あの、サぁ、あなたが言うように、未来も、先の希望も、なにもない、というのなら、あなたは、ここで余計な想いを吐露したりムダな行動に出たりする必要なんか、ないんじゃあ、ないのっ。（中略）

——そ、わたしなどに声を掛けたりせずに、この壕の中でじっと身を潜めて、慎ましく今のトキをただやり過ごせば済むことでしょーがっ。なにも言わずなにもせず、なぁんにも想わずにサ。そ、石にでもなってしまえばいいのよ、石に。アネッ、このテーブルや椅子のようにサ、物言わず動かずのオブジェにでもなってしまえばいいんじゃあ、ないのっ、ウリ、ウリッ、こうして、このあたりにべったり張り付いて岩になるなり壁になるなり、骨になるなりして、サ……。

(引用文中の傍線 黒澤)

どこからか近づいてくる巨大な「恐怖の塊」(津波か洪水か、米軍の火炎放射器か)、轟音に追われ、あわやというところで記憶を取り戻した「わたし」の喉元から激しいウムイとともに「自分のものではないコトバ」が飛び出す。

――……御方(うんじゅ)、うんじゅ、やいびたん、ナぁ……。

うっすらと寄せてくる漣(さざなみ)のようにオトコの目が笑う。そして応える。

――やんどー、ゆー、思い出し(ウビジャ)たんやー

オトコにうながされ、ついに「わたし」はその背中を通って、迷路のような地下豪の外部へと脱出する。

## 6　グランドフィナーレまたはタビの総括

ふたたび崖の上に出た「わたし」は、「吃音のオトコ」の面影を残す、「のっぺりとした顔立ち」の男と再会する。このオトコの「コトバ／身体」は、地下壕の中で会ったときよりさらに解体が進行し、ほとんど正体不明のダークグリーンの半魚人と化している。このビニール状に「海洋生物化したヒト」は、国籍不明の単語を「彼方此方(アマクマ)に、タックァイ、モックァイ、跳ねるリズムで踊るように」発する。

> 心配(シワ)シミ、ソーランケー、ケンチャナ、ケンチャナ、やんどー。余計な肝痛(チムヤミ)めしたり、恐怖(ウトゥルサ)がったりすることも、ぜーんぜん、ネーらん、ネーらん、どー。やんど、やんどー、今(ナマ)、此処(クマ)に居て(ウトーティ)、闇のシケを迎えいれることは、シワどころか、むしろ、プカラッサー、キップタ、やんヨ。（中略）アネっ、アイッ、アッキ、ヨーイ、と同時に、ぴしゃっ、ぴしゃ、ぴしゃっ、と水滴が弾けトンだ。

ここでのコトバは、もはやどこからきたものかはどうでもよくなっている。沖縄語、韓国語、宮古、八重山などのコトバの断片が混ぜこぜになり、自己／他者のイメージやアンデンティティの境界もまた溶け出し、得体の知れないものに変質し始めている。

最後に訪れた案内人は、四、五歳くらいの少女（ワラビングァ）である。ムラの集会所か神人（カミンチュ）たちの祭祀の場のような場所で少女が指し示したのは、人骨が風雨にさらされ、年月を経て鉱物となった無数の白い石である。ふと気づくとそこには、この夕ビに「わたし」を誘い、導いてくれた案内人たちがずらりと立ち並んでいる。カメラは流れるようなスパンで、夕ビのはじめから最後までのみちのりをたどり、それぞれの面影とともに、ワンシーンずつアップしていく。

――ああ、みなさん、みなさん、お揃いで……。

かくしてこれらの＜親密な声たち＞にみちびかれて、シマ巡りの鎮魂のタビはグランド・フィナーレを迎える――ニファイユー、コマオー、タンディガー、タンディ、感謝――。

## 六　〈まとめ〉と予習（ちょっぴんぐぁ）―崎山の方法意識あれこれ

以上、テクストに即して崎山の文体戦略のあれこれをみてきた。この戦略は、別名「シマコトバでカチャーシー」作戦ともいい、「覇権的な言語」としての「N語／日本語」の階層秩序の中に、シマコトバを潜入させ、バクハツさせる。すなわち、ジャンル、カテゴリー、領域、レベルの違うコトバをいっしょくたにテクストに入れ込んでかきまぜる、というやり方（異質なものを異質なまま立ち上がらせる。トラブル化させる）であった。

思いつくままにあげれば、ひめゆり学徒隊、集団自決など沖縄戦の記憶の中に浮かんでは消えるメディアのノイズのような断片――エレキテル連合の「ダメよ、ダメダメ」、同僚を殺したホステスの「アブナイ、アブナイ」という電話の声、芸能、犯罪、社会、歴史、政治、テレビ、新聞、週刊誌など出自や媒体、文脈の違うもろもろ、詩的な言語と俗っぽい日常語、小説、芝居、歌劇、映画、ファンタジー、アニメ、ゲーム、韓国のコトバ、中国語（らしきもの）、宮古、八重山などのシマコトバなど。総じてジャンク化したコトバの異種格闘技のような文体である。

これを何と呼ぶべきだろうか。「日本近代文学という制度」への嘲笑か、覇権的な「N語世界」の崩壊のきざしか、あるいはまた、「わたし／あなた」の境界を侵犯し、解体する新たなテクストへの試みか。ただし、これは、崎山多美の個人的な問題意識にとどまらない。「日本語」をネイティブな言語としない作家や、文章に外国語の知識を混在させるトランスナショナルな文学は、移動、移住、通行という現在の世界の流動性の中ですでに当然の現実として存在する。クレオール、ディアスポラ、ポストコロニアルなどの文学、「文化帝国主義／言語テロリズム(linguistic terrorism)」への抵抗としての近年のチカーノ文学の試みなどは、「書く／翻訳」という行為の政治性を強く意識する崎山の試みともつながるものだろう。

文字通り、スパルタ式のコトバの特訓を受けたような読後感である。同時に、ある自由さも感じる。そこで求められているのは「鍛えられる読者」である。それは、一方的な受け身のクンレンというより、読み手が書き手との一人として「物語(ナラティヴ)」に参加することを誘われるような「粗密のある」テクストとでもいうべきか。このあたりの考察はすでに荷が勝ちすぎるけれども、少なくとも近年の崎山にはそうした「開かれた／何でもあり」のテクストへの志というか、腹のすわった開き直りのような覚悟を感じる。

あれこれ、収拾がつかなくなりそうなのでこのあたりでやめておく。崎山の文体は、一般に難解な印象をもたれがちだが、沖縄芝居や漫才のようなノリ、軽さ、コミカルさもある。実験的、前衛的なテクストと決めつけず楽しくよみたいと思う。この講座を、やがて書かれるべき崎山多美論のささやかな予備的考察とし、結びにかえたい。

※本講座の準備と原稿執筆にあたっては、仲程昌徳先生をはじめ、狩俣恵一、西岡敏、下地賀代子の各先生、また仲宗根隆治、たまみ御夫妻にも大変お世話になった。この場を借りて心からお礼を申し上げたい。

注

(1) 崎山多美(さきやま　たみ)。一九五四—。沖縄県西表島生まれ。琉球大学国文科卒。「水上往還」(一九八八)で第十九回九州芸術祭文学賞。同作品および「シマ籠る」(一九九〇)で芥川賞候補となる。著書、作品集に『くりかえしがえし』(砂子屋書房、一九九四)、『ムイアニ由来記』(砂子屋書房、一九九九)、『ゆらてぃくゆりてぃく』(二〇〇三)、『月や、あらん』(なんよう文庫、二〇一二)、『うんじゅがナサキ』(花書院、二〇一六)。

(2) たとえば以下は『琉歌百控』と比嘉春潮訳の「かぎやでふう」であるが、編者によって漢字やひらがなの表記、行分けのしかたなどが違い、それぞれの工夫が見られる。

今日の誇らしやや猶にきやな立る
蕾てをるはなの露ちやたこと　(「嘉謝伝風節」『琉歌百控』一七九六)

今日ぬ誇らしややなおにきやなたてる蕾でをるはなの露きやたごと
(比嘉春潮編『おきなわ』20号、一九五二年七月)

(3) 「亀甲墓」の初出と使用テクストは以下の通り。『新沖縄文学』一九六六年七月、『沖縄文学全集7』国書刊行会、一九九〇年。「カクテル・パーティー」(一九六七)で芥川賞を受賞。

(4) 仲程昌徳「文学作品における沖縄の言葉―その動向と展開」(『近代沖縄文学の展開』三一書房、一九八一)

(5) 初出は以下の通り。なお、本文中の引用はすべて初出を使用した。「うんじゅが、ナサキ」(『すばる』二〇一二・一二)/「ガジマル樹の下に」(『すばる』二〇一三・一〇)/「Qムラ前線a」(『すばる』二〇一四・五)/「Qムラ前線b」(『すばる』二〇一四・九)/「Qムラ陥落」(『すばる』二〇一五・六)/「崖上での再会」(『すばる』二〇一六・一)

（6）「命どぅ宝」（命こそ宝の意）は、戦後沖縄の反戦平和のシンボルとされることば。出典は、山里永吉の戯曲『那覇四町昔気質』（一九三二）とされ、作中に「いくさ世もすまち　みろく世もやがて　嘆くなよ臣下　命どぅ宝」という琉歌が引用されている。劇中で尚泰王を演じた伊良波尹吉作とも言われる（大城立裕「「命どぅ宝」異聞／クリントン演説に疑問」『琉球新報』二〇〇〇・七・二三）。

（7）軍艦行進曲。瀬戸口藤吉作曲。「守るも攻むるも黒鉄（くろがね）の／浮かべる城ぞ頼みなる／浮かべるその城日の本の／皇国（みくに）の四方（よも）を守るべし／真鉄（まがね）のその艦（ふね）日の本に／仇なす国を攻めよかし（以下省略）」。

（8）信時潔がNHKの嘱託を受けて作曲。『万葉集』の長歌に西洋楽曲を付けたもので、文中の歌詞は以下の部分をさす。「海行ゆかば水漬く屍／山行ゆかば　草生す屍／大君の　辺にこそ死しなめ／かへりみはせじ（長閑には死なじ）」（海を行けば、水に漬かった屍となり、山を行けば、草の生えた屍となって、大君の足元にこそ死のう。後ろを振り返ることはしない）。

（9）吉屋チルーの琉歌。「恨む比謝橋や　わぬ渡さともて　情けないぬ人のかけておきやら」（島袋盛敏『増補琉歌大観』沖縄タイムス社、一九六四）。

# 香港における言語状況

## —トライグロシアへの軌跡と課題—

李　イニッド

李　イニッド・リ　いにっど Enid Lee
（別名Waiching Enid Mok）香港生まれ。沖縄国際大学総合文化学部英米言語文化学科教授。米国ハワイ大学大学院　言語学博士・英語教育学修士。
研究分野　英語教育、音韻論、社会言語学、語用論、非言語コミュニケーション、異文化理解
研究業績（一部）
(1) 2016. From television to real life: *Hai?* as an innovative change in Modern Japanese. *Global Communication and Beyond: Language, Culture, Pedagogy and Translation*, pp. 52-80. (2) 2015. What do tongue twisters tell us about L2 receptive competence? *Studies in English Language and Literature* 35:131-144. (3) 2012. Linguistic landscape in the discourse of citizen aesthetics: Code-mixing on public and commercial signs.『公民美學與當代社會』pp. 57-90. (4) 2012. Revitalizing the Hakka language in Taiwan: Achievements, problems and prospects. 沖縄国際大学南島研究所『台湾調査報告書』11-38頁. (5) 2011. Use and maintenance of heritage language among Chinese immigrant families: Some observations in Okinawa. *Language, Society and Arts*, pp.33-62. (6) 2010. Defossilization of the Japanese flap for English /r/: An empirical study. *Journal of Applied English* 3:113-124.
※役職肩書等は講座開催当時

# 一　はじめに

本章では、香港を事例として、多言語社会に関する諸課題について皆さんと一緒に考えてみたい。多言語社会香港が形成された背景や、香港人の言語実態、言語意識、アイデンティティを中心として考察する。香港は一九世紀半ばから一五〇年以上にわたってイギリスの統治下にあったが、一九九七年に主権が中国に返還された。それ以来、様々な言語政策が推進され、新しい時代のニーズに応えられるような体制の確立と普及に向けた取り組みが積極的に進められているが、その評価には賛否両論がある。

## 1　トライグロシアとは

香港の言語状況を考えるときに役に立つ概念として「トライグロシア」（triglossia）という言葉がある。語源はギリシア語の「三つ」を表す接頭辞の連結形tria＋「舌、言語」を意味するglōssos＋接尾辞のia「〜の状況」で、「三つの舌（言語）の状況」を意味する。多言語・多文化研究に関する文献では、「トライグロシア」よりも「ダイグロシア」（diglossia）という関連用語がよく出てくる。トライグロシアとともにギリシア語に由来し、「二つの舌（言語）の状況」を意味する。これは社会言語学の用語としては、ある言語社会[(1)]において、二つの変種または言語が共存し、互いに異なる機能を持って使い分けられることを意味する。「二言語使い分け」、「二言語変種使い分け」とも言う。したがって、「トライグロシア」とは、三変種（言語）使い分けという意味になる。また、変種（言語）が三つ以上ある場合、ポリグロシア（polyglossia）と呼ばれる。

「ダイグロシア」という概念は、アメリカ人社会言語学者Charles A. Ferguson（一九五九）が提唱した二言語が併存する社会を分析・考察するための理論的枠組みである。Fergusonの定義により、ダイグロシアの社会では、密接な関係を持つ標準語・古典語と方言・口語が併存しているが、両者のステータスが異なる。前者が上位変種（H変種 High variety）で、後者が下位変種（L変種 Low variety）という対立の構図となっている。

その後、Joshua Fishman（一九六七）はダイグロシアの概念を更に拡大し、一つの地域内で隣り合って存在する二つの言語の使い分けと定義している。Fishmanによると、言語の選択はドメイン(domain)という言葉の使用領域によって決定される。このドメインには、「家庭」、「友人関係」、「宗教」、「教育」、「雇用関係」の五つが挙げられる。一般に言うと、ダイグロシアの社会では、それぞれの変種または言語が場面・機能によって明確に使い分けられているため、使用領域の重複が少ない。L変種とされるのは母語として使用される口語あるいは方言だが、H変種はちゃんとした書き方がある標準語あるいは古典語である。規範性があるのも文学遺産として認められるのもH変種である。使用領域に関しては、H変種が正式な言葉として公的な場で宗教儀式や、学問知識の伝授、マスメディア、行政などに使われる。それに対して、L変種は非正式なものであり、主に私的な場で家族や友人とのコミュニケーション（主に会話）のために使われる。L変種は第一言語（母語）として家庭という環境で日常会話を通じて自然に獲得できるものなので、威信性が相対的に低いというわけである。一方、H変種は学校教育を通じて習得されるので、家庭で使われている言葉に比べて威信性がより高いと認識される。これらの概念は、香港の言語状況を理解するのに大いに役立つ。

## 2　香港に関する基礎情報

百万ドルの夜景でも知られる香港は、中国広東省の南東の沿海地帯に位置する。那覇から直行便で約二時間半。面積は一、一〇四㎢であり、日本で例えると東京都の約半分、沖縄本島や札幌市とほぼ同程度の大きさにありながら世界有数の人口密集地域である。二〇一五年末現在における香港の総人口は約七三二万四、八〇〇人で、沖縄の五倍以上である。二〇一一年の人口調査によると、中国系が総人口の九三・六％を占めている（香港統計處二〇一一a）。

一九七〇―九〇年代に飛躍的な経済成長を遂げ、シンガポール、韓国、台湾とともに「アジアの四小龍」と呼ばれていた香港は、世界金融危機が起こった後も依然としてアジア及び世界における物流・金融中心の役割を果たしている。企業経営者・投資家のみならず、一般人にとっても魅力的なところである。二〇一六年一月に国際市場調査会社Euromonitor Internationalが発表した「世界で最も人気の観光都市ベスト一〇〇」では香港が堂々の一位に選ばれた(Bremner 二〇一六)。こうした世界に名だたる国際都市として発展してきた香港は、一九世紀半ばまで中国広東省宝安県や東莞県、新安県の管轄下の農村と漁村が散在している僻地だった。一八四一年にイギリスが香港を占領したとき、香港島には僅か七四五〇名の中国人しか住んでいなかったという記録が残っている（井上　一九九一）。政治的にも経済的にもそれほど重要である地域ではなかったものの、地理的な優位性があるため、戦争や革命、自然災害が起こるたびに大勢の人が中国各地から香港へ続々と移動することがあった。昔は広東省からの移住者が特に多かったが、一九四九年の共産党政権の成立に伴い大勢の人が上海などから難を逃れて香港に移った。その中には専門家や知識人など富裕層出身者も少なくなかった。

今から約一八〇年前、中国を揺るがす大きな戦争が相次ぎ起こった。アヘン戦争（一八四〇―一八四二 Opium War）とアロー戦争（一八五六―一八六〇 Arrow War）で中国（清朝）はイギリスに負けたため、戦勝国であるイギリスの要求をすべて受諾せざるを得なかった。結果として、不平等条約といわれる「南京条約」（一八四二年）と「北京条約」（一八六〇年）が押しつけられた。香港島と九龍半島南部の市街地がこの二条約によって中国からイギリスに永久割譲され、イギリスの直轄植民地となった。さらに、「展拓香港界址専条」（一八九八年）によって、中国大陸と隣接する地域、すなわち深圳以南、界限街以北の九龍半島及び周辺の離島（計二三五）（＝新界 New Territories）は九九年間の期限でイギリスの租借地となった。しかしながら、租借とは言え、イギリス政府から中国政府へ租借料を支払われることはほとんどなかった。「九九」という数字が中国語の「久久」（＝永久）と同音字であることから、これらの租借は「永久租借」で、事実上永久にイギリスに支配されるという意味であった。

一九八二年以降、中英両政府の間で租借期限を念頭に香港の主権問題をめぐる政治交渉が始まった。一九八四年一二月一九日に中英双方が合意した「中英共同宣言」（原語は「中英聯合聲明」）が発表された。その結果、一五〇年以上にわたりイギリスの支配は終焉を迎えることになった。香港全地域の主権が一九九七年七月一日にイギリスから中国へ正式に移譲（返還）された。ちなみに、「中英共同宣言」に調印したのはイギリス首相マーガレット・サッチャー夫人(Margaret Thatcher)と中国国務院総理趙紫陽氏だった。当時の中国国会主席（最高指導者）鄧小平氏も同席だった。鄧氏は香港の人たちを安心させるために「馬照跑、舞照跳」（=〈今まで通り〉競馬もダンスも続けて良い）というユーモア溢れる名言を残し、香港の現状維持を約束した。すなわち「一国二制度」（原語は「一國兩制」）という特別な措置である。

「一国二制度」とは、一つの国の中で、二つの法律・経済制度が併存し実施されることを指す。この原則のもと、香港は「中華人民共和国香港特別行政区」（以下は「香港特別行政区」と略称する）となり現在に至る。実際、外交、国防以外のことに関して、五〇年間は香港の高度な自治が保証された。政治体制だけではなく、金融政策や、法律制度、教育制度、社会福祉、公務員制度や通貨などあらゆる分野が中国本土と全く異なる。なお、香港の憲法に相当する「中華人民共和国香港特別行政区基本法」（以下は「香港基本法」で略称するHong Kong Basic Law）が制定されており、香港人による香港統治を定めている。

## 二　香港の公用語と言語教育政策

### 1　公用語の変遷

さて、本節の内容に入る前に、香港の人口構成についてもう少し詳しく見てみよう。前節にも触れたように、二〇一一年の人口調査により、総人口の約七〇〇万人の中で中国系が九三・六％を占めている。残りの六・四％はフィリピンやインドネシアから出稼ぎに来た家政婦や、植民地時代から仕事などの理由で香港に移住したインド系とパキスタン系の住民、その他、イギリス人、オーストラリア人など様々な人種がいる。当然のことながら、香港ではいろいろな言語が併存している。その中で一番使われているのは広東語（「香港粤語」Hong Kong Cantoneseとも言う）である。なぜなら、昔から人口の九割以上を占めている中国系の住民（「華人」と呼ばれる）はほとんど広東語を母語とする者だからである。同年度の調査によると、広東語母語話者が総人口の八九・五％を占めている。その次は英語母語話者だが、三・五％にすぎず、三番目に多い普通話[2]母語話者は僅か一・四％である（香港統計處二〇一一b）。

このような人口構成にもかかわらず、一九七四年まで（つまり中国へ返還される二十三年前まで）、一二〇年以上わたって英語（原語は「英文 English」）が香港の唯一の公用語だった。植民地支配を象徴する典型的な言語政策であったことは間違いない。当時の政府機関だけではなく、高等教育の場、金融、貿易、製造業、観光業など経済活動の現場でも英語が不可欠なものであり、香港人の共通語である広東語より威信性が高く、ダイグロシアの上位言語（H言語）としての地位が確立していた。一九七四になって、香港政府は「公用語条例」(原語は「法定語文條例Official Languages Ordinance」)を定め、英語に加えてはじめて中国語（原語は「中文Chinese」）を法定言語として認めた。すなわち、香港の第二公用語が誕生したのである。ここで一つ補足しておきたいのは、香港の場合、「中文」とは何かという明確な定義がなく、文語（書き言葉、書面語）では標準中国語の書面語（Standard Written Chinese）を指し、口語（話し言葉）では広東語(Cantonese)というのが香港人の間の共通概念である。香港人の言う「中文點講呀?」（＝中文で何と言うの?）とは、「広東語で何と言うの?」という意味である。

中文が香港の公用語になった社会的背景には「中文公用語化運動」(原語は「爭取中文成為法定語文運動」）があった。運動の起源は一九六四年にまでさかのぼることができる。同年に行われた市政局(Urban Council)民選議員選挙の立候補者として、法曹界のエリートである胡鴻烈博士(Dr. Henry Hu Hung Lick）が選挙期間中に中文の公用語化を掲げたことがきっかけとなった。その後、中文の使用及び促進をめぐる議論が大学にも拡大し、本格化した。長い間、学生、教育関係者、知識人が中心に繰り広げられた議論がやがて香港全域を席巻する一大社会運動に発展した。さらに、一九六七年の中国文化大革命の影響を受けて香港で大規模な反政府暴動（一九六七年五月－一二月「六七暴動」,「Hong Kong 1967 Leftist Riots）が起こった。暴動の原因について様々な説があるが、植民地政府による高圧的な統治の中で生まれた不満と誤解が発端となったという説が一番有力である。一連の事件を経て、多くの住民は「香港人」としてのアイデンティティの萌芽とともに、彼らの母語である中文（＝書面語の標準中国語と口語の広東語）の公用語化の要求が高まった。世論の圧力を受けて香港政府は一九七一年に中文委員会を立ち上げて、中文公用語化という要求に対して全面的な調査と研究を行うことになった。その三年後の一九七四年に、中文委員会の報告書を受けて、公用語条例が採択された（廣江　二〇〇七）。

公用語条例は三条において、中文は英文とならんで香港の公用語であることを規定した。香港の歴史上で初めて二言語とも法的に同等の効力を持つことになったものの、一九八九年四月七日以前の法令はすべて英文によってのみ制定され、二言語で表記されるようになったのはそれ以降のことであった。中文が香港の公用語になってから、実際の言語使用の面でも次第に変化していった。英語が依然として香港の上位言語（H言語）ではあったが、公務員をはじめ職務上の二言語使用が正式に認められた。さらに、役所からの通知や各種申請書の様式などにも中文の説明が加えられ、中文で記入することが可能になったため、官民間の意思疎通は徐々に改善された。

前述したように、一九九七年の主権返還より香港において「香港基本法」が施行された。「香港基本法」に公用語に関する規定が二つある。その一つは、香港基本法の第一章・総則・第九条において

香港特別行政区の行政機関、立法機関、司法機関は中文のほか、英文も使用することができる。英文も公式用語である。

と規定されている。すなわち、返還前と変わらず「現状維持」ということを意味する。もう一つは、従来の教育制度を基礎として、香港特別行政区政府は教育の更なる発展と改善の政策を自ら制定するということしか書かれていない。教育における媒介言語については、特に規定はしていない。第六章・教育、科学、文化、体育、宗教、労働、社会福祉・第一三六条において

香港特別行政区は従来の教育制度を基礎として、教育体制と管理、教育使用言語、経費割り当て、試験制度、学位制度、学歴承認などの政策を含む教育の発展と改善の政策を自ら制定する。

ということで、香港の公用語は返還前も返還後も「中文と英文」という二本柱で、その点で変化はない。ただ返還後は二言語表示の順序が逆になっただけである。

## 2　普通話より広東語

改めて人口調査の結果を見ると、香港は名実ともに多言語・多方言の社会であることが判明する。主要公用語である英語は、中国系中心の香港人社会では未だに共通語として浸透していないのが事実である。香港の住民がもっとも常用している言語は広東語であり、全人口の約九割を占めている。普通話を常用しているのは僅か約一％である。一方、常用ではないが使用できる人口の中で広東語の割合は更に高くなり、全体の約九六％を占めている。返還前の統計に比べて、この二〇年の間に普通話を使用できる人は大幅に増えているようだが、それでも、普通話の割合は広東語の半分に達していない（香港統計處二〇〇一、二〇一一b）。数字だけを見ても、香港では広東語の方が普通

話より「普通」であることに違いない。

香港の公用語が二つあるということが香港基本法において明確に規定されているが、ここで一つの問題は依然として残っている。すなわち、「英文」は返還前と同様にイギリス式の英語が主流だが、「中文」は広東語を指すのか、普通話を指すのかどこにも明文化されていないのである。そのため、従来通り書き言葉としては標準中国語の書面語で、話し言葉としては中国本土の標準語である普通話ではなく、香港人の共通語である広東語というのが一般的な解釈である。これは行政・法律分野だけではなく、学校や病院、民間企業などにおいても香港人の間での暗黙の了解となっている。実質的にそうであるにもかかわらず、二〇一四年一月に香港教育局が公式ホームページで、広東語は「公用語ではない中国語方言の一つ」と発表したことが世論の強い反発を招いた。その後、教育局が謝罪し、問題箇所を削除した。しかし、このことは香港人の多数派の神経を逆なでし、彼らの政府に対する不信感は未だに払拭することができないでいる。

### 3 言語政策の転換

言語教育に関しては、香港のバイリンガル政策に大きな変化が起こった。まず、返還後は従来の「重英輕中」(英文を重視し、中文を軽視する)から「中英並重」(英文・中文両方を重視する)へと政策転換した。次に、一九九七年以降、「二文三語」(原語は「兩文三語」Biliteracy and Trilingualism)という目標を掲げた(香港行政長官辦公室二〇〇一、二〇一六)。「二文三語」とは、香港主権返還の象徴であり、現状を維持しながら多言語対応できる人材育成を目指す言語政策とも言える。書き言葉（書面語）としては英文と中文の二文で（二言語の読み書き）、話し言葉（口語）としては広東語、英語、普通語の三語（三言語の聞き話し）を指す。特に口語に関しては、返還前の英語・広東語という二本柱から普通話がプラスされた三本柱という方針への大転換である。その理由は、香港の優勢を維持しながら、今後の発展のために、新しい宗主国である中国の威信を表し、植民地時代の色を払拭するという狙いがあったからである。

歴代の香港行政長官に引き続き、梁振英（Leung Chun-ying）現長官も「二文三語」政策の継続を訴えている。最新の香港行政長官による施政綱領に言語教育に関する方針とプロジェクトについて以下のような記述がある。

言語教育研究常設委員会は、様々なプロジェクトを計画通りに進めている。例えば、英語教育の改善、マイノリティ住民のための中国語教育に関する研究、幼児の中国語・英語学習支援、マイノリティ退学者のための業務上必要な中国語講座の提供など。社会的ニーズの急激な変化を受け、二文三語教育の推進及び生徒の語学力を向上させるために、より効率よく語学を学習する環境づくりに努める。

（香港行政長官辦公室二〇一六、一三九頁）

## 三　広東語と普通話の違い

それでは、広東語は普通話とどこが違うのだろうか。それぞれの母語話者がお互いに話しても通じ合えないのは本当のことなのだろうか。その前に、中国語の方言は一体いくつあるのだろうか。

日本では中国の標準語という意味で「中国語」や「北京語」という言葉が一般に使われるが、厳密に言うと、北京語は北京の方言で、中国で言う「北京話」である。標準語（公用語）のことは中国では「普通話」（プートンホワ）、台湾では「国語」（グワユー）と呼ばれる。「普通語」と「国語」の違いはアメリカ英語とイギリス英語のように発音から語彙、文法など多く存在する。「中国語」の広い意味で言えば、シナ・チベット語族（Sino-Tibetan）に属する語派で、シナ語派、漢語派とも言う。様々な中国方言の総称であり、とてつもなく巨大な言語複合体である。いくつに分類するは学者によって異なっているが、大きく分けて七大方言区あるいは十大方言区または方言群（方言グループとも言う）が存在している。図1はそれぞれの方言群の分布を示している。

「十大方言群」とは、北方方言（ほっぽうほうげんMandarin）、呉語（ごごWu）、粤語（えつごYue/Cantonese）、閩（びんごMin）、晋語（しんごJin）、湘語（しょうごXiang）、客家語（はっ

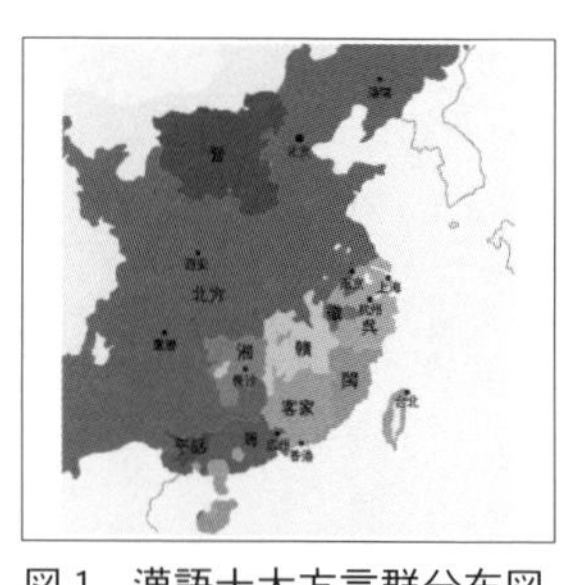

図1　漢語十大方言群分布図
（ウィキペディア「中国語」より）

かご Hakka/Kejia)、贛語（がんご Gan)、徽語（きご Hui）と平話（へいわ Ping）である。「七大方言群」の場合、晋語が北方方言、徽語が呉語、平話が粵語とそれぞれの方言群に分類される。さらに、各方言群の下に小方言群がある。例えば、普通話が属する「北方方言群」と広東語が属する「粵語方言群」にもそれぞれ数多くの小方言群（下位方言）が存在する。分類が定まっていない方言もあるため、正確な数字は誰にも分からない。

要するに、中国方言の場合、方言と言っても音声面に限らず語彙面でも文法面でも非常に異なっており、互いに全く通じないことが多く、実際は外国語も同然である。言語学の観点からは、中国方言より中国言語または漢語と呼んだ方が正しいだろう。香港の中国系人口の中では広東語話者が圧倒的に多いが、その他に普通話や、潮州語、福建語、客家語、上海語などを母語として話す人もいる。それぞれ違う方言群に属する方言である。広東語→粵語系、普通話→北方方言系、客家話（梅県）→客家語系、上海語→呉語系、潮州語と福建語→閩語系である。

実際、広東語を母語とする多くの香港人にとって、普通話は容易に聞き取ることができず、習得が難しい言語である。一番大きな要因として考えられるのが、広東語と普通話の違いが大きいということである。両言語ともシナ語派に属するが、地域的な違いや、言語接触による言語変化などを含み、それぞれが異なる歴史を歩んで独自に発展してできたことによって、様々な違いが生じたのである。例えば、音韻論、統語論、形態論の面から見れば、広東語はタイ語やベトナム語などと共通する特徴が多くみられることから、広東語はタイ・カダイ語族(Tai-Kadai)からの影響を受けている可能性が高いと考えられている(Bauer 一九九六、Peyraube 一九九六、Yue-Hashimoto 一九七六)。

広東語と普通話を比較してみよう。まず、音声面では子音母音の数と種類がそれぞれ異なる。広東語には子音/m, n, ŋ, p, t, k/で終わる音節が多いが、普通話は日本語と同様に母音で終わる音節が主で、尾子音の位置には/n, ŋ/しか現れない。また、普通話のそり舌音/tʂ, tʂʰ, ʂ, ɻ/は広東語には存在しないため、四つの音素の違いをうまく弁別できず、適当な発音でごまかしてしまう広東語母語話者が大勢いる。なお、普通話と広東語両方とも声調[3]を用いる言語であるものの、声調の数、種類、調値がそれぞれ異なる。普通話には声調が四つある(「四声」と言う。軽声を数えると五つあると考えられる)。例えば、maという音節の発音が四通りある。声調が違うとことばの意味が変わってしまい、漢字も異なる。[4]

| 声調 | ma1 | ma2 | ma3 | ma4 |
|---|---|---|---|---|
| 文字 | 媽 | 麻 | 馬 | 罵 |

それに対して、広東語には基本声調が六つある。普通話にない内破音で終わる音節[5]の声調(「入声」と呼ばれる)三つを加えると、計九つの声調に分類することができる。

| 声調 | fan1 | fan2 | fan3 | fan4 | fan5 | fan6 | fat7 | faat8 | fat9 |
|---|---|---|---|---|---|---|---|---|---|
| 文字 | 分 | 粉 | 訓 | 焚 | 奮 | 份 | 忽 | 發 | 佛 |

文字に関して、一九五〇年代から中国政府は国民の識字率を向上するため、漢字の簡略化を積極

的に進めた結果、中国本土で簡体字は広く普及している。他方、香港では、返還後も台湾と同じく繁体字は使用し続けられ、簡体字は全く通用しないのが実情である。皮肉にも簡体字は繁体字より筆画数が少ないものの、簡体字を読むことも書くこともできない香港人は少なくない。また、語彙と文法などの違いも多々ある。代表例として、次の頁のようなものが挙げられる。紛らわしい表示を避けるため、音声については、明記する必要がある場合を除き、基本的にローマ字表記のみで表し、声調の表記は省略した。

さらに、広東語の語気助詞は普通話に比べて種類が豊富で、常用されているものが単音節から四音節まで実に多種多様である。例えば、啦la1、喇la3、嗱la4、喎wo3、囉lo3、囖lo1、咩me1、啩gwa3、啫je1、㗎ga3のようなものである。これらの語気助詞は普通話に言い換えることができない。なお、前述のとおり、香港は清朝から西洋文化との接触を持ち始め、イギリスによる植民地支配の時代が一世紀半以上も続いたため、現地の言葉にもその影響が色濃く表れている。香港広東語の特徴とも言える英語からの豊富な借用語があるのである。その中に普通話にはないものが多く存在する。なお、方言語や借用語を日常に使っている香港人にとって、普通話を習得することは決して容易なことではない。普通話を話す環境が少ないため、かなりの努力と時間が必要とされる。さらに、言語環境についてもう一つの重要な違いは、香港では中国本土と異なって英語が公用語として普及し、公的機関や学校だけではなく、町中に英語の看板や標識、掲示などが溢れていることである。香港で使用される英語はイギリス英語が主流であり、日本人が親しむアメリカ英語と比べ

**繁体字vs簡体字**

| | 広東語 | 普通話 | 日本語 |
|---|---|---|---|
| 例1 | 麵 (min) | 面 (mian) | めん |
| 例2 | 個 (go) | 个 (ge) | 個（助数詞） |
| 例3 | 乾 (gon) | 干 (gan) | 乾く |
| 例4 | 書 (syu) | 书 (shu) | 本、書籍 |
| 例5 | 能幹 (nanggon) | 能干 (nenggan) | 能力が高い |
| 例6 | 護士 (wusi) | 护士 (hushi) | 看護師 |
| 例7 | 遊戲 (yauhei) | 游戏 (youxi) | 遊び、ゲーム |

**基本語彙の違い**

| | 広東語 | 普通話 | 日本語 |
|---|---|---|---|
| 例1 | 企 (kei) | 站 (zhan) | 立つ |
| 例2 | 食 (sik) | 吃 (chi) | 食べる |
| 例3 | 踎 (mau) | 蹲 (dun) | しゃがむ |
| 例4 | 阿嫲 (aamaa) | 奶奶 (nainai) | おばあさん（父方） |
| 例5 | 阿婆 (aapo) | 姥姥 (laolao) | おばあさん（母方） |
| 例6 | 先生 (xinsaang) | 爱人 (airen) | 夫 |
| 例7 | 太太 (taitai) | 爱人 (airen) | 妻 |

**表現の違い**

| | 広東語 | 普通話 | 日本語 |
|---|---|---|---|
| 例1 | 打風 (dafong) | 刮台风 (gua taifeng) | 台風が来る |
| 例2 | 唔明 (mming) | 不懂 (budong) | 分からない |
| 例3 | 多謝 (doze) 唔該(mgoi) | 谢谢 (xiexie) | ありがとう、すみません |
| 例4 | 返學 (faanhok) | 上学 (shangxue) | 登校・通学する |
| 例5 | 瞓覺 (fangaau) | 睡觉 (shuijiao) | 寝る |

**文法の違い：語順、数詞、量詞、比較など**

| | 広東語 | 普通話 | 日本語 |
|---|---|---|---|
| 例1 | 你食先(nei sik sin)<br>［主語＋動詞＋副詞］ | 你先吃(ni xian chi)<br>［主語＋副詞＋動詞］ | あなたが先に食べて |
| 例2 | 你畀錢我(nei bei cin ngo)<br>［主語＋動詞+直接目的語＋間接目的語］ | 你給我錢(ni gei wo qian)<br>［主語＋動詞+間接目的語＋直接目的語］ | あなたは私にお金をくれる |
| 例3 | 佢大過我(keoi dai go ngo)<br>［A＋形容詞（過）＋B］ | 他比我大(ta bi wo da)<br>［A(比)B＋形容詞］ | 彼は私より年上だ |
| 例4 | 睇番場戲(tai faan coeng hei)<br>［動詞＋量詞＋目的語］ | 看一场电影(kan yichang dianying)<br>［動詞＋数詞＋量詞＋目的語］ | 映画を一本観る |
| 例5 | 踢番場波先(tek faan coeng po sin)<br>［動詞(番)＋量詞+目的語+副詞］ | 先來踢一场足球(xianlai ti yichang zuqiu)<br>［副詞＋(来)動詞＋数詞＋量詞＋目的語］ | まずはサッカーを一試合する |

英語から広東語に入った借用語

| | 英語 → | 広東語 | 普通話 | 日本語 |
|---|---|---|---|---|
| 例1 | ball | 波 (bo) | 球 (qiu) | ボール |
| 例2 | film | 菲林 (feilam) | 胶卷 (jiaojuan) | フィルム |
| 例3 | store | 士多 (sido) | 店 (dian) | お店 |
| 例4 | mummy | 媽咪 (mami) | 媽媽 (mama) | お母さん |
| 例5 | daddy | 爹哋 (dedi) | 爸爸 (baba) | お父さん |
| 例6 | toast | 多士 (dosi) | 烤面包 (kaomianbao) | トースト |
| 例7 | cookie | 曲奇 (kukkei) | 甜饼干 (tianbinggan) | クッキー |
| 例8 | cream | 忌廉 (geilim) | 奶油 (naiyou) | クリーム |
| 例9 | strawberry | 士多啤梨 (sidobelei) | 草莓 (caomei) | いちご |
| 例10 | mike (microphone) | 咪 (mai) | 麦克风 (maikefeng) | マイク |
| 例11 | mile | 咪 (mai) | 哩 (li) | マイル |
| 例12 | (walking) stick | 士的 (sidik) | 手杖 (shouzhang) | 杖 |
| 例13 | tips | 貼士 (tipsi) | 提示 (tishi) | ヒント |
| 例14 | tips | 貼士 (tipsi) | 小費 (xiaofei) | チップ |
| 例15 | boss | 波士 (bosi) | 上司 (shangshi) | 上司 |
| 例16 | tart | 撻 (taat) | 馅饼 (xianbing) | タルト |

イギリス英語の使用　*英語からの借用語

| | 英語 | 広東語 | 普通話 | 日本語 |
|---|---|---|---|---|
| 例1 | cheque (米check) | 尺(cek1)* | 支票(zhipiao) | 小切手 |
| 例2 | lift (米elevator) | 粒(lip1)* | 电梯(dianti) | エレベーター |
| 例3 | tick (米check) | 剔(tik1)* | 打勾(dagou) | 照合する、✔ |
| 例4 | aeroplane (米airplane) | 飛機(feigei) | 飞机(feiji) | 飛行機 |
| 例5 | colour (米color) | (油)顏色(yau ngansik) | (填)颜色(tian yanse) | 色(を塗る) |
| 例6 | centre (米center) | 中心(zungsam) | 中心(zhongxin) | センター |

て、発音だけではなく、スペルや、文法、単語の意味、使い方など様々な違いがある。

## 四　ダイグロシアの変容

本章の冒頭でも紹介したダイグロシアとトライグロシアという観点から、香港における言語使用の状況は香港人にどう映っているだろうか。ここでは、何がH言語（上位言語）か、何がL言語（下位言語）かについて考えてみたい。

イギリス植民地時代（一八四二―一九九七）において、かなり長い間英語が香港の唯一の公用語だった。そのため、英文（英語）がH言語で、中文（広東語）がL言語であった。そして、一九七四年に中文が第二公用語として認められるようになったあと、ダイグロシアの見た目も中身も少し変わってきた。中文と言っても、実際のところ、公用化される前と同様に、文語（書き言葉）が標準中国語の書面語で、口語（話し言葉）が広東語ということだった。以上のことから、一九七四年から主権返還されるまで、英文（英語）と中文（標準書面語）が両方ともH言語で、広東語がL言語という構図であった（Li 一九九九）。

そして、一九九七年に香港はイギリスから中国へ返還され、中国史上初めての特別行政区となった。香港特別行政区の公用語として、中文と英文の二言語は従来通り使われ、一見して特に大きな変化はなかったように見えるが、政府が「二文三語」政策を強く推進した結果、多くの若者が普通話を勉強するようになった。実際、普通話を上手に話せる人が未だにごく少数であり、多くの香港人は普通話を正式に学んだことがなく、普通話を話す際に発音も単語も文法も適当であり、全然理解してもらえないため、諦めてしまう人が多い。それでもなお、仕事上どうしても普通話を話さなければならない人たちは必死に普通話を勉強している。

ここに至って、香港のダイグロシアの構図が徐々に変わってきているため、本来のH言語とL言語を二分する枠組みから離れて考えなければならない。まず、文語の面から見れば、英文と中文が公用語として香港基本法において定められていることから、法的に両者ともH言語であることは間違いない。その一方で、家族、友人同士の手紙やメール、新聞雑誌などでは、広東語または英語が混じった広東語で書かれた文章をよく見かける。これらは、いわゆるL言語のドメインである。

口語の面では、標準中国語書面語に近い広東語が英語と同様にH言語として使用される。特にニュース番組や宗教儀式、政治家の演説などフォーマルな場面で話される広東語はそれに当てはまる。フォーマルな広東語の一番の特徴としては、広東語の白読音（=口語音）より文読音（=文語音）が多く使われることと、「㗎 ga3」、「咩me1」、「啩gwa3」のような語気助詞の使用が控えられている。白読音と文読音の例としては、「名」（meng2〈白読〉ming4〈文読〉）、「斷」（tyun5〈白読〉dyun6〈文読〉）、「行」（haang4〈白読〉hang4〈文読〉）などが挙げられる。一般的に言うと、香港人同士の日常会話では普通話を使うことはほとんどないが、官僚たちが中国本土のトップレベルと交流をする際には普通話を話す必要がある。似たような現象がビジネスの世界でも見られる。その意味では、使用人口はまだ少ないものの、普通話が植民地時代の英語と同様にH言語としての機能を持っていると言える。それに対して、広東語は香港人の共通語であり、様々なインフォーマルな場面で使われる機能を持つL言語であり、彼らの帰属意識を考える上で極めて重要な言語選択である。

## 五　学校における言語教育

こうした状況の中、学校における言語教育はどう変わってきているだろうか。

一九九七年七月の返還まで、香港の幼稚園、小学校及び中学校（＝中高一貫性）では大体において広東語または英語で教育が行われていた。広東語を主な教育媒介言語とする「中文中学」(Chinese-medium schools)よりも英語を主な教育言語とする「英文中学」(English-medium schools)の方が人気あり、学校全体の九割を占めていた(So 二〇〇〇)。いわゆる「重英輕中」(英文を重視し、中文を軽視する)の教育方針が主流となっていた時代である。大学の授業は、中国語学や中国文学などを除いて基本的に英語で行われた。中国語で授業を行う場合、授業内容と担当講師によって広東語または普通話で行われた。

返還後、香港特別行政区政府が「重英輕中」から「中英並重」（中文・英文両方を重視する）へと転換するために様々な試みを行ったが、ほとんど失敗に終わったのではないかと世間から厳しく批判された。政府が返還後まもなく母語教育政策を打ち出したのが論争の発端となった。政府は英語教育の重要性を認めながら英語を教育媒介言語としたことによる学力低下などの弊害を解消するために、中文（広東語と中国語の標準書面語）で教育を行うことを強制的に推進するようにした。具体策として、一九九八年度より香港全域の中文中学と英文中学の区別が正式に廃止され、英語を主な教育媒介言語とする中学の九割が広東語で授業を行うことになった。その結果として、一部の生徒達の各教科の理解が深まり学力向上につながったものの、英語を学ぶ時間が大幅に減ったため、英語力が益々低下してしまったという指摘が相次ぎ、政府は厳しい批判にさらされていた。結局、政府は保護者と世論からの圧力に負け、母語教育の強制を断念せざるをえなくなり、再び英語を重視する教育に戻ることとなった。

　返還後政府のもう一つの重要課題は、普通話教育の推進と普及である。香港の主権返還という歴史的な展開と連動して、更なる経済の発展のためにも普通話教育の推進が必然的であった。政府は普通話を普及するために二つの方針を定めた。その一つは中文教員全員に対する普通話研修の義務化であり、もう一つは普通話の母語話者の採用促進ということであった。実際、普通話は各大学で履修できるようになってきているものの、ほとんど必修科目ではない。また、小、中学校では約八、九割の学校が返還前から週一、二回程度の普通話授業を実施しており、普通話を教えている幼稚園もあるが、それよりも英語教育に力を入れているのが現状である。

　二〇〇八年度より、政府が普通話を用いて中国語科授業を教えるという政策（いわゆる「普教中」、原語「以普通話教中文科」の略称）を推進している。それまでは中国語科授業がすべて広東語のみで行われていたという背景がある。現在は七割以上の小学校と四割以上の中学校において実施されているが、実際に利点より弊害が多いという理由で「普教中」に反対する人々や団体は少なくない（『香港網絡大典』「普教中争議」、經濟日報二〇一六年六月一日）。

## 六　香港の言語景観

ここでいう「言語景観」とは、都市や町における公共空間の道路標識や、掲示、看板、広告、アナウンスなどを指す（Landry & Bourhis 一九九七、Ben-Rafael et al. 二〇〇六）。香港のトライグロシアの「言語景観」はどういうものだろうか。「二文三語」政策が進められていることを考えれば、例えば、本章のタイトルは図２（右）のように、繁体字の中文に、簡体字の中文、そして英文も登場する「言語景観」になるのではないだろうか。

しかし、実際のところ、簡体字の表示はめったに見かけない。なぜなら、一国二制度の下、香港では簡体字ではなく繁体字が使用され続けているからである。中国本土での中国語規範化の動きにまったく同調しない姿勢と言える。一般に言えば、簡体字の使用は主に中国本土からの観光客向けパンフレットや案内板のようなものに限られ、香港人向けのものは全て繁体字使用となっている。しかし、中国本土からの新移民及び留学生の増加に伴って、簡体字を使用する人口が徐々に増えて

図２　本章のタイトル
左：日本語　右（上から下へ）：中文（繁体字）、中文（簡体字）、英文

いる。それに対して不安や不満を抱いている人もいる(Tam 二〇一五)。一方、香港における簡体字の導入と学習をめぐる論争が最近盛んになっている。その発端は二〇一五年の年末に香港教育局が小中学校の中文科カリキュラム改革について公開による意見の聴取を行うために作成した通知書から始まった。その通知書には「生徒達が繁体字をマスターした後に簡体字を読む能力も持たなければならない」と記されているのだが、教師、生徒、保護者から猛烈な反発の声が相次いでいる（経済日報二〇一六年二月一五日）。

香港人が簡体字に対して神経質になりがちな理由として、「字幕切り替え事件」の事例が挙げられる。二〇一六年二月二二日に、香港の最大のテレビ局ＴＶＢが毎日の夕方に普通話で放送するニュース番組で初めて簡体字の字幕を流したことから、一万件以上の苦情が寄せられた。民主化運動派として知られる立法会議員毛孟静（Claudia Mo Man-ching）がテレビ局に抗議文をまで送った。毛議員は、簡体字字幕の導入に香港を中国本土の一都市に変えようという政治的な意図が隠れていると強く批判した。その後、テレビ局側は簡体字字幕の使用について、香港は国際都市だからとの理由を説明したが、中国本土の社会的・政治的影響の拡大を懸念する声が依然として広がっている（Liu 二〇一六）。さらに、近年になって香港人は積極的に広東語の方言字を造り、広東語と英語の語彙を書面化し、広東語と英語の語彙と文法が混じっているコード・ミックスやコード・スウィッチを主要言語のように使う傾向を見せている。このようなコミュニケーション・スタイルは家族や友人との日常会話だけに止まらず、現地のマスメディアが率先して使用し、新聞、雑誌、テレビ・ラジオのニュース放送までに広がっている。香港のトライグロシアの実態をさらにもう少し見てみよう。

## 1　公共空間

公共の場での書き言葉として、返還前も返還後も、英文と中文（繁体字）の二文での表示がある。話し言葉としては、返還前に広東語と英語の二言語が使われていたが、返還後には広東語、普通話、英語の三言語になった。地下鉄や列車、路線バスといった公共交通機関の車内アナウンスなどは、二〇〇三年から、三言語で行われるようになった。昔は、「広東語→英語」で行われていたアナウンスは、「広東語→普通話→英語」あるいは「広東語→英語→普通話」の順に自動放送が行われるようになった。

中文と英文のバイリンガル看板や掲示などは観光地だけではなく、香港人の日常生活のあらゆる場面に存在するものである。例えば、図3に示すように、中国系住民が九割以上を占めている地域に設置された水道局の工事中の看板にも二言語で表記されている。しかし、中文で書かれているとは言え、普通話ができる人なら誰でも読めるとは限らない。例として、地下鉄駅内の看板を見てみよう（図4）。エスカレーターに乗る際に注意すべきことが英文と中文で書かれている。三行の中文の中の二行は標準書面語であるが、左側の一行「企定定」（日本語訳：しっかり立つ）は広東語である。普通話しかできない人はこのような表示がほとんど読めない。

図3　住宅街の道端に立てかけられた工事中看板

図4　地下鉄駅内のエスカレーターそばに設置された看板

### 2　マスコミ

地元の新聞を開くと、三言語併用と混用の実態が一目瞭然である。図5に示すように、一〇〇％標準中国語の書面語で書かれている記事もあれば、一〇〇％英語で書かれている政府の求人広告もある。ちょっと小さめだが、広東語のみの広告もある、広東語と標準書面語が混じっている記事、

図5　香港の新聞に見られる三言語併用・混用
（経済日報2016年４月29日A28）

網民評紙紮舖涉侵權

| 網名 | 意見 |
| --- | --- |
| sbhk | 唔關事，唔買了，佢哋咪唔番啲陰司紙俾佢…… |
| f2456 | 小器鬼，你睇下實士，勞力士，iPhone都無告紙紮舖！唔通政府又要告紙紮舖印陰司紙偽鈔呀？ |
| Vesper Craig | 拎人嘅個品牌嚟圖利係事實嚟 |
| Dan Hung | 都係警告嘅，Gucci係做緊小舖，但無錯，佢保護自己合法註冊商標無可厚非呀 |
| Henry Welcome | 舊啲紙製品做得仲靚過佢嘅正品，應該佢哋將啲紙製品收購為己用，開多條生產線，到時候可以告正當顧告其他侵權者 |
| Lawrence Mok | 咁去邊度先有得買正貨紙紮Gucci？ |

意大利名牌Gucci日前警告兩間紙紮店的紙紮手袋有侵權嫌疑，要求停售。（資料圖片）

図6　広東語溢れる新聞記事
（経済日報2016年４月29日A30）

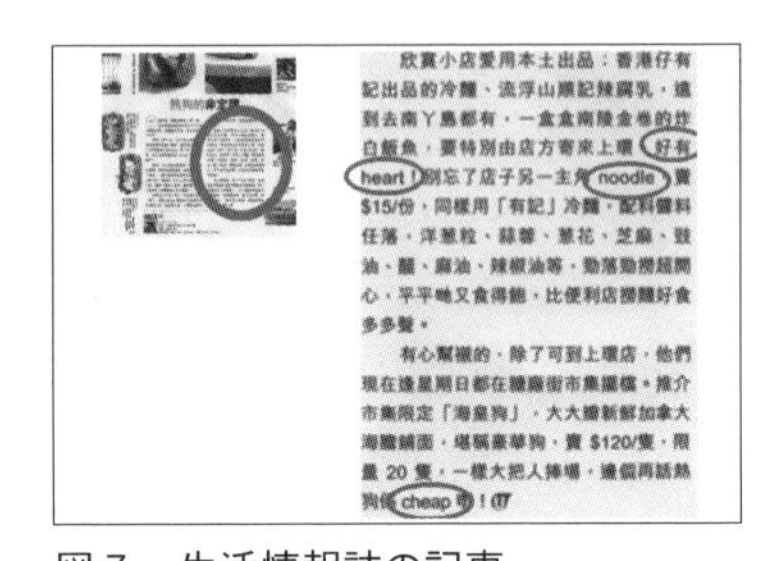

欣賞小店愛用本土出品：香港仔有記出品的冷麵、流浮山順記辣腐乳，遠到去南丫島都有，一盒盒兩隻金卷的炸白飯魚，要特別由店方寄來上環，好有heart！別忘了店子另一主角noodle，賣$15/份，同樣用「有記」冷麵，配料任落，洋蔥粒、蒜蓉、蔥花、芝麻、豉油、醋、麻油、辣椒油等，勁落勁撈超開心，平平哋又食得飽，比便利店撈麵好食多多聲。

有心幫襯的，除了可到上環店，他們現在逢星期日都在鰂魚涌街市集擺檔，推介市集限定「海皇狗」，大大條新鮮加拿大海膽鋪面，堪稱豪華狗，賣$120/隻，限量20隻，一樣大把人排場，這個再話熱狗係cheap嘢！

図7　生活情報誌の記事
（*U Magazine Food* 2016年4月29日p.6）

広東語とちょっとした標準書面語とちょっとした英語が混じっているものもある。図6は新聞記事の一部である。右側のコメントはインターネットの書き込みから引用したものであり、すべて広東語で書かれている。

特に週刊誌や生活情報誌などには広東語で書かれた文章や広告が逐年増加の傾向を見せており、

英語が混じっている場合も多々ある。図7は人気上昇中のお店の料理を紹介する記事である。記事全体は広東語で書かれているが、英語の語彙が混じっている。（円で囲まれた部分の日本語訳：好有heart ＝気配り、優しい、另一主角noodle＝もう一人の主役は麺です。係cheap嘢＝安っぽいもの。）図8は日本でいうsuicaやpasmoのような電子マネーの広告である。全体の九〇％以上が広東語で書かれている。（キャッチコピー「食飯ＡＡ好易畀」の日本語訳：外食時は割り勘しやすい。）

図9は香港の最大のファストフード・チェーン店「大家樂」(Café de Coral)のテレビＣＭのキャッチコピーである。広東語の表現や方言字が使われているため、普通話を話す人たちが全く理解できなくてもおかしくない。（キャッチコピー「無論係咪藍天、伸出手、快樂日日喺身邊」の日本語訳：青

図８　電子マネーの広告
(*U Magazine Food* 2016年4月29日p.17)

図９　ファストフード・チェーン店のテレビCM
(「大家樂」公式ホームページより)

空かどうかに関わらず、手を伸ばせば、幸せがあなたのそばに毎日のように現れる。）

図10は香港のテレビで放送されたアカデミー賞のような授賞式のワンシーンである。司会者もゲストも話しの中に広東語と英語が混じっていた。図の男性は「私は本当にリアルな演技（real acting）をしたよ。」と言ったのであるが、なぜか「リアルな演技」の部分だけは英語が使われた。

図10　第31回香港映画授賞式のワンシーン
（Wong 2012より）

二、三十年前に比べて、コード・ミックスと広東語方言字の使用頻度は極めて顕著な増加傾向を示している。広東語を母語とする香港人にとって、話し言葉をそのまま文字化することはごく自然なことかもしれないが、広東語のできない中国人から見れば、あまりにも不親切すぎるだろう。

## 七　トライグロシアから見た香港人のアイデンティティ

香港人の独特な中文と英文を混用する現象を捉えた『Multilingual Hong Kong 多語香港 Present 一個Project』というドキュメンタリー映画がある（Chen & Carper 二〇〇五）。この三〇分あまりの短編映画はインタビュー形式で香港人の言語混用現象及びそれに対する意識と心理的態度を忠実に記録したものである。老若男女を問わず、一般人の認識や考え方だけではなく、専門家（言語学者、教育者）の見解も紹介されている。映画は学校や街角での突撃インタビュー映像から始まった。ターゲット全員は現役の大学生と中高生である。香港の若者なら誰でも分かる「present一個project」（=課題を一つ発表する）というワンフレーズを、英語を全く使わず「中文」（すなわち広東語）だけで言ってみてくださいと、いきなり聞かれるが、全員戸惑って答えられる人はひとりもいなかった。

ドキュメンタリーの中で、専門家のインタビューは英語で行われたが、一般人を対象にしたものは基本的に広東語だった。しかし、映画の最初の数分を見ただけでも英語が大量に使われていることがわかった。以下はその一部である。

present, okay, tips, complete, Never mind. Let's go. peer group, understand, category, supposed, deal with, through, International Buying Office, Asian franchise, businessmen, some teenagers, happy hour, professor, concept, assignment, lecture, tutorial, upgrade, update, effective

インタビューされた一般人はコード・ミックスに対して賛成反対の両方の意見があるが、容認派が大半を占める。容認の理由として、以下の六つが挙げられている。

一、言いたいことを広東語で表現できないから（=英語の言い方しか知らない）

二、コード・ミックスは使いやすいから（=時間も苦労もいらない）

三、コード・ミックスに慣れているから（＝良くないと言われても抵抗はない）
四、コード・ミックスは親しみやすい話し方だから（＝堅苦しくない、ユーモアがあると感じる人が多い）
五、コード・ミックスのコミュニケーション効果が抜群だから（＝円滑に意志の伝達ができる）
六、自分たちは香港人だから（＝香港人の特徴というか、香港人のアイデンティティの一部である）

ここで特に注目すべきなのは最後の理由である。コード・ミックスの使用を通して、香港の人々が自分の帰属意識を表明すると同時にその気持ちをさらに強めていることを表しているかもしれない。ちなみに、香港大学が行った世論調査によると、香港人のアイデンティティは実に多層的であり、流動的なものであることがわかった（HKUPOP 二〇一二）。最新の調査結果では、六つのアイデンティティの選択肢の中で、「香港人」（原語は「香港人Hong Kong citizens」）を選択した人は最も多く、回答者全体の七七・四％を占める。次に多いのは「華人」（六九・五％）と「アジア人」（六九・二％）。「華人」（原語は「中華民族Members of the Chinese race」）というのは中華民族という民族的（血統的）なアイデンティティである。四番目に多いのは「中国人」（原文は「中國人Chinese citizens」）である。これは文化的な意味合いが強いことから、文化的アイデンティティである。「中国国民」（原語は「中華人民共和國國民　Citizens of PRC」）が最下位であり（五九％）、地球市民（原語は「世界公民 Global citizens」）の六三・六％より低い結果となった。

以上の結果は香港人の言語使用状況とどのように関係しているのだろうか。社会言語学と文化人類学の観点から見れば、言語とは単なる情報伝達のための道具ではなく、文化の凝縮であり、歴史や、生活、思考、社会関係の維持、個人のアイデンティティなどと密接に結びついている。これは、どの時代でもどの文化形態でも言えることである(Brown & Yule 一九八三、Malinowski 一九六六)。近年になって、香港人のコード・ミックスを使用する傾向が一層顕著になっていることと、普通話教育や簡体字使用などへの懸念ないし抵抗は、彼らのアイデンティティの一部である広東語を失うことに対する危機意識から生まれるものかもしれない。これを裏付けるかのように、前述の「字幕切り替え事件」の後にテレビ局へ抗議文を送った毛孟静議員からのコメントがある。イギリスの公共放送局ＢＢＣによるインタビューで、毛氏は「一つの都市を抹殺したければ、真っ先にするのは、その都市の言語を抹殺することだ。」と語った（原語は"If you want to kill a city, the first thing you do is to kill the language."）(Liu 二〇一六)。

いままで香港における言語状況に関心を持つ研究者たちの多くは広東語・英語・普通語の三言語の社会的役割に注目し、それぞれの言語の重要性を強調した。前述のように香港のトライグロシアの大きな特徴として、二文三語の「併用」と「混用」の両面があることが明らかである。その中で、広東語、英語、普通語の三言語間の相互関係は一体どうなっているのだろうか。図11のＡに示すような三角関係だろうか。三言語を表す三つの三角の真ん中に三言語の要素が含まれる第四言語、すなわちコード・ミックスがある。それとも、Ｂのようなイメージだろうか。三言語を表すほぼ同じ

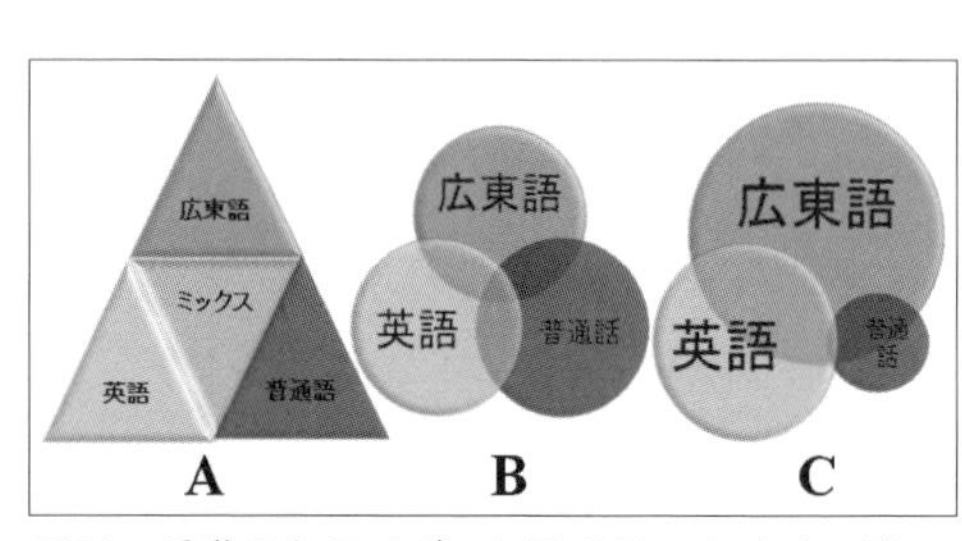

図11　香港のトライグロシアの三つのイメージ

大きさの三つの円形が若干重なっている。AとBの共通点として、三言語は対等な関係を保っていることである。しかし、実際はAでもBでもない。香港のトライグロシアの実態に一番近いのはむしろCのようなイメージではないかと筆者は思う。その理由はまさに三言語の社会的役割と重要性の違いにある。三言語の中で、広東語の使用者が一番多いだけではなく、使用のドメインも使用頻度も他の二言語よりかなり広くて、高い。言い換えれば、民族言語的バイタリティー[(6)]の観点から、三言語のうちでは広東語が一番強いことから、広東語を表す円形は当然他の二つの言語より大きくなる。その次に大きいのはかつての統治者の言語であり、国際語でもある英語で、一番小さい円形が普通話である。返還後普通話の重要性が増し、必ず英語に取って代わって香港のH言語になるだろうと多くの学者は予測していたが（Luke & Richards 一九八二、Pennington 一九九八）、返還二〇年後の今日でも普通話を使用する人口は徐々に増えてはいるものの、普通話が英語のような地位に近づくことはない。他方、以前に比べて香港人のコード・ミックスに対する印象が否定的から肯定的へ変わり、ごく自然なコミュニケーション・スタイルとして浸透しつつある（Chen & Carper 二〇〇五、Gibbons 一九八七、Li 二〇〇〇）。

## 八　終わりに

最後に、香港のトライグロシアに関する当面の課題を以下のようにまとめたい。

### 1　「二文三語」政策の継続

返還後政府が積極的に「二文三語」政策を推進し、特に普通話の普及については一定の成果をあげることができたが、言語教育は即効性がない長期的な投資であり、資源開発のようなものなので、周密に計画しなければならないし、時間もお金もかかる。だが、香港のさらなる発展のための教育と人材育成の一環として引き続き継続しなければならない。それは香港の国際競争力を高めるためだけではなく、中国の特別行政区として、自国の巨大な市場のニーズに対応できる言語力や専門知識、技術、技能を持つ人材が強く求められるからである。二文三語の学習時間を十分確保し、教師の質の向上、学習者の勉強意欲を育てるための言語環境づくりに努めていくことが急務である。

### 2　言語問題の政治化

近年、香港では「普教中」をめぐる論争、簡体字使用に対する抵抗、または公用語の一つである「中文」の解釈をめぐる反発など様々な問題があり、政治と関連付けられる傾向が見られる。言語問題が政治化することは社会全体に大きな不利益を与えることになるため、避けるべきである。多言語社会形成のプロセスにおいて、このような問題を完全に避けるのは難しいことではあるが、官民の対立を解消し、改善策を探るため、諸外国の事例を参考にし、歴史から学ぶ必要がある。

### 3　母語に対する危機意識及び「香港語」の形成

返還前に比べて香港人の広東語とコード・ミックスに対する態度が肯定的に変化しているように見える。具体的に言うと、広東語の書面化や、広東語と英語が混じっている会話・文章スタイル、方言字の増加などに対して寛容な態度を示したり、実行したりしていることである。特にコード・ミックスの常用化は本土の広東語圏と一線を描くという意味もある。このように、香港人しか分からない言葉（いわゆる「香港語」）を積極的に作ろうとする動きは、「自分たちは大陸人（＝中国本土出身者）とは違うぞ。」「自分たちの文化を自分たちのもの、自分たちの手によって作り、守っていく。」と宣言しているようなものである。このメッセージは対外的であると同時に対内的でもある。自らの母語に対する危機意識の増幅及び「香港人」というアイデンティティが表れている。香港の文化に根ざした大陸との対立から生まれたものでもある。支配者や権力者がそれを否定し、干渉したり、抹殺したりすることは時代に逆行する考えであり、人権侵害問題にまで発展しかねないため、必ず反発される。多言語・多文化が併存する社会を目指し、共存共栄するために、互いによく理解し、尊重すべきではないだろうか。

香港の一国二制度の有効期限はあと三〇年しかない。その後どうなるのだろうか。日々変わりつつある社会環境の中で、トライグロシアがどのように変化していくかを予測することはできないが、金の卵を産むガチョウを殺すことのないように願うしかない。

## 注

(1) 言語社会（speech community）とは、主に話し言葉と文化的価値観を共有する共同体（集団、地域社会）を意味する。同じ共同体内の人々が相互に言葉が違うという意識を持たずにコミュニケーションできることから、言語体型・構造の共通点が多いと認められる。

(2) 普通話（プートンホワPutonghua）とは、日本語で言う「標準語」や「広く通用する言葉」という意味である。つまり、中国大陸と台湾の標準中国語を指す。

(3) 声調（トーン、tone）とは、音の上がり下がり（抑揚変化）のことである。

(4) 普通話と広東語のローマ字表記として、本稿では拼音（ピンイン）と粤拼（ユッピン）が用いられる。

(5) 破裂を伴わない閉鎖音/p. t. k/（=[p̚, t̚, k̚]）で終わる音節、例えば失sat [sɐt̚]、濕 sap [sɐp̚]、塞sak [sɐk̚]。

(6) Giles et al.（一九七七、三〇八頁）によると、民族言語的バイタリティー（ethnolinguistic vitality）は、異なる言語コミュニティー間の接触における、ある言語コミュニティーを独自的かつ活発的な集合体として行動させるものでり、言語コミュニティーの人口、経済的な力、政治的影響力、文化的優勢性かの四つを指標として示される。

## 参考文献

Bauer, R. (1996). Identifying the Tai substratum in Cantonese. In *Pan-Asiatic Linguistics: Proceedings of the Fourth International Symposium on Languages and Linguistics* Vol. 5, pp.1860-1844. Bangkok, Thailand: Institute of Language and Culture for Rural Development, Mahidol University at Salaya.

Ben-Rafael, E., Shohamy, E., Amara, M. H., & Trumper-Hecht, N. (2006). Linguistic landscape as symbolic construction of the public space: The case of Israel. In Gorter, D. (Ed.), *Linguistic landscape: A new approach to multilingualism* (pp.7-30). New York: Multilingual Matters.

Bremner, C. (2016, January 28). Top 100 city destinations ranking http://blog.euromonitor.com/2016/01/top-100-city-destinations-ranking-2016.html

Brown, G., & Yule, G. (1983). *Teaching the spoken language.* Cambridge: Cambridge University Press.

Chen, K. & Carper, G. (2005). Multilingual Hong Kong多語香港: Present 1 個project. Films for the Humanities and Sciences. NJ: Princeton.

Ferguson, C. A. (1959). Diglossia. *Word* 15: 325-340.

Fishman, J. A. (1967). Bilingualism with biculturalism as individual and as societal phenomenon. *Journal of Multilingual and Multicultural Development* 1: 3-15.

Gibbons, J. (1987). *Code-mixing and code choice: A Hong Kong case study.* Clevedon: Multilingual Matters.

Giles, H., Bourhis, R.Y., & Taylor, D.M. (1977). Toward a Theory of Language in Ethnic Group relations. In H. Giles. (Ed.) *Language, ethnicity and intergroup relations* (pp.307-348). London: Academic Press.

HKUPOP (2012). Hong Kong Public Opinion Program. Press release on latest survey on Hong Kong people's ethnic identity (June 26, 2012). https://www.hkupop.hku.hk/english/release/chart_20120626_big.gif

Landry, R. & Bourhis, R. Y. (1997). Linguistic landscape and ethnolinguistic vitality: An empirical study. *Journal of Language and Social Psychology* 16(1): 23-49.

Li, D. C. S. (1999). The functions and status of English in Hong Kong: A post-1997 update. *English World-Wide* 20(1): 67-110.

Li, D. C. S. (2000). Cantonese-English code-switching research in Hong Kong: A Y2K review. *World Englishes* 19(3): 305-322.

Liu, J. (2016, February 24). Hong Kong outrage over Chinese subtitle switch. *BBC News*. http://www.bbbc.com/news/world-asia-china-35647861

Luke, K. K. & Richards, J. (1982). English in Hong Kong: Functions and status. *English World-wide*

3: 47-64.

Malinowski, B. (1966) [1923]. The problem of meaning in primitive langauges. Supplement to C.K. Ogden & I.A. Richards, *The Meaning of Meaning* (pp.296-336). London: Routeledge & Kegan Paul.

Pennington, M. C. (1998). *Language in Hong Kong at century's end*. Hong Kong: Hong Kong University Press.

Peyraube, A. (1996). Le Cantonai esl-il du Chinois? *Perspectives Chinoises* 34(1): 26-29.

So, D. (2000). Achieving biliterarcy and trilingualism without MOI-based bifurcation of the schools: A plea for third alternatives. In D. C. S. Li, A. M. Y. Lin & W. K. Tsang (Eds), *Language and education in postcolonial Hong Kong* (pp.9-33). Hong Kong: Linguistic Society of Hong Kong.

Tam, T. (2015, December 20). Traditional or simplified, don't let the Chinese language become political. *South China Morning Post.* http://www.scmp.com/news/hong-kong/politics/article/1893532/traditional-or-simplified-dont-let-chinese-language-become

Wong, M. [SydneyLinguist] (2012, November 11). Codeswitching in TV programs in Hong Kong [Video file]. https://www.youtube.com/watch?v=OlqsfP1MDKg

Yue-Hashimoto, A. O. (1976). Substratum in southern Chinese—the Thai connection. *Computational Analysis of Asian and African Languages* 6:1-9.

井上裕正（一九九一年七月）「アヘン戦争と香港」『月刊しにか』

『ウィキペディア』中国語
https://ja.wikipedia.org/wiki/%E4%B8%AD%E5%9B%BD%E8%AA%9E

廣江倫子（二〇〇七）「香港における中文公用語化運動—香港法における中国語の使用—」『大東文化大学紀要』四五号 pp.95-103 大東文化大学

香港行政長官辦公室（二〇〇一）2001 Policy Address by Chief Executive of Hong Kong Special Administrative Region. Policy Objectives (Education and Manpower Bureau) 11 Quality Education. 香港行政長官二零零一年施政報告 施政方針（教育統籌局）11 優質教育
http://www.policyaddress.gov.hk/pa01/pdf/edue.pdf（英語）

香港行政長官辦公室（二〇一六）2016 Policy Address by Chief Executive of Hong Kong Special Administrative Region. Policy Agenda Ch. 6 Education, Population and Human Resources.香港行政長官二零一六年施政報告 施政綱領 第六章 教育、人口及人力資源
http://www.policyaddress.gov.hk/2016/eng/pdf/Agenda_Ch6.pdf（英語）中国語版あり

香港統計處（二〇〇一）Hong Kong 2001 Population Census Results, Census and Statistics Department. 香港政府統計處二〇〇一年人口普查結果

http://www.censtatd.gov.hk/major_projects/2001_population_census/main_tables/population_
aged_5_and_over_by_usual_language_1991/index.jsp
香港統計處（二〇一一a） Hong Kong 2011 Population Census Results, Census and Statistics
Department. 香港政府統計處二〇一一年人口普查結果
http://www.census2011.gov.hk/flash/dashboards/nationality-and-ethnicity-db-203-en/nationali ty-
and-ethnicity-db-203-en.html
香港統計處（二〇一一b） Hong Kong 2011 Population Census Summary Results, Census and
Statistics Department. 香港政府統計處二〇一一年人口普查簡要報告 p. 39 語言/方言Language/dialect.
http://www.census2011.gov.hk/pdf/summary-results.pdf
香港基本法 http://www.basiclaw.gov.hk/tc/basiclawtext/
『香港網絡大典』 普教中爭議
http://evchk.wikia.com/wiki/%E6%99%AE%E6%95%99%E4%B8%AD%E7%88%AD%E8%AD%B0
『經濟日報』（二〇一六年二月一五日）「繁簡正字之爭豈止在港發生」
『經濟日報』（二〇一六年六月一日）「普教中爭論 請以專業說服我」

# 琉球語の表記について
## ―「沖縄語」の表記を中心に―

仲原　穣

仲原　穣・なかはら　じょう
一九六九年沖縄県生まれ。
所属・職名：沖縄国際大学総合文化学科非常勤講師。沖縄国際大学南島文化研究所特別研究員。
最終学歴・学位：千葉大学大学院社会文化科学研究科　日本研究専攻（博士課程）単位取得満期退学、修士（芸術学：沖縄県立芸術大学）。
主要業績：『沖縄語の入門（CD付改訂版）―たのしいウチナーグチ―』白水社、二〇〇〇[二〇〇六]年（共著）、『沖縄の方言―調べてみよう暮らしのことば』ゆまに書房、二〇〇四（共著）、『名護市史本編10・言語』名護市教育委員会、二〇〇六（共著）、『西原町史　第8巻資料編7　西原の言語』西原町教育委員会、二〇一〇（共著）、『琉球諸語の復興』芙蓉書房出版、二〇一三年（共著）。
専門：琉球語学、言語学。

※役職肩書等は講座開催当時

# はじめに

沖縄や奄美で話されている伝統的なことば（「琉球語」「琉球諸語」「琉球方言」などと称される言語。以後「琉球語」とする）[1]が、「消滅危機」にあることを二〇〇九年二月にユネスコが認定した。琉球語だけで会話できる人々が年々減少し、さらに七〇代以下の人々（おもに中年層や若年層）は、琉球語をほとんど使用せず、聞き取れない状況である。琉球列島の文化や風習は、琉球語で語って受け継がれたものであり、琉球語を失うことは代々継承されてきた祖先からの財産を失うことでもある（日本語に翻訳された表現は、琉球語が伝える表現と完全に一致することは難しく、不完全な状態でしか継承できない。祖先から受け継いだ言葉を後世へと受け渡すため、何か行動を起こす必要がある）。

このような現状を踏まえ、琉球語を「記録」「保存」し、数十年後、数百年後の子孫へと豊かな言語文化を伝えるために、「琉球語」を「どのように記録するのか」が問われている。なお、ここで敢えて「記録」や「保存」に限定する理由は、言語継承を目的とした「教育」の現場では、ネイティブ・スピーカーの協力や音声教材の活用などを十分に活用すれば、以下にとりあげるような「ばらつきのある表記」によって記された「教材」であっても、よい効果が得られる可能性が高いと考えるからである（なお、録音や録画による言語資料の作成は最優先で行う必要があるが本講座では割愛する）。今後、琉球語を受け継いでいく中年層・若年層と伝統的な琉球語を話す老年層にとって、より有益な表記法を考えるための一歩として、まず、これまで琉球で使用されてきた表記法について振り返ってみたい。

琉球語と日本語はもともと同系統のことばであるが、両者が分岐した後に話しことばであった琉球語は独特の発展を遂げ、日本語とは異なる発音の言語へと変化した。そのため、日本語の発音を書き表すために生み出された「かな」（ひらがな・かたかな）で「琉球語」を表記しようとしても「日本語にはない特殊な音」をうまく書けないのは当然のことである。

さらに、日本語の表記法として制定されている「現代仮名遣い」には、発音とは異なる特別な表記（「表記の慣習」による「特例」）があり、発音では同じ「オー」という音を一方では「おお」（「おおく（多く）」「おおかみ（狼）」など）、一方では「おう」（「おうじ（王子）」、「おうふく（往復）」など）と書き分けるなど「発音通り」ではない表記が存在しており、日本語の表記法を利用する際も注意が必要である（「はなぢ（鼻血）」「こんにちは」「とけい」なども特例で発音通りではない表記）。

琉球語の独特の表記としてよく知られているのが「宮古語」の「す゚」や「い゚」（いわゆる「宮古文字」）である。宮古島で生活する人々には当たり前の表記であり、「す゚」にいたっては非常にポピュラーであり、多良川酒造では「す゚」（「すに丸」と読む）という名前の製品が出ているほどである。多良川酒造のホームページでは「す゚」を以下のように説明している。

「す」に○です。「す」の破裂音です。「す」と「つ」の間の音のような、「す」と「ず」の間の音のような音。（中略）「ZOO（動物園のズー）」と言いながら、口を「い」と開き、心持ち「つ」をイメージして言ってみましょう。そうそう、それです！その発音が、ずです

（「多良川酒造」http://taragawa.co.jp/?p=641）

同じ音の表記に関して、「宮古語」の他の資料では、吉村（一九七四）では「すï」とし、富浜（二〇一三）では「ï」とするなど複数の表記法が提案されている。

「八重山語」では「人」を表す単語を「ピイトゥ」（宮良一九三〇）、「ピゥトゥ」（宮城二〇〇三）のように同じ音を著者によって異なる仮名表記で記録している。(2)

一方、「与那国語」では「いちば　市場　マてぃ [matʃi]」（池間二〇〇三：三三）のように通常の発音をカタカナ表記で記し、喉頭化した特殊な音をひらがなで示している。池間氏はこの表記について「平仮名表記の（か、き、く、た、とぅ、てぃ）は「ッカ、ッキ、ック、ッタ、ットゥ、ッティ」に近い発音」（池間二〇〇三：四）と述べている。

岡村（二〇〇七）は「奄美語」の表記として「片仮名とそれに二つの記号˙と˙及び添え字としてヰとヱを使って島口を表記する方法」を提案している。

このように多様な変化を遂げた琉球語を日本語の専用の文字で表記することは容易ではなく、上記のようにさまざまな表記法が試され、定着しつつある表記と定着できない表記がみられる。琉球

列島のすべてを統一の表記で書き表すことは容易ではなく、中本（一九八一）や「しまくとぅば読本」制作委員会[編]（二〇一五）のように工夫を施すことで、多用な言語をすべて網羅しようとした先行研究もいくつかみられる。

このような状況下において、琉球列島のすべての方言を同じ方針で分析し、方言ごとに表記を工夫することで、当該方言の音韻のすべてを書き分けることができるようにと最近出版されたのが小川[編]（二〇一五）である。これらのような琉球語の全体的な表記法については、現在データを収集し、分析しているところなので、別の機会に報告する所存である。

今回の講座では、琉球語のなかから特に「沖縄語」（沖縄本島中南部の伝統的なことば）に焦点をあて、これまでにどのような表記が行われてきたのか、言語資料のなかから、いくつか表記例をあげて紹介していきたい。

## 一　古琉球時代の表記

### 1　記号・絵文字

琉球国には「独自の文字」がなかったが、記号の一種とみられるものとして沖縄本島の「スーチューマー」、宮古島の『砂川(うるか)双紙』、与那国の「カイダー文字」「ダーハン」、八重山の「バラザン」などがみられる（詳しくは萩尾（二〇〇九）を参照）。

ただし、これらの「記号」は話し手の考えや発話意図を聞き手に誤解なく伝えるという性質の文字ではなく、「記標文字」（取引の備忘録に物品名や数量を記録したもの。田代（一八九三）を参照）である。

このほか、沖縄本島の嘉手納の野国総管之墓付近（一九三三年）、座喜味城跡（一九七四年）などから発見された「石刻絵文字」があるが、この絵文字については誰がどのような意図で記したのかなど、詳しいことは未詳である（ただし、野国総管之墓付近の石刻絵文字の分析を試みたものとして仲原善忠（一九五五）がある）。近年、与那国の海底遺跡ではないかと騒がれたもののなかにも記号が刻まれたものがあったが、これもはっきりとしたことは分かっていない。

## 2 文字の伝来

それでは、古琉球でどのような文字が使われていたのだろうか。『球陽』（一七四三―四五成）の「英祖王」（在位一二六〇―一二九九年）の箇所に「附 一僧禪鑑至國創建極楽寺」とあり、「咸淳年間一僧名禪鑑不知何處人駕舟飄至那覇王命輔臣構精舎于浦添城之西名極楽寺令禪鑑禪師居焉是我國佛僧之始也」とある（出典は球陽研究会[編]一九七四）。つまり、琉球国の仏僧の鼻祖となる「禅鑑」に関する記載である。

外間守善（二〇〇〇）は「当時の日本の僧侶は、仏教だけでなく漢文、漢詩、和文、和歌にも通じている知識人であり、おそらくその折、沖縄に仏教とともに、漢字、仮名文字ももたらされたものであろうと考えられている。」と述べている。しるびあ（二〇〇九）もこの説を支持しているが、外間（二〇〇〇）と同様にその根拠は示されていない。

①漢文

園比屋武御嶽の後方にあったという石碑「安国山樹華木之記碑」（一四二七年建立）には、漢文が用いられている。また、「万国津梁の鐘碑」（一四五八年）、「円覚禅寺記碑」（一四九七年建立）なども同様に漢文表記である。

②かな漢字交じり文

「ひらがな」を用いた碑文のなかでも比較的古いものとして知られるのが宜野湾市嘉数の「小禄墓」の「石厨子」に記された「おろく大やくもい石棺銘」（一四九四年）である。石棺には「弘治七年おろく大やくもい六月吉日」という銘があり、ひらがなと漢字が混用された「かな漢字交じり文」になっている。「おろく」は地名の「小禄」、「やくもい」は役職名「ヤクミー」の古い表記であろう。ただし、「墓碑銘」という特殊な資料であるため、単語が少なく、当時の言語資料としては不十分である。

その少し後に建立された「たまおとんのひのもん」（一五〇一年）では「しよりの御ミ事」や「もしのちにあらそふ人あらバ、このすミ見るべし」とある。ここでも「かな」（変体仮名を含む）に

「漢字」を混ぜて書いた「かな漢字交じり文」である。内容に注目すると、「〜べし」という漢文訓読体が使用され、古琉球の役人の教養が見て取れる。

金石文以外の文献資料でも「琉球国」の首里王府時代は「かな漢字交じり文」が主流である。「田名文書」第一号（一五二三年）は、首里王府の「琉球辞令書」の一種であるが、「しよりの御ミ事／たうへまいる／たから丸か／くわにしやわ／せいやりとミかひきの／一人しほたるもい／てこくに／たまわり申候／…」のように記している。最後の「申候」の言い回しが特徴的であり、「申候文」などとも呼ばれている。「〜候」は元来、日本の中世に使用された口語であったが、中世（鎌倉時代）になると書簡などの文語で頻用される文体である。一六世紀初頭の琉球国の資料にすでに取り入れられていることは、先の禅鑑以後、日本の僧が中山に出入りしていたことも影響したと考えられる。

また、ひらがなを中心とした「かな漢字交じり文」という表記のスタイルは『おもろさうし』第一巻（一五三一年）でも同様に「一　きこゑ大きみきや／おれて　あすび　よわれば／てにが　した／たいらけて　ちよわれ／又　とよむせたかこか／又　しよりもしくすく／又　またまもりくすく」（用例は外間守善・波照間永吉[編著]（二〇〇二）と記している。やはり、琉球国では漢文だけでなく、「ひらがな」を読めることが知識人のたしなみであった可能性がある。

なお、「崇元寺下馬碑」（一五二七年）は、片側が漢文、片側がひらがな文で表記されており、ひらがな文には「あんしもけすもくまにてむまからおれるべし」と記されている。ここから一五〇〇年代の初めには、ひらがなを読める人々が多数いたことが予測されるが、ここで注目してほしいのは、「くま」である。さきほどの『おもろさうし』にも「しより」（首里）や「くすく」（城）など、琉球語の単語がみられるが、「崇元寺下馬碑」に「くま」とあるのは、「高母音化」が進んでいた証であり、しかも発音通りに記したことになる（「琉歌」の表記では「こま」）。

なお、『おもろさうし』には、「おれづむ」（旧暦二〜三月頃の季節。現代語では「うりずん」と発音）や「おま人」（人民、民衆。〈御真人〉。現代語では「うまんちゅ」と発音）など現在の琉球語へつながる語が「ひらがな漢字交じり文」で記載されている。

琉球国最古の辞書『混効験集』（一七一一年）でも「ゆまんぐい」（夕暮れ。薄暮）や「きみほこりおぢやう」（首里城の奉神門）など、琉球語がひらがなで記載されている。

また、組踊「執心鐘入」（玉城朝薫作。一七一九年に上演）の台本でも「わぬや中城　若松どやゆる」のように「かな漢字交じり文」が用いられている（出典：伊波普猷一九二九）。

なお、実際の唱えで「わん」「若松どぅ」となる音を「わぬ」「若松ど」と表記するという組踊や琉歌の表記スタイルになっていることがわかる。

さらに時代が下った『琉歌百控』（一七九五―一八〇二年）では「謝敷板干瀬に　打へ引波の　謝敷宮童の　目笑斷き」のように自立語を漢字（宛字も含む）、付属語をかなで書く和歌に近い表記が使用されている。琉歌を詠む人々にとって、和文の教養が根底にあったことが伺える。

ひらがなの他にカタカナも使用されていた。初期のものには『琉球神道記』（一六〇三―

一六〇六年頃に那覇に滞在した袋中（たいちゅう）が記した書）があり、「昔此国初未ダ人アラザル時。天ヨリ男女二人下リシ。男ヲシネリキユト女ヲアマミキユ云。」（傍点部分は本来は梵字でルビはカタカナだが、本稿ではカタカナのみを引用した）のように漢字カナ交じり文が使用されている。神歌の歌詞なども梵字で表記されており、日本語と異なる発音の琉球語を表音文字の「梵字」で記す袋中の工夫がわかる。

また、『琉球国由来記』（一七一三年）でも漢字カナ交じり文が採用されている。採用と述べたのは『琉球国由来記』の元になった旧記（例えば『仲里旧記』一七〇三年頃成立）では「古かさす若ちやらと被申候人之亡霊を崇敬之由」と「漢字かな交じり」（ひらがな）で表記されているが、『琉球国由来記』では「往古、ガサス若チヤラト云フ人ノ亡霊ヲ崇敬ノ由也」と「漢字カナ交じり文」（カタカナ）になっているためである。

③発音に基づく表記（かな〈音節文字〉／ローマ字・国際音声記号〈音素表記〉）

上述したように琉球国の文献では、おもにかな文字（ひらがな・カタカナ）で琉球語が記されてきたが、日本語にはみられない「琉球語独自の発音」を「文字を工夫し」、発音通りに表記しようというものは右の諸文献にはみられなかった。

一八世紀に屋嘉比朝寄（一七一六年生-一七七五年没）が編んだ『屋嘉比工工四』には、韻律符号の横にカタカナで歌詞が記されている。この表記は「カラヤ ツチ ノボテ マヘ ムカテ ミレハ…」

のようないわゆる「琉歌表記」であるが、発音通りの表記とは考えられていない。ただし、琉球語を「かな」で表記しようとする試みの先駆けといえるだろう。

実際に「発音に基づく表記」といえるものの初期の例は一八八九（明治一三）年に出された『沖縄対話』（沖縄県学務課［編］）である。この本は、沖縄の学校で日本語（いわゆる「標準語」）を教えるために教師向けとして作成された上下二巻の教科書である。

本文は、日本語で「〇今日ハ、誠ニ、長閑ナ、天気デ、ゴザリマス（〇〇）」のように明治期の多くの出版物にみられるような「漢字カナ交じり文」で記され、その左隣りにカタカナで「チユウヤ。マクトニ。エー。テンチ。デービル。」とやや小さめのフォントで琉球語が付されている（画像1）。なお、『沖縄対話』では「琉球語」の話者を示していないが、伊波普猷監修『琉球語便覧』「凡例」

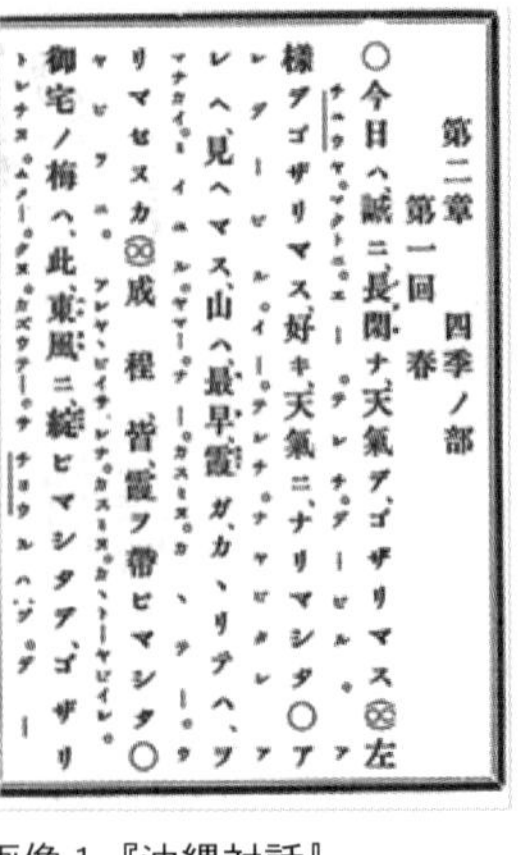

第二章　四季ノ部

第一回　春

〇今日ハ、誠ニ、長閑ナ、天氣デ、ゴザリマス⊗左

チユウヤ。マクトニ。エー。テンチ。デービル。ア

様デゴザリマス、好キ天氣ニ、ナリマシタ〇ア

レハ、見ヘマス、山ハ、最早霞ガ、カヽリテヘ、ツ

リマセヌカ⊗成　程　皆霞ヲ帯ビマシタ〇

御宅ノ梅ハ、此東風ニ綻ビマシタデ、ゴザリ

画像1『沖縄対話』

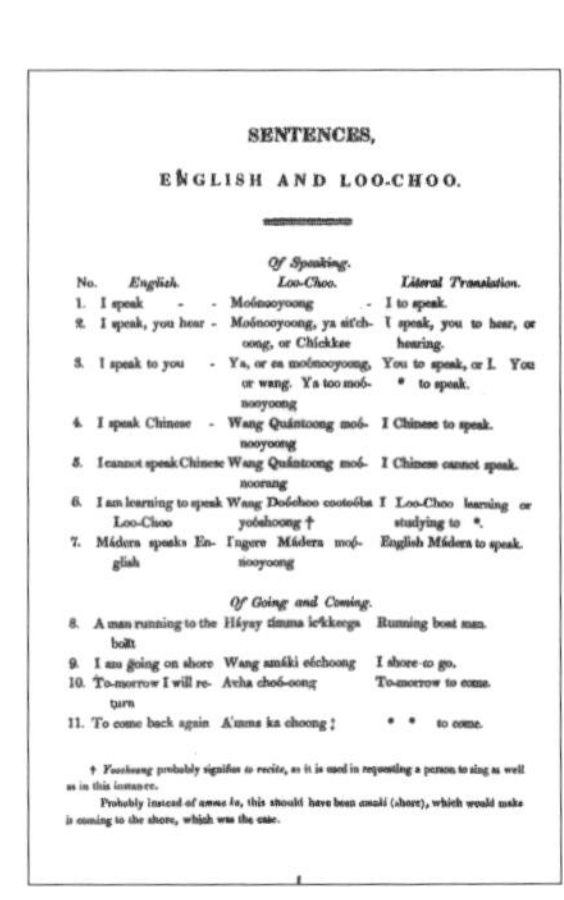

SENTENCES,

ENGLISH AND LOO-CHOO.

*Of Speaking.*

| No. | *English.* | *Loo-Choo.* | *Literal Translation.* |
|---|---|---|---|
| 1. | I speak - - | Moónooyoong - | I to speak. |
| 2. | I speak, you hear - | Moónooyoong, ya sit'choong, or Chickkee | I speak, you to hear, or hearing. |
| 3. | I speak to you - | Ya, or ea moónooyoong, or wang. Ya too moónooyoong | You to speak, or I. You * to speak. |
| 4. | I speak Chinese - | Wang Quántoong moónooyoong | I Chinese to speak. |
| 5. | I cannot speak Chinese | Wang Quántoong moónoorang | I Chinese cannot speak. |
| 6. | I am learning to speak Loo-Choo | Wang Doóchoo cootoóba yoóshoong † | I Loo-Choo learning or studying to *. |
| 7. | Mádera speaks English | I'ngere Mádera moónooyoong | English Mádera to speak. |

*Of Going and Coming.*

| No. | English | Loo-Choo | Literal Translation |
|---|---|---|---|
| 8. | A man running to the boat | Háyay timma ic'kkega | Running boat man. |
| 9. | I am going on shore | Wang amáki eéchoong | I shore to go. |
| 10. | To-morrow I will return | Acha choó-oong | To-morrow to come. |
| 11. | To come back again | A'mma ka choong ‡ | * * to come. |

† *Yooshoong* probably signifies *to recite*, as it is used in requesting a person to sing as well as in this instance.

Probably instead of *amma ka*, this should have been *amaki* (shore), which would make is coming to the shore, which was the case.

画像2『琉球語彙』

では、その言語を「首里語」と断じ、「護得久按司朝常氏等が当時沖縄県庁の委託を受けて編纂された」と述べている。

『沖縄対話』では「ー」（長音符号）を使用する工夫があるが歴史的仮名遣いも使用している。さらに、「マクトニ」（誠に）、「テンチ」（天気）のような表記もみられる。これらは往時の発音をそのまま表記してはおらず、実際は「マクトゥニ」「ティンチ」のように発音していたと解してよい。『沖縄対話』の音価を推定するとき、参考になるのが『沖縄対話』の七年後に出版された仲本政世『沖縄語典』（一八九六年）である。那覇方言の辞書である『沖縄語典』では、下に示すように「沖縄語」を基本的に「ひらがな」で示している。特徴として、拗音では「や」を添え、長音を棒引き「ー」で示すが、「トゥ」や「ツィ」など日本語にみられない音声の場合はカタカナを小書きの添え字として活用している（傍線部を参照。傍線は引用者による）。また、「日本語」を「カタカナ」と「漢字」で表記している。

| アカシ | アカツキ | アカツチ | アカトリ |
| --- | --- | --- | --- |
| あかし | あかつィち | あかんちやー | あかとぅい　ゆーとぅい |
| 明 | 暁 | 赤土 | 戽斗 |

『沖縄語典』の前に出版された琉球語の資料が一八一八年にロンドンで発刊されたキャプテン・

バジルホールの航海記の付録、クリフォード『琉球語彙』である（画像2）。「Loochoo」とあるのが「琉球語」であり、語例からみると「沖縄語」である。

このクリフォードの影響を受けたのが医師、宣教師として琉球に滞在したベッテルハイムである。後に琉球語を研究したバジル・ホール・チェンバレンのものよりかなり早い研究であるが、すべてアルファベットで書かれたものである。

琉球語のうち、「八重山語」の辞書として初期のものに宮良當壮『八重山語彙』（画像は『宮良當壮全集　八巻　八重山語彙　甲篇』第一書房、一九八〇［東洋文庫、一九三〇］年）がある（画像3）。八重山諸島のすべての島々を対象にした辞書であり、八重山語、与那国語研究の基礎資料でもある。見出し語を「カタカナ」で表記し、横には［　］（角かっこ）で括られた「国際音声記号」が表記

画像3『八重山語彙』

画像4『沖縄語辞典』

されている。さらに、品詞と単語に対応する短い訳を付している。また、（ ）には使用している島の名が示されている。見出しをカタカナ表記、さらに国際音声記号で精確な表記を示すという点で、現在出版されている方言辞書の基盤は『八重山語彙』が築いたと言えよう。

琉球語の「沖縄語」で言語学的に編まれたもの最初の辞書は国立国語研究所[編]『沖縄語辞典』（大蔵省印刷局一九六三年）である（画像4）。『沖縄語辞典』は、項目の見出しが「音韻記号（音素表記）」のアルファベット表記であり、それにアクセント、意味、例文などが記述された辞書であり、子音と母音を別に表記できる「音素文字」の「ローマ字」を用いているため、琉球語の音声を「精密」に記述する点で優れているが、やはり一般の読者には読みづらいようで、筆者の話者のなかにも、辞書を手に取ることをためらう人もいる。琉球語の「継承」が危機的状況にある現況では、話者になることができる八〇代のお年寄りはもちろん、小学生でも読むことができる「優しい表記」が求められているといえよう。そこで、つぎに現在の書店や図書館などで手にすることができる沖縄語の文献をいくつか集め、その表記例を具体的に概観してみたい。

## 二　現代の「沖縄語」のかな表記

まず、一九八〇年代から現在までに出された書籍（辞書、教科書、ことわざ集、エッセイ、小説、わらべうた等）のなかから任意で二〇点を選び出し、沖縄語特有の発音をどのように書き表すのか調べてみた。すると、ほとんどの本で共通して用いられる「ほぼ定着した表記」と本によって書き方が異なり、数種類の表記がある＝「まだ定まっていない表記」があることがわかった。なお、本章で引用する用例の出典は巻末に示し、ここでは著者名、文献名、刊行年のみを示す。

## 1　定着した「かな表記」

沖縄語のうち、「とぅ」「どぅ」「てぃ」「でぃ」「くゎ」「ぐゎ」という表記はほとんどの本ですでに定着した表記になっている。たとえば、Ⓓ沖縄教育出版［編］（一九八二）『おきなわ方言入門』では、「ミートゥンダ」（夫婦）、「ドゥシ」（友）、「ティーダ」（太陽）、「ディキヤー」（秀才）、「クヮーシ」（菓子）、「グヮンクー」（頑固）などの例がみられる（用例に引いた傍線は該当箇所を示すために仲原が引いた。本章の用例はすべてこれに同じ。なお、文献に付された記号は末尾の用例文献の記号と同じものである）。

### ※定着した表記のなかの例外

長い母音の表記では、調査した資料のほとんどで「ー」（長音符）が使用されている。しかし、わずかではあるが長音部を母音で表記する方法や小書きの母音を添える例もみられる。

**①長音符号「ー」を使用する例**

「いったーあんまー」「あーみーどーい」Ⓑ高江洲（一九七九）『沖縄わらべうたの世界』
「猫（まやー）」「聴（ち）ょーたん」Ⓚ宜志（二〇〇一）『吾んねー猫どぅやる』

**②長音符号「ー」を使用しない例**

(a)「猫（まやぁ）」「方言どぅやいびいる」Ⓠ比嘉（二〇〇六）『うちなあぐち賛歌』
「犬猫（いんまやあ）ん恩義や知ゆん」Ⓐ仲井真（一九七二）『沖縄ことわざ全集』

(b)「ムルンジャトゥ ドゥ ヤイビィル」Ⓜ儀間（二〇〇五）『うちなぁぐちフィーリング　パート4』

使用されている文献の数を比べると大部分が①の「ー」を使用しており、定着した表記といえる（詳しくは仲原二〇一三参照）。一方、②の(a)に強いこだわりをみせるのは比嘉清氏で「なとおん」「さあゆん」の方が、まだ、音の原形に近いのです。」と述べている（比嘉二〇〇六：一一四-一一六）。その一方で、儀間氏は②(b)にこだわってはいない。①も②(a)も②(b)も同じ文献、あるいは同じコラムのなかで併用するのを楽しんでいるように感じられる。Ⓜ儀間（二〇〇五）から以下に例を挙げる。

①「イッペー」（一四頁）、「ジコー」（一四―一五頁）、「チャー」（一九頁）
②(a)「じこう」（一七頁）(b)「いっぺぇ」（一五頁）、「じこぅ」（一五頁）、「ちゃぁ」（一九頁）

儀間氏は「沖縄」の「縄」の表記に強いこだわりがあるようで「うちなー」や「うちなあ」は使用せず「うちなぁ」で統一している。しかし、それ以外の単語は基本的にはカタカナ表記には①の「ー」を添え、ひらがな表記のときのみ②(b)を使用しているようである。恐らく、カタカナ表記は音声記号に近い表記なのではないだろうか。なお、「基本的に」としたのは、以下のような例もまれにみられるからである。このとき、小書きの母音を添えた方は、助詞「~ヤ」（~は）がくっついで伸びた方にだけ「ォ」を添えている（「ヤンバルヤ（山原は）」⇓「ヤンバロー」を「ヤンバロォ」と表記）。よって、助詞「ヤ（~は）」によって生じた音とそれ以外を区別した可能性も否定できない。

「ヤンバロォ　マーヤンバルガ（山原は山原でも、どちらの方?）」（Ⓜ儀間二〇〇五：四五）

ただし、同じ著書のなかに左記のようにカタカナ表記の「ー」の前に小書きの母音を添える例もみられる。このような使用方のときは、「インテンシティ（強度強調）」の際の「発音の強さ」の違いを添えるという意図で小書きの「ゥ」を挿入していることも考えられる。

「ともあれ、ヤファラ　ガンジュームンとガンジュゥームンヌ　クファドーリとは好一対である。」
（Ⓜ儀間二〇〇五：四八）

## 2　定着していない「かな表記」

### (1)　やわらかな音の表記

沖縄語の多くの方言では、出だしに喉を閉じて歯切れ良く発する音（ア行）か、出だしがやわらかで次第に発する音（ヤ行とワ行）かで単語の意味を区別している（用例は首里方言。用例の表記に用いている［　］の中の表記は国際音声記号。以下、同様に示す）。

「犬」［ʔiɴ］（ア行）：「縁」［jiɴ］（ヤ行）　／　「音」［ʔutu］（ア行）：「夫」［wutu］（ワ行）

発音では明確に区別されるこれらの音だが「書き分ける」立場と「書き分けない」ものがある。

#### ①書き分ける立場

(a)「イヰン」（縁）：「ゥウトゥ」（夫）Ⓒ中本（一九八一）『図説 琉球語辞典』
(b)「イィン」（縁）：「ウゥトゥ」（夫）Ⓕ沖縄古語大辞典編集委員会［編］（一九九五）『沖縄古語大辞典』

(c)「いぃん」(縁)：「ヲゥトゥ」(夫)Ⓝ高良(二〇〇五)『ウチナーグチ(沖縄語)練習帖』

(d)「ゆぃー」(絵)：「をぅとぅ」(夫)Ⓟ宮里・小那覇・崎濱・宮良[編著](二〇〇六)『沖縄ぬ暮らしとぅ昔話』

なお、上記(a)にも使用されているが、発音ではヤ行のイ段[ji]になる音を本来はワ行のための文字である「ゐ・ヰ([wi])」で書き表す「縁(ゐん)」のような表記は、琉球国時代から「琉歌」や「組踊」でみられる書き方で近代の言語資料『沖縄対話』をはじめ、現代琉球語でも工工四をはじめ、多くの文献で用いられている(琉歌など古琉球の表記については西岡二〇〇六を参照されたい)。

仲原二〇一三でも示したようにヤ行イ段を「ゐ」、ワ行イ段を「ウィ」と書き分ける立場の資料も一定の割合で存在している。しかし、このワ行イ段「ゐ」を[wi]と発音することを知っている人にとって、「縁」を「ウィン」と読み誤ってしまう可能性があることも念頭に置いておく必要があろう。

さらに、現在の沖縄県内の大学生の中に「ゐ」「ゑ」を正しく読めない学生が多くいることも無視できない事実である。

②書き分けないもの

①では、「かな」を工夫し「やわらかな発音」であることを表現している。沖縄語では、久米島

方言などの一部の方言を除き、出だしに喉の緊張を伴うア行の発音とやわらかい発音ヤ行、ワ行の区別は非常に大事な区別であるため、筆者は両者を書き分けるのは必要なことであると考えるが、以下のように書き分けないものもみられる。

「うっ|てぃー」（一昨日）、「い|ーまーるー」（相互扶助）Ⓛ新垣［監修］（二〇〇四）『めざせ！沖縄語の達人』

「良|イー　天気（ティンチ）」「ウ|ラン」（いない）　沖縄文化社［編著］『楽しいウチナーグチ』

### (2)　喉を緊張させる音の表記1

続いて沖縄語の特徴的な発音の表記についてみていきたい。沖縄語では「お前」［ʔja:］と「家」［ja:］は別々の発音であり、前者の出だしには「喉を緊張させる音」（専門用語では声門閉鎖音〈グロッタルストップ〉、国際音声記号では［ʔ］の記号）があり、後者にこの音がみられない。沖縄語の多くの方言ではこの音の有無を発音で聞き分け、両者の意味を区別しているため、半母音や「ン」の前にみられるこの音を表記し分ける書籍は比較的多いが、この発音も日本語の表記にはない特殊な発音なので、以下のようにさまざまな表記が工夫されている。

①書き分けるもの

(a)「ッヤー」「っやー」Ⓙ西岡・仲原（二〇〇〇）『沖縄語の入門（CD付改訂版）―たのしいウチナーグチ―』など六冊。

(b)「イャー」「いゃー」Ⓓ沖縄教育出版編集部［編］（一九八二）『おきなわ方言入門』など四冊。

(c)「ィヤー」「ぃやー」Ⓖ又吉（一九九七）『実践首里方言テキスト』など三冊。

(d)「汝（いやー）」「汝（いやぁ）」（いやー）Ⓚ宜志（二〇〇一）『吾んねー猫どぅやる』など二冊。

(e)「いゃあー」Ⓑ高江洲（一九七九）『沖縄わらべうたの世界』のみ。

(f)「いっやー」Ⓜ儀間（二〇〇五）『うちなぁぐちフィーリング　パート四』のみ。

(g)「やー」Ⓕ沖縄古語大辞典編集委員会［編］（一九九五）『沖縄古語大辞典』のみ。

※喉を緊張させる単語はひらがな、緊張させない「家」のような単語はカタカナで表記。

(h)「ʔヤー」Ⓣ西原町史編集委員会［編］（二〇一〇）『西原町史　第八巻　資料編七　西原の言語』のみ。

※国際音声記号［ʔ］（声門破裂音）」を補助記号としてかな文字と組み合わせる。

②書き分けないもの

「やー　家。君。」Ⓡ山城（二〇〇九）『シマくとぅば―旧石川市山城（ヤマグシク）』

「汝(やぁ)」「家(やぁ)」Ⓘ吉屋（一九九九）『実践うちなあぐち教本』

### (2) 喉を緊張させる音の表記2

「わ行」の音の前に喉を緊張させる音があることはすでに述べた。「豚」の「わー」[ʔwa:]と「私の」の「わー」[wa:]を比べると「豚」の出だしには「喉を緊張させる音」があるが、「私の」の前にはない。「豚」の「わー」のように「わ」の前で喉を緊張させる音は「わーび」[ʔwa:bi]（上辺）や「わーちち」[ʔwa:tɕitɕi]（天気）の前にもみられる。この音も「日本語にはない特殊な音」なので、以下のような文字の組み合わせが工夫されている（二冊は複数の表記を併用。使用された文献数の多い順に提示）。

#### ①書き分けるもの

(a)「うゎ（ウヮ）」Ⓓ沖縄教育出版編集部[編]（一九八二）『おきなわ方言入門』ほか六冊。
(b)「っわ（ッワ）」Ⓞ内間・野原（二〇〇六）『沖縄語辞典—那覇方言を中心に』ほか五冊。
(c)「うわ（ウワ）」（「う」＋「わ」）Ⓘ吉屋（一九九九）『実践うちなあぐち教本』ほか三冊。
(d)「ゥワ」（小文字「ゥ」＋「ワ」）Ⓜ儀間（二〇〇五）『うちなぁぐちフィーリング パート四』のみ

(e)「わー」Ⓕ沖縄古語大辞典編集委員会[編]（一九九五）『沖縄古語大辞典』のみ。

※喉を緊張させない「我」はカタカナで表記し分ける。

(f)「ʔワー」Ⓣ西原町史編集委員会[編]（二〇一〇）『西原町史 第八巻 資料編七 西原の言語』のみ。

※国際音声記号［ʔ］（声門破裂音）]を補助記号として使用。

### (3) 喉を緊張させる音の表記3

「稲」の意の「んに」[ʔnni]と「胸」の意の「んに」[nni]を比べてみると「稲」の方の「んに」の前で喉を緊張させていることが分かる。「稲」の他にも「んじゅん」[ʔndʑijuɴ]（出る）や「んまが」[ʔmmaga]（孫）、「んぶすん」[ʔmbusuɴ]（蒸す）などの単語の出だしにも同様の音がみられる。この喉を緊張させる「ん」も以下のような表記の工夫がみられる。

#### ①書き分けるもの

(a)「っん(ッン)」Ⓒ中本（一九八一）『図説 琉球語辞典』ほか四冊

(b)「ぅん」Ⓗ伊狩・広田（一九九八）『しまくとぅば』のみ

(c)「ʔン」Ⓣ西原町史編集委員会[編]（二〇一〇）『西原町史 第八巻 資料編七 西原の言語』のみ、

(d)「ん」（喉を閉めない音はカタカナ「ン」）Ⓕ沖縄古語大辞典編集委員会[編]（一九九五）『沖

縄古語大辞典』のみ。

②書き分けないもの

「ンジチャービラ」(行って参ります)Ⓝ高良(二〇〇五)『ウチナーグチ(沖縄語)練習帖』
「ん前（めえ）」(おばあさん)Ⓘ吉屋(一九九九)『実践うちなあぐち教本』

資料のうちの約半数(十冊)が喉を緊張させた「ん」を「書き分ける」という立場を取らない。喉を緊張させる「ヤ行」や「ワ行」では書き分けている文献であっても「ん」では書き分けていないものも数冊みられた。その要因は「ん」の出だしで喉を閉める音が半母音の前にある単語に比べると発音が容易にできることや喉を緊張させない「ん」で発音する「んに(胸)」の出だしの「ん」もやわらかい「ん」となる特殊な発音(舌を口の奥の天井にくっつけて「ん」と発音)になることなどが考えられる。

3　特殊な表記

沖縄語の表記として極めて特殊な文字がある。船津好明『美しい沖縄の方言(ことば)方言（ことば）①』(技興社、一九八八年)の「沖縄文字」である(同書は二〇一〇年に『沖縄口さびら—沖縄語を話しましょう』（琉球新報社）とタイトルと出版社をかえて再出版している）。この文字の特徴は、これまで2で紹介した音を複数のかな文字を組み合わせるという他の手法とは異なり、一字で表記しようとした点である。そのため、ＪＩＳ文字ではなく、「外字フォント」を使って入力する必要がある。画像５は船津（一九八八）から引用したものである。

新たに文字を創作した試みは斬新で注目に値するのであるが、問題なのが他者へメールを送ると受けとった相手の文面では文字化けしてしまうという部分である。パソコンのように容易に外字フォントをインストールできるのであれば添付ファイルで外字フォントを添付し、相手にインストールしてもらってファイルを読むこともできるのだが、ＬＩＮＥやショートメールなどのＳＮＳのように若者が好む通信手段には全く対応できないのが弱点といえるだろう。

また、「てぃ」や「とぅ」、「つや」「つわ」など、沖縄語特有の発音はわざわざ外字を使って一字で書き表すがその一方で、「きゃ」「ちょ」など日本語と同じ発音でかな二文字で書き表す「拗音」の方は外字を使って一字にせず、日本語と同じ二字で入力するのである。二文字を一文字で示すこ

4．沖縄文字（23個）

| | 〔国際音声記号〕 | 辞典での音韻記号 | 用例など | 説 |
|---|---|---|---|---|
| と | 〔tu〕 | tu | とい(鳥)、うと(音)、みーと(夫婦) | |
| ど | 〔du〕 | du | どし(友人)、やど(宿)、どー(自分) | |
| て | 〔ti〕 | ti | てーち(一つ)、てーだ(太陽)、てん(空) | |
| で | 〔di〕 | di | ふで(筆)、ぬーでー(喉)、できやー(秀才) | |
| く | 〔kwa〕 | kwa | くじ(火事)、くっちー(ごちそう) | |
| ぐ | 〔gwa〕 | gwa | にんぐん(念願)、ぐんく(頑固) | |
| く | 〔kwi〕 | kwi | くー(声)、さっくー(咳)、くゆん(呉れる) | |
| ぐ | 〔gwi〕 | gwi | ぐーく(越来)〈地名〉 | |
| く | 〔kwe〕 | kwe | くー(鍬)、からじくー(かみきり虫) | |
| ぐ | 〔gwe〕 | gwe | ぐったい（ぬかるみ） | |
| ふ | 〔ɸa〕 | hwa | ふー（葉）、なーふ（那覇） | |
| ふ | 〔ɸi〕 | hwi | ふじゃい(左)、ふーと(いるか) | |
| ふ | 〔ɸe〕 | hwe | ふー（南）、にふーでーびる(有り難うございます) | |
| や | 〔ʔja〕 | ʔja | やー（君、お前）、やん（言わない） | |
| ゆ | 〔ʔju〕 | ʔju | ゆん（言う） | |
| よ | 〔ʔjo〕 | ʔjo | よーいー（おさな子） | |
| あ | 〔ʔwa〕 | ʔwa | あー（豚）、あーちち（天候） | |
| ゐ | 〔ʔwi〕 | ʔwi | ゐー（上）、ゐーりきさん（面白い） | |
| ゑ | 〔ʔwe〕 | ʔwe | ゑーきー(金持ち)、ゑんちゅ(ねずみ) | |
| ん | 〔ʔm̩〕〔ʔn̩〕等 | ʔN | んみ(梅)、んに(稲)、んなじ(うなぎ) | |
| い | 〔i〕 | 'i | (単語の語頭のみ)いん(縁)、いだ(枝) | |
| を | 〔u〕 | 'u | (同上)をと(夫)、をーじ(さとうきび) | |
| え | 〔ɣe〕 | 'e | (同上)えーま(八重山)、えーじ(八重洲) | |

画像５

とに意味を見いだすのであれば手間を掛けて「外字」を入力する意図もわかるのだが、二文字で一音の表記を他にも認めるのであれば、「てぃ」「とぅ」「っや」「っわ」と二字で表記するのを認める方が右のような通信や電子入力などの手間を大幅に軽減することができるのではないだろうか。

以上をまとめると、①外字を使うため、入力する際に手間がかかる、②入力する機器が外字を簡単にインストールできる機器に限定される、③文字を読んだり書いたりするための訓練が一定期間必要、という理由により、一般に普及するのに困難な文字といえるだろう。

## 三　まとめにかえて

これまで琉球語のうち、おもに「沖縄語」の表記について概観してきたが、今回紹介した限られた用例の中でもかなりバラつきがあり、日本語にはない特殊な発音にはさまざまな文字の組み合わせが提案されていることがわかった。また、これらのなかでも定着したものや多くの文献で採用された表記があることも指摘した。

「琉球語」の「表記」は、これらの工夫のなかから、皆にとって使いやすく読みやすい便利なものが生き残り、それが結果的に「沖縄語」「宮古語」など言語ごとの「仮名遣い」として定着していくのが理想であろう。

## 注

(1) 筆者は「琉球語」を「琉球諸語」と複数形にしない。その理由は、「琉球語」の「琉球」は「琉球列島」を指しており、言語の範囲を指している。その「琉球」は、琉球国の存在しない現代では「総称」の意を示したものであると考える。よって、「琉球語」と称した場合、「琉球列島の伝統的な言語」であることを示している。なお、「琉球方言」と称する論文のなかには「方言」という語を無自覚に使用したものも多いが、なかには日本各地のことばとの「つながり」、なかでも「九州方言とのつながり」を意識し、連続した言語との共通点を考える場合に使用されたものもある（野原三義一九九二「沖縄方言と九州方言」など）。これらで使用される「方言」と明治期から戦後まで続いた「標準語励行」や「方言札」における「方言」とを区別せずに批判してはいけない。「言語」と「方言」という用語は使用者の主観によって異なるため、詳しくは稿を改めて述べたい。

(2) 宮良（一九三〇）は『八重山語彙』で示された表記法である。イ段音に小書きの「ィ」を添えた書き方で、いわゆる「中舌母音」の表記法として最も初期の書き方であり、八重山地方で現在もよく使用されている書き方である。一方、宮城（二〇〇三）は、辞書の監修者の加治工真市氏を含め、東京都立大学（現 首都大学東京）の教員であった平山輝男氏とその修了生や卒業生が使用する表記法である。

## 参考文献


池間　苗（二〇〇三）『与那国語辞典』（自家出版物）

伊波普猷（一九七四[一九二九]）『琉球戯曲集』（『伊波普猷全集』第三巻（平凡社）
沖縄県庁[編]（一九七五[一八八〇]）『沖縄對話』（国書刊行会）
岡村隆博（二〇〇七）『奄美方言～カナ文字での書き方～』（南方新社）
小川普史（二〇一二）「これからの琉球語に必要な表記法はどのようなものか」日本語学会[編]『日本語の研究』第七巻四号『国語学』通巻二四七号（日本語学会）
小川晋史[編]（二〇一六）『琉球のことばの書き方』（くろしお出版）
沖森卓也・笹原宏之・常盤智子・山本真吾（二〇一一）『図解　日本の文字』（三省堂）
かりまたしげひさ（二〇一二）「音韻研究と方言指導から宮古方言の表記法を考える」P.ハインリッヒ・下地理則[編]『琉球諸語記録　保存の基礎』（東京外国語大学アジア・アフリカ言語文化研究所）
クリフォード〈H.J.クリフォード〉（一九七九[一八一八]）『クリフォード 琉球語彙』勉誠社
国立国語研究所[編]（一九六三）『沖縄語辞典』（大蔵省印刷局）
球陽研究会[編]（一九七四）『球陽』原文編（角川書店）
下地賀代子（二〇一五）「琉球語で書く、琉球語を書く」『武蔵野文学』第六三集（武蔵野書院）
「しまくとぅば読本」制作委員会[編]、野原三義・加治工真市・西岡敏・中本謙・仲原穣[監修]（二〇一五）『しまくとぅば読本』小学生・中学生（沖縄県文化観光スポーツ部 文化振興課）
しるびあ たるたりーに（二〇〇九）「古琉球における文字の導入・使用について」『桜美林論集』三六号（桜美林大学）

田代安定（一八九三）「沖縄県記標文字説」『東京人類学会雑誌』第七号（東京人類学会）
多良川酒造HP　http://taragawa.co.jp/?p=六四一（アクセス日：二〇一六年八月一日）
糖業研究会出版部[編]，伊波普猷[監修]（一九一六）『琉球語便覧』（糖業研究会出版部）
富浜定吉（二〇一三）『宮古伊良部方言辞典』（沖縄タイムス社）
照屋善彦（二〇〇〇）「一九世紀琉球における欧米との異文化接触(一)―言語問題―」『沖縄大学人文学部紀要(一)』一-一〇（沖縄大学人文学部）
仲宗根政善（一九八三）『沖縄今帰仁方言辞典』（角川書店）
仲原穣（二〇一〇）「沖縄方言の仮名文字の正書法に向けて―現状の紹介とその問題点（中間報告）―」沖縄言語研究センター定例研究会二〇一〇年五月一五日〔配布資料（未刊行）〕
仲原穣（二〇一三）「沖縄中南部方言の仮名表記の問題点―「沖縄語仮名遣い」に向けて―」『南島文化』第三五号（沖縄国際大学南島文化研究所）
仲原善忠（一九七八〔一九五五〕）「野国総管墓石について―近世農具資料」『仲原善忠全集』第三巻 民俗篇（沖縄タイムス社）
仲本政世（一八九六）『沖縄語典』（永昌堂）
西岡敏（二〇〇〇）「『琉球漢字音訓辞典』の可能性について」『一橋論叢』第一二四巻第四号（一橋大学）
西岡敏（二〇〇二）「琉球語における書記体系と『琉球漢字音訓辞典』」第四回沖縄研究国際シンポジウム・ボン大会二〇〇二年三月二六-二七日（配布資料）

西岡敏（二〇〇六）「古琉球語はいかにして書かれたか—一六～一七世紀の沖縄語の表記—」塩原朝子・児玉茂昭[編]『表記の習慣のない言語の表記』（東京外語大学アジア・アフリカ言語文化研究所）
西岡敏・仲原穣[著]中島由美・伊狩典子[協力]（二〇〇六[二〇〇〇]）『沖縄語の入門（CD付改訂版）—たのしいウチナーグチー』（白水社）
野原三義（一九九二）『うちなあぐち考』（沖縄タイムス社）
萩尾俊章（二〇〇九）「与那国島のカイダー字をめぐる一考察」『与那国島総合調査報告書』（沖縄県立博物館・美術館）
船津好明[著]中松竹雄[監修]（一九八八）『美しい沖縄の方言①』（〔株〕技興社）
外間守善 編著（一九七〇）『混効験集　校本と研究』（角川書店）
外間守善（一九七一）『沖縄の言語史』（法政大学出版局）
外間守善（二〇〇〇）『沖縄の言語と歴史』（中央公論新社）
外間守善・波照間永吉[編著]（二〇〇二）『定本おもろさうし』（角川書店）
マーク・ローザ（二〇〇九）「八重山象形文字・カイダー字の新しい発見」『みんぱく』第三三巻第七号通巻第三八二号（国立民族学博物館）
宮城信勇（二〇〇三）『石垣方言辞典』（沖縄タイムス社）
宮良當壮（一九八〇）[一九三〇]『八重山語彙』（『宮良當壮全集八巻　八重山語彙 甲篇』第一書房）
吉村玄得（一九七四）『沖縄　宮古ことわざ全集　付録　やさしい方言』（自家出版物）

用例文献（「沖縄語」表記資料・刊行年順）

Ⓐ仲井真元楷（一九七一）『沖縄ことわざ全集』（清光書房）
Ⓑ高江洲義寛（一九七九）『沖縄わらべうたの世界』（青い海出版社）
Ⓒ中本正智（一九八一）『図説 琉球語辞典』（力富書房）
Ⓓ沖縄教育出版編集部[編]（一九八二）『おきなわ方言入門』（沖縄教育出版）
Ⓔ崎間麗進[編著]（一九九四）『まんがで学ぶ　おきなわことわざ事典』（沖縄出版）
Ⓕ沖縄古語大辞典編集委員会[編]（一九九五）『沖縄古語大辞典』（角川書店）
Ⓖ又吉元亮（一九九七）『実践首里方言テキスト』自家出版
Ⓗ伊狩典子・広田貴代子（一九九八）『しまくとぅば』自家出版
Ⓘ吉屋松金（一九九九）『実践うちなあぐち教本』（南謡出版）
Ⓙ西岡敏・仲原穣（二〇〇六[二〇〇〇]）『沖縄語の入門（ＣＤ付改訂版）―たのしいウチナーグチ―』（白水社）
Ⓚ宜志政信（二〇〇一）『吾んねー猫どぅやる』（新報出版）
Ⓛ新垣光勇[監修]（二〇〇四）『めざせ！沖縄語の達人』（郷土出版）
Ⓜ儀間進（二〇〇五）『うちなぁぐちフィーリング　パート四』（沖縄タイムス社）
Ⓝ高良勉（二〇〇五）『ウチナーグチ（沖縄語）練習帖』（日本放送出版会）
Ⓞ内間直仁・野原三義（二〇〇六）『沖縄語辞典―那覇方言を中心に』（研究社）
Ⓟ宮里朝光・小那覇全人・崎濱秀平・宮良信詳[編著]（二〇〇六）『沖縄ぬ暮らしとぅ昔話』（沖縄語普及協議会）

Ⓠ比嘉清（二〇〇六）『うちなあぐち賛歌』（三元社）
Ⓡ山城正夫（二〇〇九）『シマくとぅば―旧石川市山城（ヤマグシク）』自家出版
Ⓢ沖縄文化社［編著］、儀間進［監修］（二〇〇九）『楽しいウチナーグチ』（沖縄文化社）
Ⓣ西原町史編集委員会（二〇一〇）『西原町史 第八巻 資料編七 西原の言語』（西原町教育委員会）

# 琉球民謡に見るしまくとぅばの表現

西岡　敏

西岡　敏・にしおか　さとし
一九六八年奈良市生まれ。
所属・職名：沖縄国際大学総合文化学部日本文化学科教授（琉球文化コース）。
最終学歴・学位：東京大学大学院人文社会系研究科博士課程修了、博士（文学：東京大学）、沖縄県立芸術大学大学院芸術文化学研究科博士課程単位取得退学。
主要業績：『沖縄語の入門―たのしいウチナーグチ（CD付改訂版）』（共著、二〇〇六年、白水社）、「琉球語の危機と継承」『月刊　言語』（二〇〇九年七月号、大修館書店）、「琉球方言の敬語研究の展望」『沖縄文化』（二〇一三年九月、沖縄文化協会）。
学外活動：奄美沖縄民間文芸学会事務局長、『沖縄文化』編集委員（二〇一七年現在）
第一四回沖縄言語研究センター仲宗根政善記念研究奨励金（二〇〇一年）受賞。
第二七回沖縄文化協会賞［金城朝永賞］（二〇〇五年）受賞。第三八回沖縄協会沖縄研究奨励賞（二〇一六年）受賞。
専門は琉球語学・琉球文学。
※役職肩書等は講座開催当時

## 一　「琉球民謡」と「しまくとぅば」

「琉球民謡」は「琉球諸島」において庶民によって伝統的に歌われてきた歌謡と仮に定義することができよう。あるいは、「琉球音楽」と「琉球語」によって表現された歌謡と仮に定義することができるかもしれない。ただし、他の用語にも注意する必要があるし、個々の「琉球民謡」を見ていけば、仮の定義から外れるものも多い。例えば、「南島歌謡」という用語は、「琉球民謡」よりも広く、神歌や古謡なども含めての琉球の歌謡を指すのが一般的である。外間守善〔代表〕『南島歌謡大成』（一九七八～一九八〇、角川書店）は、全5巻の「南島歌謡」の集大成で、「沖縄篇上」「沖縄篇下」「宮古篇」「八重山篇」「奄美篇」からなり、「沖縄篇下」（琉歌の集成）を除いて、多数の神歌や古謡を含む。

「琉球音楽」は、西洋音階「ドレミファソラシド」の「レ」と「ラ」がない琉球音階「ドミファソシド」による音楽と考えられている傾向があるかもしれない。この「琉球音階」の北限は、沖永良部島（奄美諸島）と言われている（日本放送協会一九九一：一〇『日本民謡大観（沖縄奄美）沖縄諸島篇』）。しかし、「琉球音楽」には、琉球音階に限らず、様々な音階の音楽があることが知られている。例えば、「ド」と「ファ」がない律音階「レミソラシレ」による音楽も、古典音楽、沖縄民謡、八重山民謡など、琉球諸島全域に広く分布している（日本放送協会一九九一：一〇）。

また、「琉球語」（しまくとぅば）によるものではないが、「琉球民謡」と考えられているものもある。

「新安里屋ユンタ」（作詞：星克／作曲：宮良長包）や「移民小唄」（作詞／作曲：普久原朝喜）などは、歌詞は日本語であるけれども、メロディーや歌詞の内容によって「琉球民謡」の一つと見なされている。

「言語」の分類と「民謡」の分類が一致をみるわけではない。ユネスコは、琉球列島における危機言語として「奄美語」「国頭語」「沖縄語」「宮古語」「八重山語」「与那国語」を挙げている。このうち、「～民謡」という語が成立しそうなのは「奄美民謡」「沖縄民謡」「宮古民謡」「八重山民謡」「与那国民謡」で、「国頭民謡」という言い方は厳しいであろう。「沖永良部民謡」「伊江島民謡」など、個々の島の単位で「民謡」が呼ばれることもしばしばである。

## 二　「日常語」と「歌謡語」との違い

日常において用いられている「しまくとぅば」が、そのまま琉球民謡において用いられているわけではない。琉球民謡で用いられている「しまくとぅば」のうちの幾つかは、「歌謡語」（文語）として「日常語」（口語）とは異なる地位を占めている。

本稿では、琉球民謡のうちでも、沖縄島を中心とした沖縄民謡での例を基に説明する。沖縄民謡において定型（パターン）の一つとなっているのが、琉歌形式による歌詞である。琉歌形式、すなわち、「８８８６」という音数律のパターンによって多くの歌詞が作られている。この形式の中では、特に「日常語」とは異なる形で沖縄語（「歌謡語」としての沖縄語）が現れる。琉歌形式の歌謡で用いられる沖縄語は、いわば「口語」に対する「文語」としての地位を占めているものと考えてよいであろう。以下にその具体例を示してゆきたい。

## 1　助詞の文語的表現

### ①文語的な助詞「ユ」

沖縄語の口語では、「～を」に当たる助詞はない。次の文では「スムチ」（書物、本）が目的語に当たるが、助詞は何も付いていない（なお、本稿の沖縄語カタカナ表記は、西岡・仲原二〇〇六『沖縄語の入門』の表記法に従う）。

タルーヤ　メーナチ　スムチ　ユムン。（『沖縄語の入門』二八頁）
太郎は　毎日　書物　読む

口語で「書物を読む」という場合、「書物　読む」という「を」のない形（「ゼロ格」「はだか格」などと呼ばれる）で「～を」に当たる目的語を示すのである。

ところが、琉歌形式の中では「を」に相当する「ユ」という形がしばしば現れる。次は、近代になって作られた沖縄民謡「汗水節」（一九二九年）からの一番の歌詞である。

アシミジ[ユ]　ナガチ（8音）　ハタラチュル　フィトゥヌ（8音）
汗水　を　流して　働く　人　の
ククル　ウリシサヤ（8音）　ユスヌ　シユミ（6音）（汗水節）
心　嬉しさは　他所が　知るか（否、知らない）

この第一句に出てくる「を」に相当する「ユ」は、沖縄語では、口語では出てこない形であり、もっぱら歌謡などで出てくるものである。「ユ」は、ここで目的語を明示するのみならず、もう一つ重要な働きをしている。それは、琉歌形式の音数律に合わせるという働きである。もし、「アシミジナガチ」というように、口語的に表現すれば、7音となり、琉歌形式に必要な1句8音に足りない。そこで「ユ」をいう音形式を付加し、「アシミジユ　ナガチ」とすれば、1句8音に合致するというわけである。

「ユ」という形は、宮古・八重山などの地域（特に宮古）では、口語の中でも盛んに用いられる。しかし、沖縄では、口語としては用いられず、古い沖縄語の文献や歌謡などにしか出てこない、いわば「古語」のような形となっているのである（狩俣繁久一九九二：八五二）。

②助詞「ヤ」の音変化が起きない

口語の沖縄語（沖縄島中南部を中心とした地域）では、日本語（標準語）の「は」に当たる「ヤ」という助詞が付くとき、次のような音変化が起こる。

ハナ＋ヤ（花は）　↓　ハナー
トゥシ＋ヤ（年は）　↓　トゥシェー
ユル＋ヤ（夜は）　↓　ユロー
ジン＋ヤ（銭は）　↓　ジノー

すなわち、「ヤ」が、短母音aで終わる語に付くときはア段長音、短母音iで終わる語に付くときにはエ段長音、短母音uで終わる語に付くときにはオ段長音、撥音Nで終わる語に付くときもオ段長音となる。

ところが、こうした助詞「ヤ」が付くときの音変化は、沖縄民謡では起こらないことが多い。この「音変化なし」は、琉歌形式の歌詞のみならず、琉歌形式以外の歌詞でも起こる。

ティンサグヌ　ハナヤ　チミサチニ　スミティ　（てぃんさぐぬ花、琉歌形式）
鳳仙花　の　花　は　爪先　に　染めて

トゥシヤ　トゥイル　ムノー　アランサヤー　（丘の一本松、非琉歌形式）
年は　取る　ものでは　ないねえ

モーアシビヌ　ユルヤ　イソーサ　チムドンドン　（遊び庭、非琉歌形式）
野遊び　の　夜　は　嬉しさ　肝どんどん

アサユ　ハタラチョティ　チンタティル　ジンヤ　（汗水節、琉歌形式）
朝夕　働いていて　積み立てる　銭　は

ただし、複数の歌い手が「掛け合い」をしたり（あるいは歌詞の中で「掛け合い」が想定されていたり）、歌の聞き手を「掛け合い」の対象に見立てて語り掛けたりするなど、より日常語に近いシチュエーションにおける歌詞では、「ヤ」の付加の際に音変化が起こっている。これら歌詞では、琉歌形式の縛りから自由になっており、より口語性を意識した表現となっているのであろう。以下の例の「タムノー」は「タムン＋ヤ」、「イィキガー」は「イィキガ＋ヤ」、「イィナゴー」は「イィナグ＋ヤ」の音変化である。

アンマー、**タムノー** キブトーンドー　（ちんぬくじゅうしい）
母ちゃん、薪は　煙っているよ　子から母へ歌い掛ける

**イィキガー** イィナグニ　カカユンドー
男は　女に　係るのだ

**イィナゴー** イィキガ　ユイドゥ　ヤル　（かなさんどー）
女は　男　故ぞ　である　男から女へ歌い掛ける

③助詞「ニ」の多用
日本語（標準語）の「〜に」に当たる助詞は、日常語（口語）では「ンカイ」をよく使用するが、歌謡語（文語）では「ニ」が多い。

ティンサグヌ　ハナヤ　チミサチ**ニ**　スミティ　（てぃんさぐぬ花）
鳳仙花　の　花　は　爪先　に　染めて

アシビナー二　ンナ　ユティ　クー
遊び庭　に　皆　寄って　来い
（遊び庭）

琉歌などの短詩型歌謡では、文学表現として用いられる音数が限られている。琉歌ならば全体で30音しかない。日常語（口語）の助詞「ンカイ」（に）を使用すれば、その3音だけで全体の1割を占めることになり、他の部分での表現の幅が狭まってしまう。助詞「二」を使用すれば、その1音だけで「ンカイ」と同じ機能を果たすことができ、他の部分での表現の余裕ができるのである。ただし、琉歌的な定型の制約がなく、日常語に近いシチュエーションの場合は、「ンカイ」も使用されている。

サンゴービンヌ　アタイシ　ワンニンカイ
三合瓶　の　くらいで　私　に
ヌクトーンディ　ッユンナー　エー　ワラバー
残っていると　言うのか　おい　童
（ハイサイおじさん）

④文語的な終助詞「サラミ」「サミ」

沖縄語の文語では、文末に来て、強調を示す終助詞に「サラミ」「サミ」という言い方がある。琉歌などでたびたび句末に現れる。「サミ」については、『沖縄語辞典』（国立国語研究所一九六三：四五六）では、「アンドゥ　ヤッサミ」（そうなんだよ）という日常語の言い方も載っているが、「文語で用いることが多い」という注記も添えられており、まずは「サラミ」「サミ」とも文語的表現と言ってよいであろう。

グルクジュニ　ナティン　ハタチ　サラミ　（汗水節）
五、六十歳に　なっても　二十歳　なのだ

サティム　メデタヤ　クヌ　ミユニ
さても　目出度や　この　御世に

サー　ユワイヌ　カジリ　ネサミ　（固(かた)み節）
さあ　祝いの　限り　ないぞよ

ナシグヮスダティヤ　タヌシミムンサミ　（親心）
産み子　育て　は　楽しみもの　ぞよ

## 2　動詞・形容詞の文語的表現

### ①終止形と連体形

沖縄語の口語では、動詞の言い切りの形（終止形）が、ユムン（読む）、カチュン（書く）というように「～ウン」という形をしている。また、名詞を修飾する形（連体形）は、「～ウン」を「～ウル」に変えて、「ユムル　スムチ」（読む書物）、「カチュル　ジー」（書く字）と表現する。沖縄民謡でも、動詞形が「～ウン」「～ウル」となっている例が見出される。『沖縄古語大辞典』（一九九五：七六五、七六七）では「普通・終止形」と呼んでいる。

イチュンドーヤー、カナシ　（西武門節）
行く　よ　ね　恋人よ

アシミジユ　ナガチ　ハタラチュル　フィトゥヌ　（汗水節）
汗水　を　流して　働く　人　の

しかし、これとは別に、終止形や連体形が日本語（標準語）と同じ形（あるいは沖縄的な音変化のみを被った似た形）で表現される場合がある。例えば、次の戦後すぐに作られた沖縄新民謡の歌詞（琉歌形式）では、「ミル」（見る）、「チク」（聞く）という形の連体形が用いられているが、沖縄語の口語では「ンジュル」（見る）、「チチュル」（聞く）というところである。「ミル」や「チク」のような表現は、文語的な沖縄語ということができるであろう。『沖縄古語大辞典』（一九九五：七六四、七六七）では「基本・連体形」と呼んでいる。

イミニ ミル ウチナ ムトゥ シガタ ヤシガ
夢 に 見る 沖縄 元 姿 であるが

ウトゥニ チク ウチナ カワティ ネラン
音 に 聞く 沖縄 変わって しまった

（懐かしき故郷）

②第三中止形

沖縄語の口語では、「〜して」という言い方に二つの表現の仕方がある。例えば、「読んで」であれば、「ユディ」と「ユマーニ」の双方がある。「ユディ」を「第二中止形」（あるいは「テ形」「接続形」）、「ユマーニ」を「第三中止形」（あるいは「アーニ形」「完了連用形」）と称している（上村幸雄一九九二：

八〇五、西岡・仲原二〇〇六：七二、沖縄古語大辞典編集委員会一九九五：七六五、七六七）。「第二中止形」の「ユディ」は、句と句（文と文）をつなぐ役目（スムチ　ユディ（書物を読んで）、…）のほか、後ろに補助動詞を続かせることもできるが（ユディ　ネーラン（読んでしまった））、「第三中止形」の口語の「ユマーニ」は、もっぱら句と句をつなぐ役目として用いられる。

「第三中止形」は、沖縄語の歌謡語（文語）では、「アーニ」ではなく、「アイ」という形で表現される。例えば、沖縄語の口語では「ユマーニ」（読んで）と言うところを、歌謡語（文語）では「ユマイ」（あるいは「ユミャイ」）と言う形になる。また、この文語形は、口語形と異なり、後ろに補助動詞を続かせることもできる（後例のナガラヤイ　タボリ、クガリヤイ　ウゥティン）。

ウミヌ　チンボーラーグヮー　サカ　ナヤイ　タティバ　（海のチンボーラー）
海　の　蜷貝　小　逆　なって　立てば

ムム　ウヤイ　ワンネー　サユンヌヌ　コーテークトゥ
桃　売って　私は　狭読布　買ってあるから

クリシ　チン　ノーヤイ　カナシ　アヒグヮーニ　ワネ　クシユン　（桃売アン小）
これで　衣　縫って　愛しい　兄さん　に　私は　着せる

ニシチ　カサニヤイ　フクティ　ムドゥラ
錦　重ねて　誇って　戻ろう
（南洋小唄）

ナガラヤイ　タボリ　イクユ　マディン
永らえて　下さい　幾代　までも
（あやかり節）

ウムルガナ　ウムティ　クガリヤイ　ウゥティン
思う　だけ　思って　焦がれて　いても
（夢の唄）

「第三中止形」は、語源的には「連用形＋有り」に由来し、沖縄古典の「おもろさうし」にもその用例が見られる（高橋俊三　一九九二：八八五）。また、南琉球の宮古・八重山地域、あるいは、沖縄島北部の伊是名島・伊平屋島では、テ形（第二中止形）よりも、この「第三中止形」が、文を接続する役目の中心となっている（狩俣繁久一九九二：八五七）。

③連用形

日本語の「読み」「書き」など、イ段の活用形は「連用形」と呼ばれているが、沖縄語でもまた「ユミ」（読み）、「カチ」（書き）といった形を「連用形」としている。また、句と句（文と文）をつなぐ役目の側面から「第一中止形」と呼ばれることもある。

ただし、沖縄語の口語では、句と句（文と文）をつなぐ役目として「連用形」を用いることはほとんど無く、テ形（第二中止形）やアーニ形（第三中止形）で表現されるのがふつうである。存在動詞である「アン」（有る）や「ウゥン」（居る）に限り、連用形の「アイ」（有り）「ウゥイ」（居り）といった「第一中止形」が、沖縄語の口語において見られることがある。しかし、他の動詞では、句と句（文と文）のつなぎとしては、ほとんど見られない。

ところが、歌謡語（文語）では、こうした前後をつなぐ連用形も、間々見られる。そのうち、連用形を重複させて表現するものが数多く現れる。

アリニ　ミーユル　　シンダンギー　　ユダムチヌ　ユタサ
あれに　見える　　　栴檀木　　　　　枝持ち　の　良さ
ミドゥリ　サシスイ　　アリヤ　　マー　ヤガ　　　（しんだん木）
緑　　　　差し添え　　あれは　　何処　であるか
クイシ　フルサトゥヌ　　ウヤチョデトゥ　ワカリ
恋し　　故郷　　の　　　親　兄弟　と　　別れ

アクガリヌ　ナンヨ　ワタティ　チャシガ　（南洋小唄）
憧れ　の　南洋　渡って　来たけど
カミトゥ　アガミラリ　ハナニ　タトゥラリティ　（帰らぬ我が子）
神　と　崇められ　花　に　喩えられて
トゥシ　カサビ　カサビ　チムヌ　カナサ　（肝(ちむ)がなさ節）
年　重ね　重ね　肝　の　愛しさ
チャーン　カティ　ガティ　マーサアジ　（芋(んむ)ぬ時代）
茶　も　飲み　飲み　旨さ味
イミン　ミーケーシ　ゲーシ
夢　も　見　返し　返し
ウンジュガ　サタドゥ　サビータル　（にーたさ小(ぐゎー)やすなよーや）
あなた　の　沙汰ぞ　しよりました

ウチワライ　ワライ　ッウェーキ　ハンジョー　（かりゆしかりゆし）
うち笑い　笑い　富貴　繁盛

④条件形

日本語（古語を含む）の「読めば」「読まば」に対応する語形として、口語の沖縄語では「ユメー」（読めば）、「ユマー」（読まば）という形がある。文語の沖縄語では、日本語の「バ」が残り、「ユミバ」（読めば）、「ユマバ」（読まば）という形になっている。定型的な沖縄民謡では、「バ」の残った形が優位である。

ンゾトゥ　イィン　ムシディ　チチ　ユミバ　ワジカ　（軍人節）
彼女と　縁　結んで　月　読めば　僅か

トゥイヌ　ウタイル　クイ　チキバ　（芋ぬ時代）
鶏　の　歌う　声　聞けば

イチティ　ウサギラバ　フクイ　ミソリ　（お母さん）
活けて　差し上げるならば　誇り　下され

しかし、これも「ヤ」が付くときの音変化と同じで、「掛け合い」の歌などの場合には、「バ」の残っていない口語的な融合形が現れることも多く出てくる。また、琉歌形式の歌詞でもまれに「バ」のない形が出てくる（ただし、長音は短くなっている）。

スルヂナ　ヤリワル　ホーチャーサーニ　チレー　チラリユル　（キザミ節）
スル綱　であればぞ　包丁　で　切れば　切られる

ユービヌ　サンゴービングヮー　ヌクトーンナー
夕べ　の　三合瓶　小　残っているか
ヌクトーラー　ワンニ　ワキランナー　（ハイサイおじさん）
残っているなら　我　に　分けないか

チチン　ナガミユラ　アガリジョニ　イモリ　（東門（あがりじょう）、琉歌形式）
月も　眺めるなら　東門　に　いらっしゃい

⑤受身形のテ形

受身形のテ形は、文語の沖縄語が「〜リティ」であるのに対して、口語の沖縄語では「〜ッティ」と促音化する。口語体を意識した歌詞では後者となる。

ツンジャル　キンサニ　クミラリティ　　（検査屋節）
去った　検査　に　込められて

シラクチニ　ナヤイ　シラハマヌ　シナトゥ
白骨　に　なって　白浜　の　砂　と
トゥムニ　クチヤ　サラサリティ　　（白骨節）
共に　骨　は　晒されて

ウーマクカマデー　フンデーグヮー
腕白　カマデー　甘えん坊

ツンメーニ　ダカッティ　サラヒッチー　（ウーマクカマデー）
祖母　に　抱かれて　丸一日

⑥「アユン」「ウゥユン」「ヤユン」

口語の沖縄語では、「有る」は「アン」、「居る」は「ウゥン」、「である」は「ヤン」と言うことが多い。ところが、文語の沖縄語では「アユン」「ウゥユン」「ヤユン」という間に「ユ」が入った形がある。この形は、「居り」が融合した他の動詞形、例えば、「トゥユン」（取る）、「フユン」（降る）などとの類推によって成立したと考えられる。ただし、沖縄でも、地域によっては、「アユン」に由来する「アイン」、「ウゥユン」に由来する「ウゥイン」、「ヤユン」に由来する「ヤイン」さらに「イェーン」と変化した口語的な形がある。

ヤガティ　ハナ　サチュル　シチン　アユサ　（屋嘉節）
やがて　花　咲く　節　も　あるさ

マタン　クジラグヌ　ユティィガ　マタ　ウゥユラ　（ダイサナジャー）
またも　鯨子　の　寄って　また　居るだろうか

ハナ　サチュル　シチヤ　イチガ　ヤユラ　（梅の香り）
花　咲く　節　は　何時　であろうか

語尾の「ン」の前に「ユ」があるかないかによって、1音分が調節できるので、琉歌形式などの定型では音数律に合致させるために、「アン」のような短形と「アユン」のような長形が使い分けられるのであろう。

⑦第二過去形（シヨッタ形）の口語性

伝統的な琉歌では、話し手が経験したことを相手に伝える「第二過去形」（シヨッタ形）は、ほとんど見られることがない。ところが、沖縄新民謡の中では、会話的なシチュエーションに、この「第二過去形」（シヨッタ形）が出てくることがある。

クルジャーターヤ　タガ　カムタガ　（ウーマクカマデー）
黒砂糖　は　誰が　食べよったか

ウンジュガ　サタドゥ　サビータル　（にーたさ小やすなよーや）
あなた　の　沙汰ぞ　しよりました

「サビータル」は動詞「スン」（する）の丁寧形「サビーン」の第二過去形（シヨッタ形）の連体形である（係り結びの文末）。第一過去形は「サビタル」（しました）で、「ビ」が短く、第二過去形は「サビータル」（しよりました）で、「ビー」と長くなっている（西岡・仲原二〇〇六：八四）。

⑧シク活用のサ語幹・基本語幹

沖縄語の形容詞では「サ」で終わる形が基本形となっている。この形を「サ語幹」という（沖縄古語大辞典編集委員会一九九五：七八四）。それら形容詞のうち、連用形が「〜シク」となる「シク活用」のものは、「サ」で終わる形が「シサ」から「シャ」となり、さらに現代の沖縄語の口語では「サ」となる傾向にある。例えば、沖縄語の口語では「嬉しい」を「ウッサン」と言う。ところが、歌謡語では次のような「ウリシサ」（嬉しさ）という一段階前の文語的な語形が出てくる。

ククル ウリシサヤ ユスヌ シユミ （汗水節）
心 嬉しさ は 他所が 知るか

次は「寂しさ」を「サビシサ」としている歌謡語（文語）の例である。沖縄語の口語では「サビッサン」（寂しい）という。

ナカシマヌ　ウラヌ　フユヌ　サビシサヤ

仲島　の　浦　の　冬　の　寂しさ　は　（仲島節）

次は、「ナチカシ」という形が出ているが、これは「ナチカシサ」（語形は「なつかしさ」に由来するが、意味はここでは「悲しさ」）の「サ」が無い形で、「基本・語幹」と分析されている（沖縄古語大辞典編集委員会一九九五：七八三）。これも沖縄語の口語では「ナチカシャン」「ナチカサン」という「シサ」が融合した形であるが、「ナチカシサ」という文語的な形から「サ」のみを除いて主要部を留めた形となっている。それに詠嘆の助詞「ヤ」がつき、「悲しいことよ」という意味となっている。

ナチカシヤ　ウチナ　イクサバニ　ナヤイ

悲し　や　沖縄　戦場　に　なって　（屋嘉節）

3　文語的な語彙

口語では用いられないものの、歌謡などに文語的な場面において現れる語彙がある。例えば、口語では「ッチュ」（人）と言う語彙が、定型的な歌謡（琉歌形式）において「フィトゥ」「ヒトゥ」（人）という文語的な語彙によって表現されている。

アシミジユ　ナガチ　　ハタラチュル　フィトゥヌ　　　　　　(汗水節)
汗水　を　流して　　働く　人　の

ヒトゥマサイ　モキティ　ムドゥティ　イモリ　　　　　　(布哇節)
人　勝り　儲けて　戻って　いらっしゃい

「チュー」(今日)という単語もしばしば文語的に「キユ」という発音で現れる。

キユヤ　スイ　ヌブティ　イチヤ　メガ　　サトゥメ　　(西武門節)
今日は　首里　上って　何時は　御出でか　背の君

次は「ください」という意味の「タボーリ」(琉歌形式などでは短縮して「タボリ」)が用いられている例である。「タボーリ」は文語的な動詞「タボールン」の命令形である。「ください」を意味する語は、口語では「クィミソーリ」「ウタビミシェービリ」などの表現があるが、長い語形でもあるため、琉歌などの短詩型歌謡では、より短い語形の文語的表現「タボリ」が好んで用いられる。「タボナ」という動詞「タボールン」の禁止形「タボーンナ」が短縮した形もある。

ウチナ　イク　フニニ　ヌシティ　タボリ　（懐かしき故郷）
沖縄　行く　船に　乗せて　ください

スディ　ヌラス　ナミダ　ワシティ　タボナ　（布哇節）
袖　濡らす　涙　忘れて　くださるな

## 三　沖縄民謡における掛け合い（歌がけ）

琉球列島では、男女掛け合いによる歌謡が注目されてきた。矢野輝雄（一九九三：二六二）は南島の「歌がけの風習」について次のように述べている。「歌がけの風習は中国雲南地方をはじめインドネシアなどの南方にもかなり普遍化しており、宮古、八重山、奄美などにもあり、外間守善氏は御自身の体験として徳之島と与那国の例を報告しておられる。［―中略―］南島の人たちにとって、歌と踊りは生活の一部であるといわれる。すべての島人が歌い手であり、踊り手である。このような島の生活が、ごく自然に掛け歌を生み、沖縄の歌劇もまたそのような生活の延長の上に開いた花であるといってもよいであろう。」

近代になって発達した沖縄新民謡にも歌がけのスタイルをとったものが数多く見られる。その待遇表現（敬語）に注目すると、女性は男性を高く待遇する表現となっていることが多い。女性は、相手である男性の行為を尊敬語や丁寧語で表し、女性から男性に向かう行為は謙譲語で表される(例：布哇節、西武門節、軍人節)。

○布哇節

(女) ナサキ　アティ　サトゥメ　タビ　イモチ　アトゥヤ
情　有って　背の君　旅　御出で　後は

ヒトゥマサイ　モキティ　ムドゥティ　イモリ
人勝り　儲けて　戻って　いらっしゃい

サヨーサー　ウニゲ　サビラ
御願い　しましょう

(男) シグニンヌ　ウチニ　ヒトゥマサイ　モキティ
四五年　の　うちに　人勝り　儲けて

ムドゥティ　チュル　ウニゲ　シチョティ　クィリヨ
戻って　来る　御願い　していて　呉れよ

サヨーサー　ニガティ　クィリヨ
願って　呉れよ

上記の布哇節において、「女性から男性へ」の歌詞の場合、男性が主語となる行為は「イモチ」「イモリ」（いらっしゃい）と尊敬語で表現され、男性を補語あるいは聞き手とする女性の行為は「ウニゲ　サビラ」（御願いしましょう）と「謙譲語＋丁寧語」で表現されている。それに対して、「男性から女性へ」の歌詞の場合には、相手を立てる敬語は用いられていない。「ウニゲ　サビラ」（女→男）と「ニガティ　クィリヨ」（男→女）との待遇表現の差異について注意されたい。

○西武門節（途中より）

（女）キユヤ　スイ　ヌブティ　イチヤ　メガ　サトゥメ
今日は　首里　上って　何時は　御出でか　背の君

（男）ウムカジトゥ　チリティ　シヌディ　チュサ　ンゾヨ
面影　と　連れて　忍んで　来るよ　妹　よ

（女）マタ　イメネ　サトゥメ　クルマ　ヌティ　イモリ

また　御出でなら　背の君　車　乗って　いらっしゃい

ワンヤ　ニシンジョニ　ウマチ　サビラ

私　は　西武門　に　御待ち　しましょう

西武門節でも、布哇節と同じで、男性を主語とする行為は「メ」「イメ」「イモリ」という「いらっしゃる」を意味する尊敬語で表現され、女性から男性（聞き手）に対しての行為は、「ウマチ　サビラ」（御待ちしましょう）と「謙譲語＋丁寧語」で表現されている。

○軍人節

（男）ンゾトゥ　イィン　ムシディ　チチ　ユミバ　ワジカ

妹　と　縁　結んで　月　読めば　僅か

ワカリラネ　ナユミ　クニヌ　タミ　デムヌ

別れないと　なるまい　国　の　為　だから

ウミチリヨー　ウミンゾヨー
思い切れよ　愛し妹（いも）よ

（女）サトゥヤ　グンジンヌ　ヌンディ　ナチミセガ
背　は　軍人　の　何故　泣きなさるか

ワラティ　ムドゥミセル　ウニゲ　サビラ
笑って　戻りなさる　御願い　しましょう

クニヌ　タミ　シチ　イモリ
国　の　ため　して　いらっしゃい

軍人節も同様で、女から男に向かって、男性の行為は「ミセ」「ミセル」（なさる）や「イモリ」（いらっしゃい）で尊敬語が用いられ、女性の行為は「ウニゲ　サビラ」（御願いしましょう）と「謙譲語＋丁寧語」が用いられている。

ただし、敬語がそれほど使われていない「男女の掛け合い」の例もある。以下は、二人称代名詞による表現で「ッヤー」（親しい間柄で使う二人称、「お前」）と「ウンジュ」（敬意を込めて使う二人称、「あなた」）で、男女の使い分けがされているが、その待遇の差が文末の動詞には現れていない（敬語動詞が使われていない）。なお、「ウンジョ」は「ウンジュ＋ヤ」が音変化して、短縮化（ウンジョー→ウンジョ）した形で、琉歌形式には珍しく「ヤ」が付くときの音変化が起こっているが、これは「掛け合い」という口語的なシチュエーションと琉歌形式への合致（本例の場合は8音）ということとが重なっていると考えられる。

○国頭ジントーヨー

（女）アキト　ナマ　ウンジョ　ガンジュ　シチ　ウゥタミ（ヨー）
　　あれま　今　あなたは　元気　して　いたか　よ

（男）ッヤーン　カワランセ（ジントーヨー）ムトゥヌ　シガタ
　　お前　も　変わらないね　本当にね　元の　姿

（女）ウンジュ　タルガキティ　ムチュル　ウゥトゥ　ムタン（ヨー）
　　貴方　頼みにして　持つ　夫　持たないよ

イチャシ　カタジキガ　（ジントーヨー）　ワミヌ　クトゥヤ
如何して　片付けるか　　本当にね　我身の　事　は

（男）ウラミティン　チャ　スガ　　イクサユヌ　ナレヤ（ヨー）
恨んでも　　どう　するか　　戦世　の　習いは　よ

ワニン　トゥメテクトゥ　（ジントーヨー）　ツヤーン　ムティヨ
私も　探してあるので　　本当にね　　お前も　持てよ

また、次のように、女性が男性（ウスメー、じいさん）に対して敬語を使いながらも、その相手をからかっている例もある。

○ダイサナジャー

（女）アガリカタ　ウスメー　　ワラサナジ　カキティ
東　方　じいさん　　藁　褌　　掛けて

ミークス　タイカンティ　ッンムニー　マタ　メー　ナチ
目　糞　垂れ被って　芋煮　また　前　して
　イラヨー　ダイサナジャーグヮー　ヘイヨー　シュラヨー
　　垂れ　褌　小

(女) クヮンクヮン　ムッチ　マーンカイ　イメーガ
　缶　々　持って　何処　に　御出でか
(男) マタン　クジラグヌ　ユティガ　マタ　ウゥユラ
またも　鯨子　の　寄って　また　居ろうか
(女) アンマサミ　ウスメー　アチビー　ウサガユミ
体調不良か　じいさん　軟飯　召し上がるか
(男) アネール　アチビー　クササヌ　タルガ　マタ　クヮユガ
　あんな　軟飯　臭くて　誰　が　また　喰らうか

［中略］

（女）チビジシヤ　ヌギティ　マーカイ　メーガ　ウスメー
　　尻肉　は　抜けて　何処に　御出でか　じいさん

［中略］

（女）ウンジュン　チブルン　ハギティ　アン　ヒカイヂュラサ
　　貴方　も　頭　も　禿げて　あんなに　光り美しさ
　　ヤミヌ　ユニ　ナリバ　シワヤ　マタ　ネサミ
　　闇　の　夜に　なれば　心配は　また　無いぞよ

女は「ウスメー」（じいさん）に対して、「イメー」「メー」（いらっしゃる）、「ウサガユミ」（召し上がるか）、「ウンジュ」（貴方）と敬語を使ってはいるものの、その内実は「ウスメー」（じいさん）をからかい、笑い者にするものとなっている。

こうした「男女の掛け合い」のパターンは、沖縄ポップにも受け継がれる。「ハイサイおじさん」

では、「おじさん」と「童（ワラバー）」の掛け合いに転化している。「男」が「おじさん」に、「女」が「童」に相当し、「童」が「おじさん」に敬語を使っているが、内容は「童」が「おじさん」をからかうものとなっている。

○ハイサイおじさん

（おじさん）　アリアリ　ワラバー　エー　ワラバー
　　サンゴービンヌ　アタイシ　ワンニンカイ
　　三合瓶　　の　くらいで　私　に
　　ヌクトーンディ　ッユンナー　エー　ワラバー
　　残っていると　言うのか　おい　子ども

（童）　アンセー　オジサン　（ハーイ）
　　サンゴービンシ　フスク　ヤミセーラー
　　三合瓶　で　不足　でいらっしゃるのなら

イッスービン　ワンニ　クィミセーミ
一升瓶　　　　我　に　呉れなさるか

「ミセーラー」「ミセーミ」は尊敬語で、終止形（辞書形）にすると「ミセーン」（なさる）になる。「童」は尊敬語「ミセーン」を使い、表向きは「おじさん」の気持ちや行為を高めるような表現をとっているが、実際、その内実に敬意は伴っていない。逆にこうした慇懃無礼な表現によって、より一層、相手（おじさん）をからかう内容となっているのである。

## 四　まとめにかえて

筆者はかつて、奄美諸島の一つ、喜界島の八月踊り歌の歌詞を集めて調査したことがある。そこで浮かび上がったことは、八月踊りの歌詞に出てくる語形（すなわち、「歌謡語」の語形）と日常の喜界島方言で用いられている語形（すなわち、「日常語」の語形）とが異なることであった。そこで次のようなことを書いた。

筆者（注：西岡）は、当初、八月踊りのようなテキストは、アイデンティティーの中心として「民衆詩」の一面を持ち、日常の方言に支えられて、歌詞はそこの方言のみで構築されているという勝手な想像をしていたが、どうもそれも改めるべきである。アイデンティティーの中心という側面は肯定するとしても、それがすべて日常の方言に依拠しているというイメージは変更すべきかもしれない。喜界島八月踊り歌は決して「純粋」な方言で構築されていない。地元の方言に「こなされていない」要素が多く入り込んでいるのである。（西岡一九九七：五三）

「地元の方言に『こなされていない』要素」とは、本稿でいうところの「歌謡語」ないしは「文語」としての要素に当たる。当然のことかもしれないが、人々の歌う歌謡には、「生えぬき」の「純粋」な地元の日常語（口語）だけではなく、さまざまな要素が多層的に入り混じっているのである。

本稿では、沖縄島中心の沖縄民謡を扱っている。沖縄は、喜界島と同様、琉歌の伝統が強く残っているという地域でもあり、沖縄民謡を作詞するときに、その伝統的なスタイルと普段の日常語（口語）との間で、どのように折り合いを付けるかということが、沖縄語の文学表現としての大きな問題になっているのではないだろうか。また、歌詞において、琉歌形式と「男女の掛け合い」などの口承的伝統が、どのように絡み合っているかについても検証する必要がある。布哇節や軍人節などでは、琉歌形式を維持しながら、「男女の掛け合い」を行っており、文語性は保持されている。ダイサナジャーやハイサイおじさんになると、同じ「掛け合い」でも琉歌形式から解放された「掛け合い」であるので、より口語性が増しているように感じられる。滑稽・諧謔的な場面を描写・表現したい場合には、口語的な後者のスタイルが求められることも予想される。これらの考察は以後の課題として、一先ず筆を擱くとしたい。

### ○参考文献


上村幸雄　一九九二　「琉球列島の言語（総説）」『言語学大辞典　第4巻　世界言語編（下―2）』　三省堂

小川学夫　一九八九　『歌謡の民俗―奄美の歌掛け―』　雄山閣出版

大城學　一九九六　『沖縄新民謡の系譜』　おきなわ文庫78　ひるぎ社

沖縄古語大辞典編集委員会［編］　一九九五　『沖縄古語大辞典』　角川書店

小野重朗　一九七七　『南島歌謡』　NHK出版

狩俣繁久　一九九二　「琉球列島の言語（宮古方言）」『言語学大辞典　第4巻　世界言語編（下―2）』　三省堂

国立国語研究所［編］　一九六三　『沖縄語辞典』　大蔵省印刷局

酒井正子　一九九六　『奄美歌掛けのディアローグ―あそび・うわさ・死―』　第一書房

島袋盛敏・翁長俊郎　一九六八　『標音評釈　琉歌全集』　武蔵野書院

高橋俊三　一九九二　「琉球列島の言語（古典琉球語）」『言語学大辞典　第4巻　世界言語編（下―2）』　三省堂

高橋美樹・西岡敏・齊藤郁子　二〇〇八　「沖縄の新民謡《布哇節(ハワイぶし)》（作詞作曲：普久原朝喜）の分析―音楽学・言語学・文学的アプローチによる作品論―」　高知大学教育学部研究報告第六八号

高橋美樹　二〇一〇『沖縄ポピュラー音楽史』ひつじ書房
滝原康盛　一九九四『沖縄の民謡』（改訂版）沖縄芸能出版
滝原康盛　一九九九『琉球民謡解説集』（上中下）沖縄芸能出版
西岡敏　一九九七「喜界島八月踊り歌テキストにおける音数律制約」『琉球の方言』二一　法政大学沖縄文化研究所
西岡敏・仲原穣　二〇〇六『沖縄語の入門　たのしいウチナーグチ　改訂版』伊狩典子・中島由美［協力］白水社
日本放送協会［編］一九九一『日本民謡大観（奄美沖縄）沖縄諸島篇』日本放送出版協会
波照間永吉［監修］二〇〇三『新編　沖縄の文学』沖縄時事出版
普久原恒勇　一九七一『五線譜による沖縄の民謡』マルフクレコード
外間守善［代表］一九七八〜一九八〇『南島歌謡大成』（全5巻）角川書店
矢野輝雄　一九九三『新訂増補　沖縄芸能史話』榕樹社

○本稿で引用した沖縄民謡曲目一覧（五十音順）

アガリジョー　東門　作詞／作曲：津波恒徳
アシビナー　遊び庭　作詞／作曲：前川守賢
アシミジブシ　汗水節　作詞：仲本稔／作曲：宮良長包

アヤカリブシ　あやかり節　伝承歌
ウーマクカマデー　ウーマクカマデー　作詞：朝比呂志／作曲：三田信一
ウミヌ　チンボーラー　海ぬチンボーラー　伝承歌
ウメノ　カオリ　梅の香り　作詞／作曲：新川嘉徳
ウヤグクル　親心　伝承歌
オカーサン　お母さん　作詞：山内ヨシ／作曲：又吉政秀
オカノ　イッポンマツ　丘の一本松　作詞：上原直彦／作曲：普久原恒勇
カエラヌ　ワガコ　帰らぬ我が子　作詞：平敷ナミ／作曲：亀谷朝仁
カタミブシ　固み節（形見節）　伝承歌
カナサンドー　かなさんどー　作詞／作曲：前川守賢
カリユシ　カリユシ　かりゆしかりゆし　作詞／作曲：滝原康盛
キザミブシ　きざみ節　伝承歌
キンサヤブシ　検査屋節　伝承歌
クンジャンジントーヨー　国頭ジントーヨー　伝承歌
グンジンブシ　軍人節　作詞／作曲：普久原朝喜
シラクチブシ　白骨節　伝承歌
シンダンギー　しんだん木（平安節）　作詞：我如古弥栄

ダイサナジャー　ダイサナジャー　伝承歌
チムガナサブシ　肝がなさ節　作詞：とりみどり／作曲：普久原恒勇
チンヌクジューシー　ちんぬくじゅうしい　作詞：朝比呂志／作曲：三田信一
ティンサグヌ　ハナ　てぃんさぐぬ花　伝承歌（童謡）
ナカシマブシ　仲島節　伝承歌
ナツカシキ　コキョー　懐かしき故郷　作詞／作曲：普久原朝喜
ナンヨーコウタ　南洋小唄　作詞／作曲：比嘉良順
ニータサグヮーヤ　スナヨーヤー　にーたさ小やすなよーやー　作詞：六車とおる／作曲：知名定男
ニシンジョーブシ　西武門節　作詞／作曲：川田松夫
ハイサイオジサン　ハイサイおじさん　作詞／作曲：喜納昌吉
ハワイブシ　布哇節　作詞／作曲：普久原朝喜
ムムウイアングヮー　桃売いアン小　伝承歌
ヤカブシ　屋嘉節　作詞：金城守賢・渡名喜庸仁／作曲：山内盛彬
ユメノ　ウタ　夢の唄　作詞／作曲：普久原朝喜
ツンムヌ　ジダイ　芋ぬ時代　作詞：浦崎芳子／作曲：普久原恒勇

# 「しまくとぅば」の現状と保存・継承の取り組み

## ―沖縄奥武方言を中心に―

中本　謙

中本　謙・なかもと　けん
一九七〇年生
所属・職名：琉球大学教育学部・教授
最終学歴：千葉大学大学院社会文化科学研究科博士課程修了
主要業績：二〇一三年「世代間にみる琉球方言の今」『知の源泉やわらかい南の学と思想・5』沖縄タイムス社（単著）、二〇一四年『高校生のための「郷土のことば」～沖縄県（琉球）の方言～』沖縄県教育委員会（共著）
専門領域：琉球語学

※役職肩書等は講座開催当時

## 一　はじめに

「しまくとぅば」には、その地域の風土や文化に根ざした特有の語や豊かな表現がみられる。例えば、沖縄本島中南部の多くの地域で用いられている、ミーニシ（新北風／夏の終わりを知らせてくれる季節風）、ウリズン（旧暦の二、三月）、フシバリ（星晴れ／満天の星空をあらわす）、チムグリサン（肝苦しい／気の毒、かわいそうの意）等のような語や表現は共通語にはみられない。

このような「しまくとぅば」を次世代に継承したいという思いのもと、二〇〇六年に「しまくとぅばの日」が制定された。また二〇〇九年には、ユネスコの『世界消滅危機言語地図』に記載され、これ以降、沖縄県全体での保存・継承へ向けた取り組みが、一層活発化してきている。また各市町村単位でも、「しまくとぅば」による弁論大会や市町村史の言語編の企画等、様々な事業が取り組まれている。しかしながら、一度継承を止めてしまった言語をもとの状態戻すことは容易なことではない。

二〇一三年に沖縄県によって実施された「しまくとぅば県民運動推進事業県民意識調査」によれば、「しまくとぅば」を話す程度について、「しまくとぅば」を主に使うとの回答は、一〇％であった。また「しまくとぅば」がどの程度理解できるかについては、「よくわかる」との回答が二四％であった。ただし、これは、七〇代まで含めたすべての世代の平均値であり、一〇代となるといずれの回答も四％以下となっている。これは、「しまくとぅば」の継承が途絶えてしまったことを意味している。

琉球大学教育学部の日本語学研究室で、二〇一一年に行った那覇方言の継承状況を明らかにする調査では、八〇代が日常的に用いる伝統的な方言語彙約五〇〇語のうち、継承している語は、一〇代において六・五％であった。理解語（使わないが意味は分かる）を含めても三〇％ほどである。継承している語は、ゴーヤーや料理名のように日常的に接する機会が多い語や、ヤー（お前）[1]のような代名詞等である。

このような現状から沖縄県は、琉球文化の基層をなす「しまくとぅば」の消滅を危惧し、次のような一〇年計画を立てて、普及推進に乗り出した。前期（平成二五年～平成二七年度、「しまくとぅば」に親しみを持たせる）、中期（平成二八年～三〇年度、各地域へ県民運動の波及）、後期（平成三一年～三四年度、「しまくとぅば」の積極的な活用）。現在は中期にあたるが、公立高校に副読本、公立小中学校に読本が配布され、特に「しまくとぅばの日」前後には、沖縄県をあげた様々なイベントが開催されるようになった。この計画によってどの程度、衰退、消滅に歯止めをかけることが出来るのかは未知数である。しかし、沖縄県がこのような計画を実施すること自体に大きな意味があり、従来の方言の扱いから大きく変化したことは事実であろう。

以下、南城市奥武方言を例に「しまくとぅば」の具体的な現状とその保存・継承の取組についてみていく。

## 二　奥武方言の変化傾向

### 1　奥武島の概要[(2)]

奥武島は、沖縄本島南部、志堅原の沖合一五〇メートルに位置する周囲一・七キロメートル、面積〇・二五平方キロメートル、幅五〇〇メートル、最高標高は約一六メートルの風光に恵まれた小さな島である。

人の居住は六五〇年前とされており、玉城若按司兼松金の長男玉城大屋子（玉城門中の始祖）と次男新垣大屋子（大屋門中の始祖）が奥武島に移り住んだことによるとの伝承がある。本島との交通手段は一九三六年に初代の奥武橋（木造）が架かるまでは渡し船が利用されていた。架橋以降は、車両の出入りも可能となり、陸続き同様となった。

南城市玉城奥武島の位置

漁業が盛んな奥武島の主な祭祀は、旧暦の五月四日に行われる海神祭（ハーリー）や五年に一度の開催される観音堂祭である。島の中央の観音堂には、約四〇〇年前に遭難した唐船を助けた謝礼として、唐より送られた観音像が祀られている。

言語的には、沖縄中南部方言に属する。[(3)]

## 2　奥武方言の継承状況

ここでは、二〇一四年度に行った「文化庁委託事業危機的な状況にある言語・方言の実態に関する調査研究」の一環で行った奥武方言の調査結果[4]を中心に要点をまとめながら示す。二〇一四年現在、奥武方言は四〇代以下では、体系的にほとんど継承されていないのが現状である。[5]これは、「しまくとぅば」全体を通じて言える傾向でもある。また、五〇代から七〇代の多くは体系的に方言を継承しているが、首里、那覇を中心とした中南部方言の影響等の変化により、八〇代以上が使用している本来の奥武方言とは異なりをみせる。

ところで、実際に奥武方言の母語話者はどのくらい、いるのだろうか。断定的に示すことは難しいが、世代別に人口（二〇一四年当時）を見ることによって、ある程度は把握することができる。奥武方言は、五〇代以上の多くで話されており、その人口は四五二人である。奥武区の人口が八二七人なので、全体の約半数であることがわかる。ただし、本来の奥武方言が話せる世代となると、八〇代以上になるので、その数は大きく減少し約八〇人程度となる。

次に奥武方言の使用場面についてみていく。基本的に五〇代以上同士であれば、島内のコミュニケーションは、方言が用いられることが多い。ただし、四〇代以下に対しては、方言が通じないので共通語が中心に用いられる。島外においては、すべての世代でほとんど方言を使用しない。島内の公の行事の挨拶などは基本的に共通語が用いられるが、司会進行が奥武方言で行われることもある。

家庭内の日常会話では、祖父母世代と親世代は、方言を用いるが、祖父母世代と孫世代、親世代と孫世代のコミュニケーションは、共通語が用いられている。すべての世代で部分的に奥武方言語彙が混ざることはある。

### 3 音韻的特徴

奥武方言は、離島であったこともあり、周辺の沖縄中南部方言とは異なった特徴を有する。例えば、ティ→チの変化によるチダ（太陽）、チー（手）のような語、ディ→ジの変化によるジキーン（できる）ヌジー（喉）のような語がみられる。しかし、一九三六年の架橋に伴い、本島と陸続き同様になると、奥武方言独自の特徴は次第に失われていくこととなる。

現在、すでに述べたように、本来の奥武方言の特徴を保持している世代は、八〇代以上であり、五〇代から七〇代の多くは、首里、那覇を中心とした沖縄中南部方言や共通語等の影響により変化している。

以下、五〇代以上（中年層）にみられる具体的な変化を、八〇代以上（老年層）と比較しながらみていく。(6)

①老年層では、/ʔ/（声門閉鎖音）が音素として認められる。

例　ッヤー[ʔja:]（お前）ッワー[ʔwa:]（豚）

〔ヤー[ja:]（家）、ワー[wa:]（私の）とは区別される〕

/ʔ/は、日本語史におけるア行とワ行を区別する音素でもある。例えば、ウトゥ［ʔutu］（音）とウゥトゥ［wutu］（夫／をひと）のように区別される。

老年層では、ッンニ[ʔnni]（稲）ッンマ[ʔmma]（馬）のように撥音の前でも/ʔ/は認められる。しかし中年層では、これらの語は、イニ[ʔini]（稲）ンマ[mma]（馬）のようになり、撥音の前では音韻的区別が失われている。

②老年層における子音の喉頭化音と非喉頭化音の区別

老年層では/cˀ//tˀ/のように子音において喉頭化音と非喉頭化音の区別が認められる。

例えば、/cˀ/は、ッチャー/cˀaa/［tʃˀa:］（常に）、チャー/caa/［tʃa:］（茶）のように喉頭化音による意味の区別がみられる。同様に/tˀ/においてもッタイ/tˀa'i/［tˀai］（二人）、タイ/ta'i/［tai］（垂れ）のような区別がみられる。これらの音は、ほかにッティーチ[tˀi:tʃi]（一つ）ッターチ[tˀa:tʃi]（二つ）のような語にもあらわれる。しかし、中年層においては、喉頭化音と非喉頭化音による意味の区別は、失われており、ティーチ[ti:tʃi]（一つ）、のようにあらわれる。

③/s/音の回帰現象

沖縄中南部方言では、形容詞語尾がタカサン（高い）のように-サン[-saN]の地域が多くみられるが、老年層の奥武方言では、-ハン[-haN]となる。具体例を示すと次のとおりである。

例　アマハン[ʔamahaN]（甘い）、シルハン[ʃiruhaN]（白い）、ヘーハン[he:haN]（早い）

ただし、促音の直後のみ、ワッサン[wassaN]（悪い）のように[-saN]がみられる。

このような現象は他にもみられ、終助詞の[sa]（よ）は、[ha]である。

例　アン　ヤハ[ʔan jaha]（そうだよ）。

また、動詞[suN]（する）の活用においても[ha]（しよう）、[haN]（しない）のように h 音化がみられる。

例　マジョーン　シゴゥトゥ　ハ[maʒo:n ʃigutu ha]（一緒に仕事しよう）。

ワンネー　ハンドー[wanne: hando:]（私はしないよ）。

中年層では、次のように h 音から s 音に変化している。

例　アマサン[ʔamasaN]（甘い）　シルサン[ʃirusaN]（白い）

ヘーサン[he:saN]（早い）　ワッサン[wassaN]（悪い）

老年層の終助詞の[ha]（よ）も[sa]となっている。

例　アン　ヤサ[ʔan jasa]（そうだよ）。

また、動詞[suN]（する）の活用においても[sa]（しよう）、[saN]（しない）のように s 音となっている。

例　マジョーン シゴゥトゥ サ[maʒo:n　ʃigutu　sa]（一緒に仕事しよう）。

ワンネー　サンドー[wanne: sando:]（私はしないよ）。

④老年層における/ti/、/di/の破擦音化

老年層では、共通語の「て」「で」に対応する語を中心に、ティ/ti/、ディ/di/の拍はチ/ci/、ジ/zi/であった。

ティ/ti/>チ/ci/の例

チダ[tʃida]（太陽）チダンヌクー[tʃidannuku:]（ひなたぼっこ）チー[tʃi:]（手）チーウチ[tʃi:utʃi]（手の内）チーマックヮ[tʃi:makkwa]（腕枕）チナレー[tʃinare:]（手習い）チーン[tʃi:N]（照る）チーベーハン[tʃi:be:haN](手早い/手際がよい)チーカジ[tʃi:kaʒi](手数)タチーン[tatʃi:N](建てる)

ディ/di/>ジ/zi/の例

ヌジー[nuʒi:]（喉）ヌジーコーコー[nuʒi:ko:ko:]（喉仏）ナジーン[naʒi:N]（なでる）ジキーン[dʒiki:N]（できる）ユジーン[juʒi:N]（ゆでる）

中年層では、首里、那覇を中心とした沖縄中南部方言の影響によってチー[tʃi:]（手）やヌジー[nuʒi:]（喉）等は、それぞれティー[ti:]（手）、ヌディー[nudi:]（喉）のように発音されている。

## 2　奥武方言の語彙の特徴

①奥武方言特有の語とその消失

多くの語は、首里や那覇を中心とした沖縄中南部方言に共通するが、老年層において次のような語もみられる。

例　ゴーレー（走ること）　コーチャー（ゴキブリ）

これらの語は、中年層においては、理解語彙となっており、周辺地域で多くみられるハーエー（走ること）、トービーラー（ゴキブリ）が用いられている。

中年層においては、聞いても分からない完全に失われている語もみられる。例えば、老年層では、人間関係を表す語において、ファーカンダという「祖父母の一人と孫一人」の関係をあらわす語がみられるが、中年層では、消失している。因みに、この語は人数によって言い方が異なり、「祖父母と孫の合計人数が三人」の場合はミファーカンダ、「祖父母と孫の合計人数が四人」の場合は、ユファーカンダとなる。

②新たな語の発生

中年層において、共通語から借用し、奥武方言の体系に類推した変化が見られる。語例を示すと次のとおりである。

| 老年層 | 中年層 |
|---|---|
| ジャマドゥイン（迷う） | マヨイン（迷う） |
| カヤースン（運ぶ） | ハコブン（運ぶ） |
| クダミーン（踏む） | フムン（踏む） |
| アファゲーリーン（怠ける） | ナマキーン（怠ける） |
| ケーリンチュン（潜る） | モグイン（潜る） |
| イーバハン（きつい） | キチサン（きつい） |
| クー（粉） | クナ（粉） |
| ンーニ（胸） | ムニ（胸） |

以上、音韻、語彙の変化を中心にみてきたが、文法においても変化がみられる。

例えば、助詞ガ（が）ヌ（の）の使い分けにおいて、老年層では主に人名、人称代名詞などをあらわす語はガで承け、それ以外の一般名詞はヌで承けるという使い分けの傾向がみられる。例えば、「私」を承ける場合は、ワーガ｜イッン（私が行く）のように主格助詞はガとなり、「鳥」のような一般名詞を承ける場合は、トゥイヌ｜トゥブン（鳥が飛ぶ）のように主格助詞はヌとなる。しかし、中年層では、このような区別は失われ、どちらもワーガ（私が）、トゥイガ（鳥が）のように主格の助詞はガに統一されていく傾向がみられる。

## 三　奥武方言の保存・継承の取り組み

現在、奥武区民の多くは、次世代に方言が使われることを支持している。しかし、すでにみてきたように日常生活において、四〇代以下の多くは、方言が話せないので、老年層は若年層に対して基本的には共通語を用いている。つまり、方言を残したいという意識はあるが、実際に継承していくことは難しいという現実がある。

このような状況下で奥武方言を保存し後世に残したいという機運が次第に高まり、二〇一二年から具体的な保存・継承に向けた取組がなされるようになる。(7)

### 1　方言大会

奥武島では、平成二四年一一月に初めて「奥武くとぅばお話大会」が、敬老会・新生児の出生祝いと同時開催で行われた。主催は奥武区、『奥武くとぅば』編集委員会、共催は、玉城小学校ＰＴＡ奥武支部、玉城中学校ＰＴＡ奥武支部、奥武子ども育成会、奥武青年会、奥武女性会、奥武寿会である。大会の目的は以下のように設定されている。

昔から奥武区民に慣れ親しまれた独特の「奥武くとぅば」を、次世代を担う青少年への普及と継承を図り、併せて現在進めている「奥武くとぅば」の編纂事業に寄与することを目的とし、更に、敬老会・新生児の出生祝いと同時開催することにより、敬老の心と「奥武くとぅば」への愛着心を育む一助とする。

当日は、敬老会、新生児の出生祝いと同時開催ということもあり、多くの人々が集まり盛り上がりをみせた。小学生四名がカーミーヌクー（亀の甲羅）等の沖縄に伝わる民話の奥武島バージョンを発表した。

2　小中学校における地域学習・方言学習の状況

奥武島内に、小中学校はない。ここでは奥武区の児童が通う南城市立玉城小学校の取組を取り上げることとする。

①しまくとぅばお話大会に向けての取組

玉城小学校では、年一回、「しまくとぅば校内お話大会」が開催され、一〇名ほどが発表する。子ども達は、祖父母から方言の指導を受けるとのことであるが、学習支援ボランティア「ミントンの会」も方言指導に協力している。この大会での優秀者（二名程度）は、南城市によって開催される「しまくとぅばお話大会」に玉城小学校代表として出場する。

②カデナミドルスクールとの学習交流会

玉城小学校では、本年度からカデナミドルスクールとの学習交流会が始まった。国際交流を通じて協力することのすばらしさや、アイデンティティーの発見、共通の価値観の認識につなげることを目的としている。対象は六年生（約五〇名）で第一回目は二〇一四年一二月一九日に玉城小学校で開催され、第二回目は、二〇一五年一月一五日にカデナミドルスクールで開催された。子ども達は、積極的にボディーランゲージを用いて一生懸命、琉球の文化、方言を伝えようとしていたとのこと。次回は、挨拶等の文を用意して教えたいと意欲的であったようである。子ども達は、自主的に琉球の文化や方言を伝えようとしていたとのこと。

アメリカ人の子ども達に教えることで、さらに自らの地域のことばを見つめるきっかけにもなったようである。

③方言の読み聞かせ

玉城小学校では、全学年を対象に週一回のペースで朝の読み聞かせを実施している。その中で地域ボランティアの方による方言での絵本の読み聞かせが行なわれている。子ども達は、毎週楽しみにしているとのことである。

語り手である地域ボランティアの方は、保護者を中心に組織されており、とても協力的とのことである。また、退職教員よって組織されている学習支援ボランティア「ミントンの会」も絵本の読行事にも尽力している。読み聞かせ以外でも「しまくとぅばお話大会」の原稿作成など、様々な読み聞かせに協力している。

3 『奥武島誌』の作成

一〇年以上に及ぶ月日をかけて二〇一一年三月に刊行された。本書は、自然、歴史、文化、産業等、奥武島に関するあらゆる分野が網羅的にまとめられている。方言については、親族語彙をはじめ、ウミンチュ(海人)の集落らしく魚名や漁業関連の語彙等が記載されている。

4 『奥武方言(おうくとぅば)』作成に向けて

奥武方言の保存・継承へ向けた取組が盛んになり始めたのは、先に述べたが、二〇一二年からである。きっかけは、本来の伝統的な奥武方言を後世に残したいという思いから、『奥武方言(おうくとぅば)』編集委員会が組織されたことによる。メンバーは『奥武島誌』の編集にも携わった奥武島出身者を中心に言語研究者も含め七人から構成される。月に一回、高齢の生え抜き話者からの聞き取り調査が公民館で実施されている。二〇一六年現在で七〇〇〇語ほど収集している。

二〇一二年以前は、具体的に方言の保存・継承の取組がなされていたわけではないが、奥武島に

| 64 | ミジュン | ミズン（イワシの一種） |
|---|---|---|
| 65 | ハダラー | ヤクシマイワシ |
| 66 | クサバー | ベラ |
| 67 | アファ | おこぜ |
| 68 | チチュー | みのかさご ← |
| 69 | イラーグヮー | ゴンズイ |
| 70 | アンジャー | オニヒトデ |
| 71 | チナダ | マガキガイ。余所ではティラジャー、キラジャーなどという |

（『奥武島誌』P.377）

は、奥武青年会や奥武女性会（旧婦人会）が組織されており、青年会主催のエイサーやハーリー、観音堂祭等で親睦を深めており、地元の文化を盛り上げるという意識は、昔から高い。

## 四　地域言語文化の魅力（結びに代えて）

『奥武方言』編集委員会では、昔の生活についてなど、方言を通じて様々な話題が出される。中でも興味深かったのは、編集委員長が一九六〇年代に記したノートである。これには、昔の言い伝えや、奥武島周辺のイノーや海上の地名、星の名前などがメモされていた。今から五〇年前の古老から聞いたものなので、星の名前などは、もはや誰も分からない語となっているようである。例えば、ノートには、チュライナグブシ（美女星）、イユトゥヤーブシ（魚取り星）、トーシンブシ（唐船星）などが記録されている。これらの語には、ウミンチュ（海人）の豊かな言語表現がみられて興味深いが、ニーヌファブシ（北極星/子の方星）等とは異なり、何星を表すのか分からなくなってしまっている。このように奥武方言においても時代とともに失われていく語がある。また、言語は強文化圏から弱文化へと影響を与えていく。本稿でみてきたように奥武方言においても、首里、那覇を中心とした周辺地域の方言の影響によって、独自性が薄れ、多くの語が取って代わり失われていく傾向にある。このような状況に鑑み、編集委員会では、古老がご健在のうちに、なるべく多くの奥武方言を採取し保存することを念頭に作業をすすめている。

最後に奥武方言の生活に根ざした豊かな表現を示したい。

ハーリーガニヌ　ナイーネー　ナガアミン　ウワイン(ハーリー鐘が鳴ると長雨(梅雨)が終わる)。

＊ハーリーはユッカヌヒー（旧暦の五月四日）に行われる爬竜船競漕のことであるが、梅雨明けを知らせる合図でもある。

アヌムサヌ　ンジトークトゥ　カジフチ　ナインデー(あの三角波が出ているから台風になるよ)。

＊ムサとは、海が荒れている時にあらわれる三角波のことである。

ヤーキテティ　イチグヮ　イリルワ（家を開けて風を入れなさい）。

＊日常の風をイチ（息）と表現する。

ティダヌ　クヮラクヮラソークトゥ　ティダヌ　ノーリティカラ　イクワ（日ざしがギラギラと

強いから日ざしが弱くなってから行きなさい)。

まずは、生活を支えてきたその地域特有の豊かな表現の魅力が理解され、そこからシマ（集落）ごとに異なるバラエティに富んだ各地の言語が保存継承に向うことを望みたい。

注

(1) 本来は、ッヤー[ʔja:]（お前）のように声門閉鎖音をともなうが、若い世代では失われている。

(2) 字誌編集委員会（二〇一一）による。

(3) 次の区画のうち、沖縄本島中南部方言に属する。

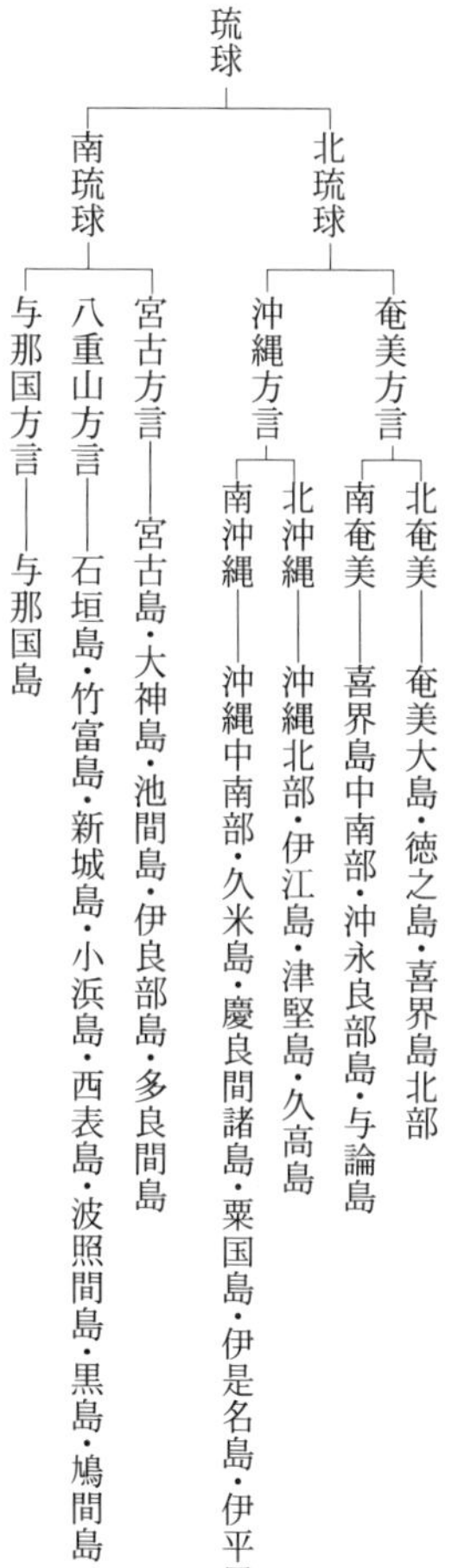

琉球
- 北琉球
  - 奄美方言
    - 北奄美——奄美大島・徳之島・喜界島北部
    - 南奄美——喜界島中南部・沖永良部島・与論島
  - 沖縄方言
    - 北沖縄——沖縄北部・伊江島・津堅島・久高島
    - 南沖縄——沖縄中南部・久米島・慶良間諸島・粟国島・伊是名島・伊平屋島・大東島
- 南琉球
  - 宮古方言——宮古島・大神島・池間島・伊良部島・多良間島
  - 八重山方言——石垣島・竹富島・新城島・小浜島・西表島・波照間島・黒島・鳩間島
  - 与那国方言——与那国島

中本（一九八一）『図説琉球語辞典』より

(4) 中本（二〇一四）

(5) 数は少ないが、漁業従事者の中には、二〇代～四〇代でも方言を継承している方がいるとのことである。

(6) 中本（二〇一三）インフォーマントは昭和七年生男性（老年層）、昭和三五年生男性（中年層）である。

(7) 中本（二〇一五）を中心にまとめる。

## 参考文献


字誌編集委員会（二〇一一）『奥武島誌』奥武区自治会

沖縄県教育委員会県立学校教育課編（二〇一四）『高校生のための「郷土のことば」～沖縄県（琉球）の方言～』沖縄県教育委員会

中本正智（一九八一）『図説琉球語辞典』力富書房

中本謙（二〇一三）「世代間にみる琉球方言の今」『知の源泉やわらかい南の学と思想・五』沖縄タイムス社

中本謙（二〇一四）「奥武島方言の実態」『平成二五年度文化庁委託事業危機的な状況にある言語・方言の実態に関する調査研究（八丈方言・国頭方言・沖縄方言・八重山方言）報告書』琉球大学国際沖縄研究所

中本謙（二〇一五）「沖縄県南城市奥武方言」『平成二六年度文化庁委託事業危機的な状況にある言語・方言の実態に関する調査研究（八丈方言・国頭方言・沖縄方言・八重山方言）報告書』国立国語研究所

# 南琉球におけるしまくとぅばの現状

## ――多良間島を中心に――

下地賀代子

下地　賀代子・しもじ　かよこ

一九七八年沖縄県生まれ。

所属・職名：沖縄国際大学総合文化学部日本文化学科准教授。

最終学歴・学位：千葉大学大学院社会文化科学研究科（博士後期課程）修了、博士（文学：千葉大学）。

主要業績：「南琉球・多良間島方言の格再考」（『国立国語研究所論集』7）、二〇一四年（単著）、『琉球のことばの書き方』くろしお出版、二〇一五年（共著）

学外活動：日本語文法学会大会委員（二〇一六年度現在）

専門：文法論を中心とする琉球語学および日本語学

※役職肩書等は講座開催当時

# はじめに

「琉球語」とは、琉球弧の島々で話されている言語の総称である。その内部の地域差は大きく、それは「水が変われればことばも変わる」と言われるほどであり、特に島ごとの違いは著しい。琉球語は、久米島と宮古諸島の間の約二二〇㎞の海域を境に、久米島以北の北琉球、宮古諸島以南の南琉球とに二分される。本稿では、多良間島を中心に、南琉球のしまくとぅばの「今」について概説する。なお、本文中の方言例のカナ表記はすべて小川編二〇一五に基づいている。

## 一　南琉球のしまくとぅば

しまくとぅばの現状について触れる前に、本節では、南琉球それぞれの地域のしまくとぅばの特徴を、音声を中心に概観していく。南琉球のしまくとぅばには、音声面での以下のような共通点がみとめられているが、差異の方が圧倒的に大きい。

・南琉球のしまくとぅばの共通点（音声）

(1)　p音…ウ段をのぞき、語頭のハ行音がpの音になる（池間、与那国はh）。

(2)　ク→フ…語頭の「ク」の音が「フ（fu、ɸu）」になる（与那国では脱落・融合）。

なお、いわゆる中舌母音について、宮古諸方言の中舌母音ɨは摩擦が強く舌尖母音とも呼ばれる。

非常に摩擦が強い地域ではz音として捉えることもできる。これに対し、八重山諸方言の中舌母音ɨは摩擦が弱めであり、i、uの音に変化している地域も少なくない。

### 1　宮古のしまくとぅば

まず、宮古のしまくとぅばは一般に以下の図1のように下位区分される（狩俣一九九七a「琉球列島の言語（宮古方言）」をもとに作成）。

大神島方言について、b、d、g、zのいわゆる「濁音」がないことがその特徴として挙げられる。例えば「泥」は「トゥル（turu）」と言う。次に池間島方言は、語頭のハ行音がpの音にならない（ex.「花」ハナ（hana））、中舌母音ɨがiの音に変化している（ex.「針」ハイ（hai））ことが、その他の宮古諸方言と大きく異なっている。なお、s、dz、tsの後に限ってはɨが現れる。また伊良部島方言について、佐和田と長浜に「リ゚（l）」の音があること（ex.「にんにく」ピ゚リ゚（piil）、伊良部と仲地では語中のkの音がxの音（

図1　宮古諸方言

- 宮古方言
  - 宮古本島方言（来間島含む）
  - 大神島方言
  - 池間島方言（伊良部島佐良浜、宮古島西原含む）
  - 伊良部島方言
    - 佐和田、長浜
    - 伊良部、仲地
    - 国仲
  - 多良間方言
    - 多良間島
    - 水納島

h）になること（ex.「血」アカツ（axatsɨ））が特徴的である。なお、xの音への変化は宮古本島北部の狩俣、島尻、大浦にもみられる。多良間方言については本章の4で詳述する。

宮古本島方言はさらに平良を中心とする中央方言と周辺方言とに分けられる可能性があるが、区分の基準や境界が明確でない。

宮古のしまくとぅばは、次節で見る八重山に比べると、一見音声的なヴァリエーションが小さいように思われる。だが、例えば語末の中舌母音ɨが保持されるか否かということには地域差があり、語形の違いを生み出している。以下、「言語地図」[(1)]によってその内部差を示していく。まずは各地点を示し（地図1）、「頭」「（漕い）だ」（動詞の過去形）の二つの地図を示

地図1　地点

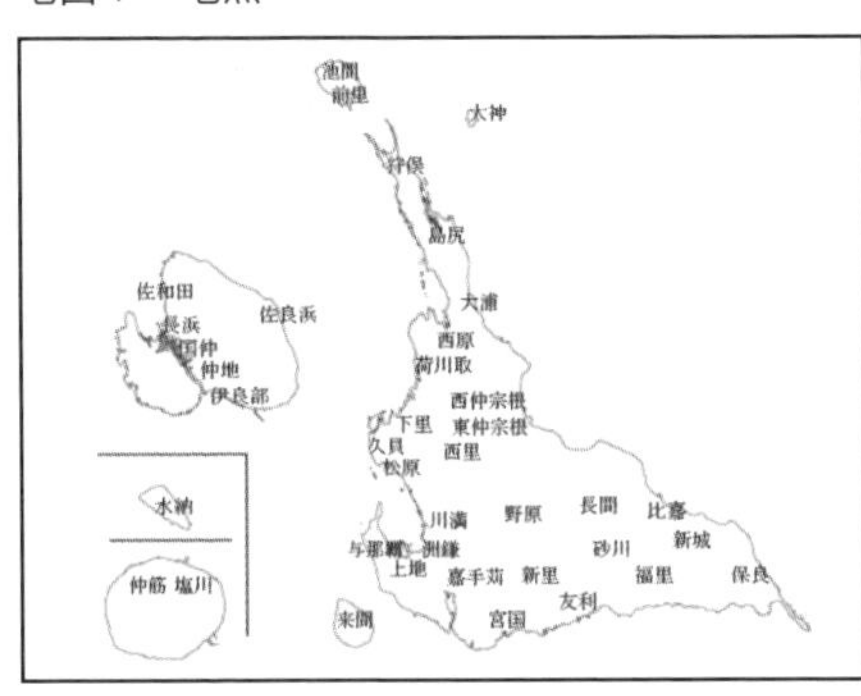


地図2　「頭」

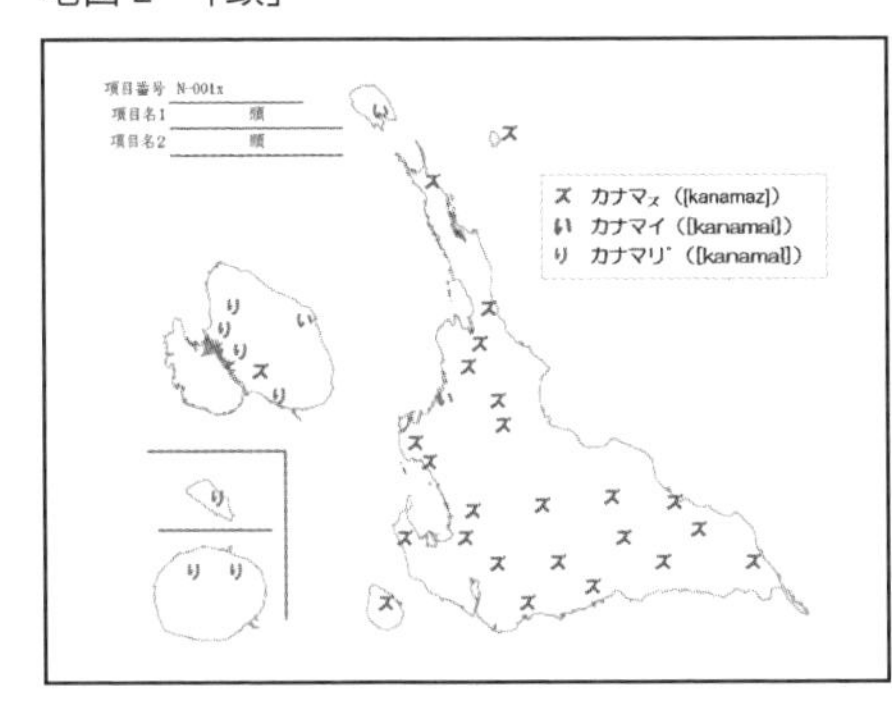

地図３　「（漕い）だ」

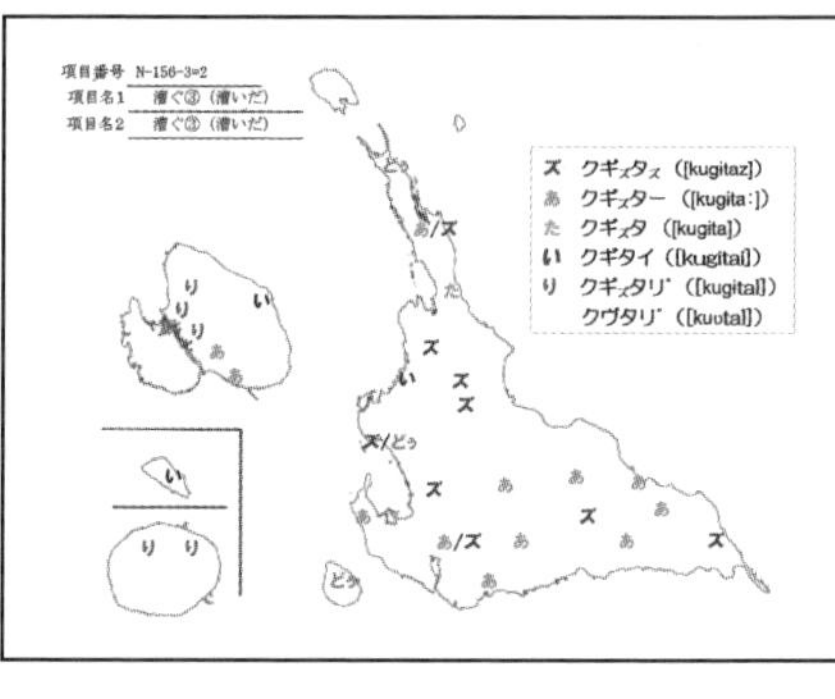


す（地図2、地図3）。

まず地図2の「頭」について、池間島方言（前里、西原、佐良浜）、伊良部島の佐和田、長浜（、国仲）、多良間方言（仲筋、塩川（、水納））をのぞき[2]、カナマズ系が優勢となっている。つまり、ほとんどの地域で語末の中舌母音ïが保たれていることがわかる。一方、地図3の「（漕い）だ」（動詞の過去形）を見ると、クギズター系がクギズタズ系よりも多く、地域によっては両形式が現れているところもある。「（クギズ）ター」は「（クギズ）タズ」の語末の中舌母音ïが脱落・融合した形式であり、多良間島仲筋、塩川と伊良部島佐和田、長浜（、国仲）に現れている「（クギズ／クブ）タリ」も含め、いずれも「tariあるいはtaruに由来する」（かりまた二〇一二、八〇頁）形式である。すなわち、同一の系統ではあるが地域ごとの変化が激しく、見た目の形の差が大きい、ということが言える。

## 2　八重山のしまくとぅば

「八重山」というと、石垣島から与那国島までのいわゆる八重山諸島の島々を含む地域を指すのが一般的である。だが言語的には、与那国のしまくとぅばは他の八重山諸島のそれと大きく異なっており、「八重山方言（八重山語）」の下位には含められない。すなわち、南琉球のしまくとぅばには、大きく三つの言語群―宮古・八重山・与那国―がある、ということである。

以上をふまえ、八重山のしまくとぅばの下位区分を図2に示す。[3]

八重山は宮古よりも島ごと、村落ごとの差が大きいと言われている。例えば、石垣方言、波照間島方言では中舌母音ɨが盛んであるが（ex.【波】「やぎ」ピスミザ（pɨmiza））、黒島方言、鳩間島方言、竹富島方言、西表島方言（祖納）はこの音を持たない（ex.【竹】「やぎ」ピーザ（pi:zə））。また、波照間島方言には、「エ（e）」の音のほかに「エ゚（ɛ／ë）」の音があり、音韻的にも対立している（ex.「影」ケー（ke:）―「卵」ケ゚ー（kɛ:））。その他、個別の言語的（音声的）特徴として、黒島方言には母音を伴わないf、vの音（ex.「黒」ッフォ（ffo））が、鳩間島方言には同様のfの音があることが挙げられる。また竹富島方言は、語中のm、g、kが脱落して鼻母音が現れるほか（ex.「男」ビードォ（bi:dõõ）、「東」アアイ（aãi））、「ツ（ts）」の音が「ス（s）」に、「チ（tʃ）」「キ（k）」の音が「シ（ʃ）」の音になる（ex.「爪」スミ（sumi）、「血」シー（ʃi:）、「着物」シン（ʃiz））という、他の八重山諸方言には見られない特徴を持っている。なお、鼻母音は西表島方言（祖納）にも現れる。

このように八重山のしまくとぅばの内部差は非常に大きく、実は、その下位区分の定説はまだないと言ってよい（図2の「?」はその表れである）。これは、八重山が「廃村、移住」という歴史

図2　八重山諸方言

| 八重山方言 | 石垣方言（四箇：石垣、登野城、大川、新川） |
| --- | --- |
| | 波照間島方言（石垣島白保、大浜含む？） |
| | 新城島方言／小浜島方言（石垣島宮良含む？） |
| | 黒島・鳩間島方言（石垣島真栄里含む？） |
| | 竹富島方言 |
| | 西表島方言 |

的背景をもつ地域であることによる。高橋他二〇一〇には次のような指摘がある。

「八重山の村落は、飢饉・マラリア・津波などにより、人口が減少し、廃村においやられたり、他村から多くの人々が移住したりしている。また、新たに村立てされたりしている。そのことが方言に多大な影響をあたえているのである。」（四頁）

例えば、一七七一年の明和の大津波によっていくつもの集落が壊滅的な被害を受け、他地域からの移住が行われている（例．石垣島白保・大浜←波照間島、石垣島宮良←小浜島、など）。その他、石垣島の野底、名蔵、伊原間、平久保、西表島の上原など、村立て・移住・廃村・再建という、非常に込み入った変遷を経て今にいたっている集落は少なくない。八重山のしまくとぅばを考える際には、このような歴史的な事柄にも気を配る必要がある。

### 3　与那国のしまくとぅば[4]

与那国島には祖納（トゥマイムラ）、比川（ンディムラ）、久部良（クブラ）の三つの集落があるが、久部良は島外からの移住者が多く、「与那国方言（与那国語）」が主に話されているのは祖納、比川の二地域である。他の島の状況とは異なり、祖納、比川のことばは若干の語彙的差異をのぞき大きな差はないという。また、「与那国方言（与那国語）」を日常的に使用するものは五〇歳代後半の島出身者に限られており、それより若い世代で日常的に使用するものはほとんどいないようである（山田・ペラール二〇一三）。

言語的な特徴について、まず母音は、連母音の融合現象も生じない「完全な三母音」であり、イ（i）・ア（a）・ウ（u）の3つのみが用いられている。例えば「包丁」はフタ(huta)と言い、日本語古典語のハウチャウ（hautcau）のauの部分の融合が起きていない。[5] 一方、子音は非常に複雑であり、他の琉球諸方言には見られない激しい変化が生じている。まず、破裂音と破擦音に以下のような三項対立がみとめられている。

・強子音：(無気）喉頭化音、「〈硬い〉音」
・弱子音：(有気）非喉頭化音、「〈柔らかい〉音」
・有声音

「有声音」はいわゆる濁音であり、軟口蓋音で見ていくとgの音がこ

表1　子音の三項対立

| | 唇音 | 歯茎音 | 硬口蓋 | 軟口蓋 |
|---|---|---|---|---|
| 強子音 | pˀ | tˀ | tsˀ | kˀ |
| 弱子音 | | tʰ | | kʰ |
| 有声音 | b | d | | g |

山田他2013, p292の表1をもとに作成

れにあたる。また弱子音（$k^{h}$）は現代日本語共通語の清音に近いという。この音は咽頭化を伴う強子音（$k^{ʔ}$）と音韻的に対立している（ex.「聞くな」ク’ンナ（$k^{ʔ}$unna）／「風」カディ（$k^{h}$adi）、「声」クイ（$k^{h}$ui)）。

その他、語頭のヤ行音がdの音になること（ex.「山」ダマ（dama)）、「ヒ（çi）」の音が「チ（tɕi）」の音になること（ex.「彼岸」チガン（tɕiŋaŋ)）、語頭（まれに語中）のラ行音がdの音になること（ex.「廊下」ドゥガ（duga)、「にら」ンダ（nda)）など、様々な特徴を挙げることができる。このような子音の激しい変化によって、与那国のしまくとぅばは他の地域のそれとは大きく異なる姿となっている。

## 4　多良間方言（多良間島方言・水納島方言）

多良間島は北緯二四度三九分、東経一二四度四二分に位置し、面積は一九・三九㎢、約八㎞離れた水納島（面積二・一五三㎢）とともに「多良間村」を形成している。[6] 宮古島と石垣島とのほぼ中間にあり、琉球王国が中継貿易で栄えた中世には沖縄本島と宮古、八重山地域を結ぶ航海上の要所であったという。

多良間島には仲筋（ナカスズ（nakasizi)）と塩川（シュガー（ɕuga:)）の二つの集落があり、それぞれの集落で話されている言語（方言）を総称して「多良間島方言」と呼ぶ。仲筋方言と塩川方言の間には文法的な差はほとんどないのだが、音声的に、au—oː、u—aの対立がみとめられる。

なお、後者の例は少ない。

ex.「へび」（仲）パウ（pau）―（塩）ポー（po:）
「買う」（仲）カウ（kau）―（塩）コー（ko:）
「松明」（仲）ウムツ（umutsɨ）―（塩）ウマツ（umatsɨ）

多良間島方言全体の音声的な特徴としては、単独で拍を構成する「リ゚（l）」の音があること、中舌母音ɨが盛んであることが挙げられる。特に「リ゚（l）」は、伊良部島の佐和田、長浜以外の琉球諸方言には見られないものである（ex.「頭」カナマリ゚（kanamal）、「怯える」イッヴィリ゚（ivvil））。また水納島について、島内には水納（ミンナ（minna））の一集落しかなく、その言語（方言）を「水納島方言」と呼ぶ。ただし、交通の便の不便さなどに加え、一九六一年一〇月に当時の琉球政府が行った宮古本島への移住政策[7]によって島の人口は激減し、一九五九年には二〇〇人近くの島であったのが、今では五名が生活するのみとなっている（二〇一六年九月末現在）。[8]その言語的特徴については後述する。

筆者は、多良間島方言と水納島方言を総称して「多良間方言」と呼んでいる。

多良間方言は宮古諸方言に含められるのが従来的な位置づけであるが、八重山諸方言に含まれる可能性も指摘されている（狩俣一九九七a、かりまた二〇〇〇、西岡二〇一一など）。これは、多良間方言に宮古と八重山のそれぞれに共通する言語的特徴がみとめられること、いわば両者の〈中間的な言語〈方言〉であることによる。以下、多良間島方言に代表させ、音声面・文法面から一つずつその〈中間的な〉特徴を紹介する。

　まず中舌母音ɨについて、本章の冒頭で、宮古諸方言では摩擦が強く、八重山諸方言では摩擦が弱め、あるいはi、uの音に変化しているということを述べた。特に宮古では摩擦噪音（「s」や「z」のようなノイズ）が伴われるのだが、多良間島方言では、この音が「摩擦噪音を伴って現れるのは閉鎖音に後続する場合のみ」であることが明らかになっている（青井二〇一二、八三頁）。[9] これはすなわち、閉鎖音に後続しない中舌母音ɨは、多良間と宮古で違って聞こえる、ということを意味している。「魚」と「蠅」の例を以下に示す。

ex.「魚」、「ハエ」　多良間島方言　―イ゚ズゥ（izu）、マイ゚（maɨ）
宮古島平良方言―ズズゥ（zzu）、マズ（maz）

　宮古島平良方言ではいずれも摩擦の程度が非常に強く、ほぼz音として捉えられるのに対し、多良間島方言では摩擦の程度がやや弱く、中舌母音ɨとして保たれている。

　次に文法的特徴として、動詞活用形のうちいわゆる「終止形」と「過去形」を取り上げる。まず「終止形」だが、宮古諸方言とほぼ同じであり、連用・終止・連体が同じ形（ホモニム）となっている。

ex.「読む」　連用　ヌ^ムドゥ　スー（num=du sɨ:）「飲みぞする」
終止　シャキウ　ヌ^ム（ɕaki=u num）「酒を飲む」

連体　ヌ^ム　ピㇲトゥ（num pɨtu）「飲む人」
係結　シャキウドゥ　ヌ^ム（ɕaki=u=du num）「酒をぞ飲む」

一方「過去形」は、結論を先に述べると、〈形は宮古のしまくとぅばに似ていて、しくみは八重山のしまくとぅばに似ている〉。たとえば以下の二文、

①「酒は昨日飲んだ。」　シャケー　キㇲヌー　ヌ^ムタリ゚（ɕake: kɨnu: numtal）
②「酒なら今飲んだ。」　シャケー　ナマドゥ　ヌミッタ（ɕake: nama=du numitta）

現代日本語共通語では、「昨日」「今」という過去を表す語の意味・性質の違いに関わらず、いずれも「飲んだ」と同じ形で表される。だが多良間島方言では、デキゴトと発話時点との関わりによって、異なる「過去形」を用いる（＝形の区別がある）。特に、そのデキゴトが発話時点の直前に行われたものである場合は原則的に②の形式が現れる（「直前過去」）。他の宮古諸方言には、②に相当する過去形の形は現れず（＝形の区別がない）、いずれの文も、多良間島方言の①ヌ^ムタリ゚と同系統の形が用いられる（cf.【宮古島平良】ヌ^ムタㇲ゙（numtaz））。これに対し、石垣方言や石垣島宮良方言など、八重山のいくつかの言語（方言）には①と②に対応するような、形の区別があることが分かっている。

（参照）【石垣島宮良】

③「酒は昨日飲んだ」グセー　キィヌ　ヌムダ／ヌンダ（guse: kɨnu numuda ／nunda）[10]

④「酒なら今飲んだ」グセー　ナマ　ヌミッタ（guse: nama numitta）

③の形式は①とは異なっているが、④の形式が②と同じ形であることが分かる。すなわち、多良間島方言の動詞の過去形は、基本的な形式など形態的には宮古のしまくとぅばと同タイプのものが現れるが、その運用のし方（意味・用法）においては八重山のしまくとぅばに共通しているのである。

本節の最後に水納島方言について触れておく。水納島方言を対象とする先行研究は非常に数が少ないのだが、音声・音韻については、音韻的に中舌母音ɨおよび「リ゚（l）」をもたない、唇を接しない「ン」（n）の音と唇を接する「ㇺ」（m）の音の区別がない、という多良間島方言との違いが早くから指摘されている（崎山一九六二aなど）。以下の例では参照（cf.）として多良間島方言も示した。

ex.「魚」イズゥ（[izu]）（cf.イ゚ズゥ（[ɨzu]））

「頭」カナマイ（[kanamai]）（cf.カナマリ゚（[kanamal]））

「光／光る」ピカリ（[pikari]）（cf.ピ゚ㇲカリ゚（[pɨkal]））

「飲む」ヌㇺ（[num]）／「飲んだ」ヌンタイ（[nuntai]）（cf.「飲む」ヌㇺ（[num]））

／「飲んだ」ヌ^ムタリ゚（[numtal]））

一方、語彙や文法については崎山一九六二bに「多良間方言と文法、語彙は殆んど変わらない」という記述があるだけであったが、拙論二〇一二、二〇一三年度「科学研究費助成事業　研究成果報告書」[11]において、格体系と親族語彙の一部に違いがあること、また音韻形態論的な事象ではあるが、助辞～ユ（-ju）と～ヤ（-ja）の名詞（語幹）との融合のし方が異なることを指摘している。

## 二　南琉球のしまくとぅばの現状と「継承」を考える上での問題点

### 1　しまくとぅばの「危機」

二〇〇九年九月二日にユネスコが発表した“Atlas of the World's Languages in Danger”（『世界消滅危機言語地図』）において、「消滅の危機に瀕している」言語として日本から八言語（「アイヌ語」「八丈語」「奄美語」「国頭語」「沖縄語」「宮古語」「八重山語」「与那国語」）がリスト入りしたことはよく知られている。沖縄県が行った「しまくとぅば県民運動推進事業県民意識調査〈報告書〉」（二〇一四年二月）を見ても、回答者による定義の違いなど実際の使用レベルに留意が必要ではあるものの、「しまくとぅば」を話す程度、理解度を測る問いに対して、肯定的な回答〈使う〉〈わかる〉）は年代が下がるごとにその割合が減っている。このような、ユネスコの発表や県の調査報告などによって、しまくとぅばが消滅の危機に直面していることは一般に広く知られるようになっているのだが、本節では、具体的な数値によって南琉球のしまくとぅばの現状（≒危機度）を示していく。危機の度合いの判定には以下の基準を用いている。

・「言語の体力測定」（Language Vitality and Endangerment）による危機度の測定[12]

　項目1「言語がどの程度次の世代に伝承されているか」
　項目2「母語話者数」（※絶対数）
　項目3「コミュニティ全体にしめる話者の割合」
　項目4「どのような場面で言語が使用されているか」
　項目5「伝統的な場面以外で新たに言語が使用されている場面がどの程度あるか」
　項目6「教育に利用されうる言語資料がどの程度あるか」
　項目7「国の言語政策（明示的、非明示的態度を問わず）」
　項目8「コミュニティ内での言語に対する態度」
　項目9「言語記述の量と質」

この基準によって計られた各地域の言語（方言）の危機度を表2にまとめる。[13] それぞれの地域の平均値と判定結果も合わせて示す。

表２　南琉球のしまくとぅばの危機度

| 方言＼項目 | 1 | 2 | 3 | 4 | 5 | 6 | 7 | 8 | 9 |
|---|---|---|---|---|---|---|---|---|---|
| 多良間 | 3 | 2000人強 | 3 | 2～3 | 0 | 1～2 | 3 | 2～3 | 2 |
| 石垣宮良 | 2 | 数百人 | 2 | 2～3 | 1 | 1 | 2 | 2 | 2 |
| 黒島 | 2 | 約40人 | 2 | 2 | 0 | 1 | 2～3 | 1～2 | 1 |
| 与那国 | 3 | 400人弱 | 2 | 2～3 | 0 | 1 | 3 | 2～3 | 1～2 |
| （首里） | 2 | 不明 | 不明 | 2 | 3 | 4～5 | 4 | 3～4 | 3～4 |

●平均値：多良間　2～2.38　「危険」
石垣宮良　1.8　「重大な危険」
黒島　1.38～1.75　「重大な危険」
与那国　1.88～2.13　「重大な危険」～「危険」
（首里　3.2　「脆弱」～「危険」）

判定について、「危険」は「子供が家庭内で母語として修得しなくなった言語」であることを、「重大な危険」は「最年少話者が祖父母かそれより年配の世代で、それらの話者も日常生活の一部あるいは時々しか使っていない言語」であることを意味する。

表2から、特に八重山（石垣宮良、黒島）、与那国のしまくとぅばの危機度が深刻であることが伺える。多良間以外の宮古のしまくとぅばについての測定を挙げることができなかったが、先行研究の記述などから、おおむね多良間の結果に近い値になることが予想される。なお、比較として首里方言の値も示しているが、この数字が南沖縄（沖縄本島中南部）のしまくとぅば全体に当てはまるとは考えられない。

## 2　「継承」を考える上での問題点

琉球語のすべての言語（方言）についての消滅が危惧される中、八重山、与那国の危機度は極めて深刻であることは前節で示した通りである。消滅は時間の問題であり、その「継承」のための働きかけは一刻も早く行われなければならないと言えるだろう。そしてそれは、すでに、様々に、行われている。規模の大小・公私に関わらずそのいずれも重要で、素晴らしいものだと思われるのだが、筆者は一つの懸念を抱いている。それは、〈多様性への配慮〉である。

ユネスコが琉球語を「六分類」し、そのことによって「琉球諸語」という言葉、概念が新たに生まれ、一般にも知られつつある。だが、「言語language」と「方言dialect」の定義は非常に難しく、[14]実はユネスコも「「方言（dialect）」という用語を使用せず、すべて「言語（language）」という用語を使用している」（木部二〇一一、五頁）のである。つまり、「言語」か「方言」かを区別する危険を避け、リスト内の全ての「（広義の）言語」を一律に「（狭義の）言語」として扱っているのである。また、日本の言語状況を把握するための参考文献（［Sources］）として挙げているもののうち、琉球語に関わるものはHeinrich二〇〇五a、同b、Uemura二〇〇三[15]の3つであるが、佐々木二〇一一に次のような指摘が見られる。

「Heinrich（2005a）は、相互理解可能性を基準として琉球列島で話されているいくつかの言語体系について言語としての位置付けを与えている。ユネスコによる「言語」としての認定はこの分析を反映したものと考えられる。」（四頁）

つまりユネスコの認定は、少なくとも琉球語に関しては、十分な言語学的調査、豊かな先行研究の検証をふまえて行われたものではない可能性が高い。「琉球諸語」（奄美語、国頭語、沖縄語、宮古語、八重山語、与那国語）という捉え方自体は否定しないが、その分類の根拠、個々の言語の定義（どこからどこまで）があいまいである点は、学問的に問題視すべきだと考える。例えば一の4で多良間方言の〈中間的な〉特徴を示したが、多良間方言が「宮古語」なのか「八重山語」なのかを定めることはとても難しい。

そしてこのことが、本節の始めに述べた「懸念」に繋がっている。南琉球のしまくとぅばの内部差（バラエティの豊かさ）はすでに示した通りであり、同系統の言語からなる宮古のしまくとぅば内でもその差は小さくなく、八重山のしまくとぅばに至っては言わずもがなである。もちろん、この豊かさは北琉球のしまくとぅばでも同様であり、琉球語の諸方言の数は八〇〇余りあると言われている。だが、「琉球諸語」という捉え方をすると、「継承」の対象となる言語（方言）をかえって限定してしまうことに繋がらないだろうか。例えば、県や国などの「トップ」に、「継承」の対象とする言語（方言）を限定する根拠を与えてしまうことにならないか（八〇〇余の言語（方言）が一になるところから六に増えた、と喜べるのか）。「宮古語」「八重山語」のいずれなのかもはっきりしない多良間方言は無視されてしまうかもしれない。なお、多良間のように独自性が明確な場合はおそらくまだましで、地域の中の優勢な言語（方言）の陰に隠れてしまって、自己主張もままならない言語（方言）は数多くある。我々はそのことに気がつかなくてはならない。

## おわりに

以上、多良間方言を中心に南琉球のしまくとぅばの「今」を概説してきた。その言語的豊かさ、直面している危機について、十分ではないがいくらか示すことができたように考える。琉球語の継承問題を考える上で、トップ－ダウン式に「何・どれ」を継承対象とするのかが決定されてはならない。「言語乗り換えは、強制ではなくて「自己選択・自己決定」でなければならない」(石原二〇一三)からである。各地域のしまくとぅば大会や方言学習のためのコンテンツ作成、学校教育での取り組みなど、継承のためのさまざまな活動が現在積極的に行われている。ここにさらに、「声」無きものの「声」を聞く、引き出す流れが生じてほしい、強くなってほしいと考える。行政による早急な学校教育への導入よりも、個人的な・地域的な活動を活性化し、それを支え、実のあるものへと引き上げる仕組みと流れを今後作っていく必要がある。

### 参照・引用文献


青井隼人　二〇一二「宮古多良間方言における「中舌母音」の音声的解釈」『言語研究』一四二　日本言語学会、七七―九四頁

石原昌英　二〇一三「しまくとぅば復興とは①～⑥」『沖縄タイムス』九月八、一五、二二、二五日、一〇月六、一三日

小川晋史編　二〇一五『琉球のことばの書き方―琉球諸語統一的表記法』くろしお出版
沖縄大百科事典刊行事務局編　一九八三『沖縄大百科事典』沖縄タイムス社
荻野千砂子　二〇一四「沖縄県黒島方言」『文化庁委託事業 危機的な状況にある言語・方言の実態に関する調査研究（八丈方言・国頭方言・沖縄方言・八重山方言）報告書』琉球大学国際沖縄研究所，一〇三―一一五頁
狩俣繁久　一九九七a「琉球列島の言語（宮古方言）」亀井孝他編『言語学大辞典セレクション 日本列島の言語』三省堂，三八八―四〇三頁
狩俣繁久　一九九七b「琉球列島の言語（八重山方言）」亀井孝他編『言語学大辞典セレクション 日本列島の言語』三省堂，四〇三―四一三頁
かりまたしげひさ　二〇〇〇「多良間方言の系譜―多良間方言を歴史方言学的観点からみる―」『沖縄県多良間島における伝統的社会システムの実態と変容に関する総合的研究』琉球大学法文学部，二七―三七頁
木部暢子　二〇一一「言語・方言の定義について」木部暢子，三井はるみ，下地賀代子，盛思超，北原次郎太，山田真寛『危機的な状況にある言語・方言の実態に関する調査研究事業　報告書』国立国語研究所，五―八頁
木部暢子，山田真寛　二〇一一「消滅の危機の程度の係る判断基準・根拠について」木部暢子，三井はるみ，下地賀代子，盛思超，北原次郎太，山田真寛　二〇一一『危機的な状況にある言語・方言の実態に関する調査研究事業　報告書』国立国語研究所，九―一六頁

木部暢子、山田真寛、下地賀代子二〇一一「危機の度合いの判定」木部暢子，三井はるみ，下地賀代子，盛思超，北原次郎太，山田真寛　二〇一一『危機的な状況にある言語・方言の実態に関する調査研究事業　報告書』国立国語研究所，七七―九〇頁
クリストファー・デイビス二〇一四「沖縄県宮良方言」『文化庁委託事業 危機的な状況にある言語・方言の実態に関する調査研究（八丈方言・国頭方言・沖縄方言・八重山方言）報告書』琉球大学国際沖縄研究所，九三―一〇一頁
崎山理　一九六二a「琉球・多良間島、水納島方言の音韻」『音声の研究』第一〇集　日本音声学会，二八七―三〇五頁
崎山理　一九六二b「宮古方言について」『琉球新報』一一月一六、一七日朝刊
佐々木冠　二〇一一「日本の言語状況」呉人恵編『日本の危機言語―言語・方言の多様性と独自性』北海道大学出版会，三―一一頁
下地賀代子　二〇一〇「石垣・宮良方言の係助辞-duの文法的意味役割」『日本語文法』第一〇巻二号　日本語文法学会，一四三―一五九頁
下地賀代子　二〇一二「南琉球・多良間水納島方言の名詞の各形式」『沖縄国際大学日本語日本文学研究』第一七巻一号　六一―八三頁
下地賀代子　二〇一六「宮古語多良間島方言の形容詞形態論」狩俣繁久編『琉球諸語　記述文法Ⅲ』一二七―一四七頁

高橋俊三　一九九七「琉球列島の言語（与那国方言）」亀井孝他編『言語学大辞典セレクション日本列島の言語』三省堂，四一三―四二二頁
高橋俊三他　二〇一〇『琉球八重山方言の言語地理学的な研究』（科研費研究成果報告書19320068）
當山奈那　二〇一四「沖縄県首里方言」『文化庁委託事業 危機的な状況にある言語・方言の実態に関する調査研究（八丈方言・国頭方言・沖縄方言・八重山方言）報告書』琉球大学国際沖縄研究所，五七―七〇頁
中本正智　一九七六『琉球方言音韻の研究』法政大学出版局
中本正智　一九八一『日本語の原景』力富書房
西岡敏　二〇一一「琉球語―「シマ」ごとに異なる方言」呉人恵編『日本の危機言語―言語・方言の多様性と独自性』北海道大学出版会，二〇三―二二九頁
マイケル・クラウス　二〇〇二「言語の大量消滅と記録」宮岡・山崎編『消滅の危機に瀕した世界の言語―ことばと文化の多様性を守るために』明石書店，一七〇―二〇六頁
山田真寛，トマ・ペラール　二〇一三「ドゥナン（与那国）語の言語使用」田窪行則編『琉球列島の言語と文化』くろしお出版，九三―一〇七頁
山田真寛，トマ・ペラール，下地理則　二〇一三「ドゥナン（与那国）語の簡易文法と自然談話資料」田窪行則編『琉球列島の言語と文化』くろしお出版，二九一―三二四頁
Heinrich, Patrick. 2005a. Language loss and revitalization in the Ryukyu Islands. (http://www.japanfocus.org/-Patrick-Heinrich/1596)

Heinrich, Patrick. 2005b. What leaves a mark should no longer stain: Progressive erasure and reversing language shift activities in the Ryukyu Islands. (http://www.sicri-network.org/ISIC1/j.%20ISIC1P%20Heinrich.pdf)

Yukio, Uemura. (Translated by Wayne P. Lawrence.) 2003. The Ryukyuan Language. Endangered Languages of the Pacific Rim, A4-018: Osaka Gakuin University.

## 注

(1) 言語地図データベース「宮古言語地図全集落120511」を用いて地図2、3を作成。このデータベースは以下の二つの調査を反映させたものである。
①沖縄言語研究センター作成『琉球列島の言語の研究　全集落調査票』(一九八二)
②平成二二年度科学研究費補助金基盤研究(B)「琉球宮古方言の言語地理学的研究」(課題番号22320086、代表者西岡敏) 改訂の例文付き調査票

(2) なお「リ゚(l)」は、伊良部島国仲、水納島の言語(方言)の基本的な音の1つではない。特に後者ではこの音は「イ(i)」あるいは「リ(ri)」に変化している(一の4参照)。

(3) 狩俣一九九七b「琉球列島の言語(八重山方言)」、高橋他二〇一〇『琉球八重山方言の言語地理学的な研究』をもとに作成。「八重山」に関するその他の記述は、主にこの二文献および中本一九七六によっている。

(4) 本節の「与那国」に関する記述は、高橋一九九七「琉球列島の言語(与那国方言)」、山田・ペラール

二〇一三「ドゥナン（与那国）語の言語使用」、山田・ペラール・下地二〇一三「ドゥナン（与那国）語の簡易文法と自然談話資料」によっている。

(5) auが融合するとo:となる。つまりハウチャウ（hautɕau）はホーチョー（ho:tɕo:）になる。

(6) 多良間村公式ＨＰより（http://www.vill.tarama.okinawa.jp/ 2016.12.10アクセス。）

(7) 一八世帯が平良市大野越（現在の宮古島市平良字東仲宗根添、通称「高野」集落）に移住した。よって、現在水納島方言が話されている主な地域はこの「高野」であるのだが、同地への移住は大神島など他地域からも行われたため、「複数の小方言が混用されている」（新里2003:533）状態となっている。

(8) 多良間村の広報誌『広報たらま』五一一号、平成二八年一〇月号より（http://www.vill.tarama.okinawa.jp/wp-content/uploads/2016/11/kouhou201610.pdf 二〇一六年一二月一〇日アクセス。）ただし、実際に島内を生活拠点としている人はこれよりも少ないと思われる。

(9) 青井二〇一二は音響分析と静的パラトグラフィーという器械音声学的な分析を行うことによって、多良間島方言の「中舌母音」の音声特徴を明らかにしている。なお「閉鎖音」とは、「t」「k」「p」など呼気が声道（声の通り道）のある場所で完全に閉鎖されてから発される音を指す。

(10) 宮良方言の「～ダ（[~da]）」の形の動詞過去形は、動詞によって「～タ（[~ta]）」となる。例えばクン（[kuɴ] 来る）、バルン（[baruɴ] 割る）はそれぞれキィタ（[kïta] 来た）、バッター（[batta:] 割った）のように現れる。なお、これらの動詞の②相当形はそれぞれキーッタ（[ki:tta]），バリッタ（[baɾitta]）である。

(11) 二〇一一～二〇一三年度若手研究（Ｂ）「消滅の危機に瀕した南琉球・多良間水納島方言の記述的研究」（課

題番号23720240）(https://kaken.nii.ac.jp/ja/file/KAKENHI-PROJECT-23720240/490532.pdf)

⑿ ユネスコの消滅危機言語に関する専門家グループが二〇〇三年に発表した、消滅の危機の度合に係る基準・根拠（UNESCO Ad Hoc Expert Group on Endangered Languages2003）。消滅の危機の程度を計る要素として九種類の項目を設け、それぞれに六段階の評価（〇〜五）が挙げられている。木部・山田二〇一一にその具体的な内容が紹介（和訳）・解説されており、本文に示した九項目の日本語訳は同論文による。

⒀ 多良間は下地二〇一六・木部他二〇一一、石垣宮良はクリストファー・デイビス二〇一四、黒島は荻野二〇一四、与那国は木部他二〇一一、首里は當山二〇一四による。

⒁ 例えば、世界の言語の数を示している『エスノローグ』第一九版（二〇一六）(Ethnologue, Languages of the World:Statistical Summaries' (http://www.ethnologue. com/ethno_docs/distribution.asp 二〇一六年一二月一〇日確認））とマイケル・クラウス二〇〇二を比べてみると、『エスノローグ』では七〇九七、クラウス二〇〇二では約六〇〇〇というように（一七五頁）、その数に大きな開きがある。「言語」「方言」をどのように定義するかによってその数は大きく変動するのである。実際、クラウス二〇〇二は、『エスノローグ』は「方言」として扱うべきものも「言語」としてカウントしていると指摘している。なお、クラウス二〇〇二が参照している『エスノローグ』は二〇〇〇年版で、この時の言語数は六八〇九となっている。

⒂ Uemura二〇〇三は『言語学大辞典』の「琉球列島の言語（総説）」の英訳である。

# 「うちなーやまとぅぐち」から「しまくとぅばルネッサンス」を考える

## ―語学教育の視点から―

大城朋子

大城　朋子・おおしろ　ともこ
所属・職名：沖縄国際大学総合文化学部教授（日本文化学科）
最終学歴：米国オレゴン州ポートランド州立大学教育学専攻修士課程修了
専門分野：日本語教育
主な研究業績：「日本語学習者のための沖縄の地域共通語—地域に根差した教材作成のための基本語彙に関するパイロット調査」『日本語教育』一〇八号日本語教育学会（二〇〇一年）、「文脈指示詞『コ・ソ・ア』の用法に関するアクションリサーチ—沖縄国際大学日本語教育副専攻の学生の場合」沖縄国際大学日本語日本文学研究第7巻第2号（二〇〇三年）、「あいづちに見る談話展開上の切り替え行動の特徴—沖縄の若者の場合」『言語文化のクロスロード—沖縄からの事例研究—』（柴崎礼士郎編）沖縄国際大学（二〇〇九年）、「何故、今、ハワイで「沖縄の言語と文化」なのか—ハワイ大学の受講生の視点から—」『沖縄国際大学日本語日本文学研究』第15巻第1号（二〇一〇年）、「米国の『外国語学習スタンダーズ』と日本語教育実習から—日本語教員養成への示唆—」沖縄国際大学日本語日本文学研究第17巻第1号（二〇一二年）、「沖縄県の大学機関における日本語教員養成と今後の課題—社会との繋がりの中で—」大学日本語教員養成課程研究協議会論集13号（二〇一六年）

※役職肩書等は講座開催当時

## はじめに

本稿では、「うちなーやまとぅぐち」と「語学教育」という視点から「しまくとぅばルネッサンス」について考えてみる。まず、日本語教員養成課程の学生達を含めた今の沖縄の若者や、沖縄で学ぶ留学生達の言語状況を概観する。次に、「うちなーやまとぅぐち」とは何か、また、今後どうなっていくかを考えてみる。そして、イマージョン式バイリンガル教育の視点、第二言語習得の視点、社会言語学や社会学の視点、そして、グローバリゼーションの視点等から「しまくとぅばルネッサンス」を考えてみたい。

## 一　今時の、沖縄の若者の「うちなーやまとぅぐち」

1)「やっけー」　例1「変な人に入れたらやっけーだから投票しない。」(=たいへん、やばい)
　　(18歳選挙新有権者へのアンケートから：琉球新報)
　例2「あいつ、やっけー。」(=すごい、やばい)

2)「じらー」　例3「可愛いじらーしてるさー。」(=かわいこ子ぶっている)
　例4「先生が明日テストって言ってたじらーよ。」(=みたいよ)
　例5「やっぱり、これ買わないじらー。」(=なんちゃって)(スーパーでの女子高生)

1)・2)の例は、よく耳にする大学生や高校生の発話である。1)の「やっけー」は、「ヤッケー カキーサヤー」（厄介かけるなあ）などと、「しまくとぅば」ではマイナスの意味で用いられるが、若者の「やっけー」に関しては、全国共通語の「やばい」（＝すごい、とっても、こわい、うれしい）と同様の使われ方をしている。マイナスとプラスの双方の意味で、強調語として用いられている。2)の「じらー」に関しても、「しまくとぅば」では「面・顔（ちら）」をさす言葉であるが、若者の間では意味範囲が拡大している。沖縄の若者は、地元の親しい友人間で仲間内に通じる表現として上記のような表現を多用するが、公の場になると日本語共通語へとコード選択（＝言語の切り換え）をするのである。

このような表現は、明らかに「しまくとぅば」の影響も受けているが、日本語共通語の影響を受け、その境が見えにくい、いわゆる「うちなーやまとぅぐち」と言われているものである。若者の間だけなくて幅広い世代で「うちなーやまとぅぐち」は一般的に用いられている。「弁当、買ってきましょうね。」などは、よく「沖縄の七不思議表現」の一つとして他府県人が違和感を感じるものである（買い物に行った人が自分の弁当だけを買ってきたという驚き）。また、明日の予定を尋ねて「来るはず。」と答えをもらったが実際は来ない事もある。また、大学の先生でも「あわてて校正（原稿の）を済ませます。」（＝急いで）と、とっさに答える。このような「うちなーやまとぅぐち」には枚挙に遑がない。

宮古島に行くと、「明日学校に行くべき?」（行くの?）「ご飯たべるべき?」（食べるの?）「午後から晴れるべき?」(晴れるの?)のように「みゃーくやまとぅぐち」とでもいうか宮古方言的な色彩をおびた「やまとぅぐち」が用いられていたりする。他の島々でもそれぞれの「しまくとぅば」に准じてその島特有の「・・・やまとぅぐち」が存在する。本稿では、便宜上、各島々特有の「・・・やまとぅぐち」を含めて「うちなーやまとぅぐち」と総称する。

沖縄には、島々や集落毎に異なる多様な「しまくとぅば」がある。しかし、歴史の流れの中で、日本語共通語との言語接触が重ねられてきた結果、今では日本語共通語をベースに「うちなーやまとぅぐち」を混ぜて話すようになった。いわゆる「しまくとぅばもどき」とでも言うような表現が「うちなーやまとぅぐち」と言われるものである。そこには「しまくとぅば」の名残も、まだ息づいている。もはや「しまくとぅば」だけで会話ができなくなった活躍層や若年層でも、「うちなーやまとぅぐち」は、日本語共通語に混ざって用いられている。

## 二　留学生や日本語教員養成課程の学生と「うちなーやまとぅぐち」

「八〇歳(　)はずです。」は、初級レベルのフランス人留学生の日本語学習者に出したクローズ・テストの問題であるが、留学生の答えは、(の)ではなく(だ)になっていた。すっかりウチナーンチュであった。この例のように沖縄で日本語を学ぶ多くの留学生達は「うちなーやまとぅぐち」と日本語共通語を明確には区別していない。外国人日本語学習者がどのように沖縄の地域語と日本語共通語を弁別しているのか、また、どのような地域の生活語彙を必要としているのかを確かめるために調査を試みたことがある（二〇〇二）。「しまくとぅば」に関しては、多くの学習者が自然に日本語共通語と弁別していく過程を辿るが、形態が日本語共通語と似た「うちなーやまとぅぐち」に関しては、滞在年数が長くなればなるほど「日本語共通語」との区別がつかなくなることがわかっている。

しかし、「うちなーやまとぅぐち」で戸惑うのは日本語学習者だけではなく、日本語教育副専攻課程の実習生達も同様である。日本語のテキストとは異なる用法に時折気がついたりするのである。

例7「もうすぐ来るはずです。」「いいはずよ。」「そう（だ）はず。」

例8「家に来ながら、ケーキ買ってきて。」

例7では、「しまくとぅば」の「ハジ」は、「チュール　ハジロー」のように「たぶん来るだろう」のような意味になるため、「しまくとぅば」の「ハジ」の意味をそのまま日本語共通語に適用している。そのため、来る確実性が五〇～六〇％しかない場合でも「はず」を用いたりするのである。例8では、「ながら」の前後の動作は同時進行の並列の動作のはずだが、「来る」と「ケーキを買う」という動作を「ながら」で接続している。日本語教師を目指す実習生達も教壇実習の際に、日本語のテキストには出てこない表現や用法に気づかないまま用いたりするのである。

このように「うちなーやまとぅぐち」は、今時の沖縄の若者だけではなく、留学生の日本語教育とも、また、日本語教員養成課程の教育にも関係があるのである。いずれの場合も、沖縄で一般的に用いられている地域のことばを客観視してみる必要がある。まず、「うちなーやまとぅぐち」について考えてみたい。

## 三 「うちなーやまとぅぐち」とは

### (一) 「しまくとぅば」から「うちなーやまとぅぐち」へ

明治始めの頃の沖縄の言語社会は、まだ島々や村々のことばは元気であった。しかし、一八八〇年に公立小学校が設立され教育行政が強化されると、特殊教員速成所として「会話伝習所」が急遽設立され、旧琉球藩の学生二〇人が新教育制度下で「中央の言葉」いわゆる「東京のことば」の「読み書き」を習得した。そして、学校教育が普及していった結果、島々や村々の「しまくとぅば」は徐々に隅に追いやられてきたのである。

「しまくとぅば」は「南島方言」「南島語」から「琉球語」「琉球方言」「沖縄方言」「伝統方言」「沖縄語」「うちなーぐち」、「シマことば」、「しまくとぅば」等、多様な名称が用いられてきた。そして、近年では、離島のことばを含めた様々な地域の集合体を「しまくとぅば」とも呼ぶようになってきた。「しまくとぅば」は、日本語の中でも話者人口が一％にすぎず、更に話者人口の少ない小さな島の「しまくとぅば」になると深刻な消滅の危機にさらされている。日本語共通語は言うまでもなく話者人口の多い他の「しまくとぅば」の圧力も受けることから、小さければ小さいほど変化に弱い（かりまた・二〇〇四）。現在では、ユネスコ(二〇〇九)による言語の危機度を図る体力測定（Language

Vitality and Endangerment）で、「危険」な言語に「沖縄語」「国頭語」「宮古語」が、また「重大な危険」言語に「八重山」「与那国語」が分類されるまでになってしまった。

歴史の流れの中で、日本語を話すことが生きる上でのメリットになったため、沖縄の人々は母語である「しまくとぅば」を捨ててでも日本語習得を目指してきた。そして、仕事を得、書物から膨大な知識を得、もはや、日本語の恩恵から逃れることはできなくなっている。「うちなーやまとぅぐち」は、そのような言語接触の過程で生まれてきたものである。

「うちなーやまとぅぐち」について、沖縄学の父伊波普猷は、約一〇五年前に当時の教育誌『沖縄教育』（一九一二）に、標準語を啓蒙するために不十分に習得された誤用語（ヤマトゥグチ語形）としている。そして、左記のような語や表現を挙げている。今ではもうあまり耳にしないものもあるが、用いられているものもある。

a 私にやれ（よこせ）、b 太い船（大きい）、c 車から行く（車で）、
d 面白い話でも長くなるとあきれる（あきる）、e 明日は君の内に来ようね（行かう）、
f 下駄をふむ（はく）、g 毎日あんな風です（いつも）

「うちなーやまとぅぐち」は、石原（二〇一四）が、「しまくとぅば」ではなく、この新方言が、より多くの人々に話されることによって、しまくとぅばの話者人口が減少する一因となったと言え

るかも知れないとしているものである。高江州（一九九四）、屋比久（一九八七）、真田（二〇〇一）、野原（二〇〇五）、内間（二〇〇二）、狩俣（二〇〇六）、他の研究者が「うちなーやまとぅぐち」について定義を試みているが、「うちなーやまとぅぐち」は「しまくとぅば」と全国共通語の接触と干渉でできた地域のことばとまとめることができよう。また、屋比久（前掲）と高江洲（前掲）は、「うちなーやまとぅぐち」（沖縄大和口）に加えて「やまとぅーうちなーぐち」（大和沖縄口）についても言及している。「うちなーやまとぅぐち」は標準語が目標言語であるが、「やまとぅーうちなーぐち」は、標準語が基盤にある沖縄方言の不完全な知識しか持っていない人々が方言を志向しているもので、その干渉をうけてあらわれる言語現象としている。「やまとぅーうちなーぐち」「うちなーやまとぅぐち」は、時に混同されて説明されることも多いが、「うちなーやまとぅぐち」は、「しまくとぅば」がどのくらい話せるかによっても、その形態や機能、使用場面、使用比率が複雑に異なってくる。

本稿では「うちなーやまとぅぐち」を、日本語共通語の接触と干渉でできた沖縄の地域のことばで、時代によって地域によって差異が見られ、そして、「しまくとぅば」の干渉がかなり薄くなりつつある地域の共通語と定義し、進めていく。

では、実際に「うちなーやまとぅぐち」はどのようなものなのか、高江洲（前掲）、内間（前掲）、野原（一九九八・二〇〇五）等を参考にまとめてみると、次の四類に大別できよう。

(1) 方言の語彙を全国共通語の語形になおしたもの（全国共通語にはない）。方言を第一言語とする高年齢の世代に使われてきたが、ほとんど使われなくなっている。

例：「傘をカブル」（＝傘をさす）、「布団をカブル」（＝布団をかける）（方言の動詞カンジュンの語幹カンに共通語動詞の語尾ルを付けたもの

(2)語形は全国共通語と同じだが、方言の意味をひきついでいるもの。

①そのため、全国共通語が示す意味とは異なるもの（気づきにくいが全国共通語に言い換え可）

例：ちり（＝ごみ）、あざ（＝ほくろ）

②全国共通語と同じ意味も指し示すが、全国共通語にはない意味も言い表しているもの。

例：やがて車にひかれよった（＝あやうく車にひかれそうになった）

標準語と方言の両方の意味を持っているため、単語の語彙的な意味を整理しなければ習得しにくい。「このグループの語彙が、一番根強く、方言をはなせない世代にも残るグループだと考えられる」と高江洲（前掲）が述べているものである。

(3)「しまくとぅば」を知らない世代が「しまくとぅば」を支えている意識だけは受け継いでいるもの。沖縄的な表現意識が若い世代にしっかり受け継がれている。

例：「もう帰りましょうね」（＝お先に失礼します）

自分のこれから行う行為を言うのに「〜しましょうね」という表現が煩雑に用いられる。方言では、自分がなにかをする場合でも「イカイー（行くね）」「ウキライー（起きようね）」等のように「〜しよう」の意味を表す意向形を用いて無意識に相手の同意を得ようとする。

(4)「しまくとぅば」とは関係がなく、廃藩置県以降、九州や他の地域などからきた商人や教師、

役人などによって、また、兵役や疎開によって持ち込まれたもので定着して使われているもの。

例：熱発（＝発熱）、うち（＝私）、こゆい（＝濃い）、かえん（＝花壇）

狩俣（前掲）は、「あいつの親、リッチャーだよな」のような外来語（rich）と「しまくとぅば」との接触語を若者の「うちなーやまとぅぐち」として挙げているが、次のよう造語も、「やまとぅぐち」との接触ではないが「うちなーやまとぅぐち」と言えなくもないかも知れない（米軍統治下で英語との言語接触で生まれたものや海外から持ち帰ったもの等で、今はあまり使われない）。

例：カバヤー（＝テント小屋）、「パタイ」（＝沖縄語辞典〈二〇〇六〉にもあり、「パタイスン」「パッタナゲー」という派生語も耳にしたことがある。タガログ語で、「死んだ」「疲れてダウン」「もうだめだ」という意味のことば）

これらの「うちなーやまとぅぐち」は、日本語共通語をベースに、音韻レベル、語彙レベル、文法レベル、そして、会話・談話レベル等で、複雑な現れ方をするのである。

（二）「沖縄の若者言葉」

沖縄の若者のことばは、高江洲（前掲）が「方言を知らない世代が方言を断片的にとりいれた会話で同世代の仲間うちで話される俗語、つまり、ウチナースラング」であるとしているものである。また、井上（一九九五）が、標準語と語形が一致せず、方言という意識をもって若い世代が使用する特徴を持つ、「新方言」と呼ぶものである。また、野原（前掲・一五一）が、「うちなーやまとぅぐち」とは異なり、寿命が短く大人の間には広がることは無いと述べているものである。野原は、年配の人には見られないものに、「バーテー、チムイ、ニリル、他」を挙げている。

日本文化学科のゼミ生二〇人に、いつも使っている「うちなーやまとぅぐち」だと思うものを列挙してもらったところ（二〇一六年七月）、以下のようなものが挙った。野原（二〇〇六）を参考に分類してみると次の(1)～(3)のようになった（紙面の都合上、全部は掲載していない。また、表記はそのまま）。

(1)「しまくとぅば」の語彙がそのままの形でとりこまれたもの（意味は拡大したりしているが）

例「あふぁー」「テーゲー」「やっけー」「でーじ」「やーちゅー」「にりー」

(2)「しまくとぅば」の形や意味の影響を強くうけたもの。「方言＋共通語」や「共通語＋方言」が見られる。例「かしまさい」「傘かぶる」「ひざまずき」

(3)「しまくとぅば」にも「全国共通語」にもなく、「しまくとぅば」を素材に若者が創作したもの。

例「わじゃい（わじわじ＋うざい）」

例のように、沖縄の若者達はストレートに気持ちを伝える表現として「しまくとぅば」を素材に新語を生み出したり意味範囲を広げたりしている。そして、それらは「各地域のしまくとぅば」や「各地域のうちなーやまとぅぐち」の干渉を受けて異なっていたりする。

しまくとぅば県民運動推進事業県民意識調査（二〇一四）では、二〇代、一〇代になると「しまくとぅば」だけで、ほとんど話すことができなくなってしまっているという。「ほとんど話すことができない」ということは、好意的に見ると僅少ではあろうが「しまくとぅば」(の断片)が若者のことばの中に生きていると読み取ることもできる。

沖縄の若者ことばは「日本語共通語」をベースに「しまくとぅば」の断片と「うちなーやまとぅぐち」、そして「沖縄の若者のことば」が織り込まれたものになっていて、場面によってコード選択をして用いていると言えよう。しかし、「うちなーやまとぅぐち」「沖縄の若者のことば」は連続的な差異に立つものであるため、本稿では「しまくとぅば」に対して「うちなーやまとぅぐち」を「沖縄の若者ことば」を含めて総称として用い、論を進める。

## 四 「うちなーやまとぅぐち」も消滅の危機?

「しまくとぅば」は「消滅の危機」に立たされているが、「しまくとぅば」を内包する「うちなーやまとぅぐち」はどうなのだろうか。

四人の沖縄の若者(全員が沖縄市近郊出身の女子大生で親しい間柄)の自由会話を素材とした「うちなーやまとぅぐち」による「あいづち」の頻度調査に、例を見てみたい。あいづちの定義にはいろいろあるが、非言語動作によるあいづちは含めず、「(ええ、はぁ、うん、なるほど、やっぱり等の)短い音声によるあいづち」と「(言い換え、聞き返し、繰り返し、文の完結等の)広義のあいづち」に絞って分析を行った。かなり私的な話題も含まれていたため、ためらうことなく地域のあいづち表現が出るのではないかと予測した。その結果、全体で三七四語のあいづちを抽出することができたが、沖縄の地域語によるあいづちは、そのうちの二〇語（約五％）という低い数値であった。結論としては、「あいづち」さえも日本語共通語への収斂に向かっていると言えるものであったのである。つまり、「うちなーやまとぅぐち」も「しまくとぅば」の消滅の危機同様、日本語共通語への収斂に向かっていることがわかったのである。

しかし、「うちなーやまとぅぐち」は、現段階では中高年層から若年層の間で、音韻や形態等は変化しながらも生きていて、場面や対人関係に応じた情意表現ツールとして効果的に用いられているのも事実である。

「うちなーやまとぅぐち」は「しまくとぅば」の名残も留めていることから、「うちなーやまとぅぐち」を知る事は、「しまくとぅば」と「日本語共通語」の言語接触や言語変化の実態に触れることにもなり、ひいては、「日本語共通語＋うちなーやまとぅぐち」を第一言語とする層を「しまくとぅば」に繋ぐ、細いかも知れないが一つの線やきっかけにもなり得るのではないだろうか。

筆者は、語学教育に携わってきた者として、そのような「うちなーやまとぅぐち」と「日本語教育」を含めた「語学教育」から「しまくとぅばルネッサンス」を次章で考えてみたい。

## 五　「しまくとぅばルネッサンス」を考える

### (一)　イマージョン式バイリンガル教育の視点から

教師や祖父母・親世代が期待するほど継承に感心を持たない沖縄の若者達の母語あるいは第一言語は、残念ながら「しまくとぅば」ではなく「日本語共通語＋うちなーやまとぅぐち」と言った方がより現実的である。しかし、母語あるいは第一言語がしっかりしているならば、第二言語（この場合は「しまくとぅば」になろう）の発達を助け、双方とも相互依存的（二文化相互依存性）に発達するとCummins（一九七九）が提唱しているように、第一言語が第二言語となる「しまくとぅば」の発達に繋がっていく可能性もあるのではないかと考える。その際に、方法論としてバイリンガル教育やイメージョン教育も参考になるのではないだろうか。

イマージョン式バイリンガル教育というと、カナダで行われているフレンチ・イマージョンがよく知られている。家庭では英語を話す子供達を対象に、学校でフランス語と英語をバランスよく学習言語として用い、幼稚園では一〇〇％フランス語、一年生から大学生までは五〇％ずつ英語とフランス語で算数・理科・その他の教科を学習させると、大抵の場合五・六年生までにフランス語の力も英語に近くなると言う。学校でフランス語を用いて学習していても母語である英語はびくともしない、アイデンティティも犠牲にならない、学力も順調、フランス語に堪能になるばかりでなく英語の読解力などはモノリンガルより高度に発達する傾向がある、多文化の受容に涵養である、等々、プラス面が多いことも研究されている。しかし、良い事ばかりではない。母語や母文化を保護し継続的に発達させることがなければ、どちらの言語でも思考する力が充分に発達せず、二カ国語併用によっておこるセミリンガルになってしまう危険性も指摘されている。

セミリンガルについて、筆者等が行った旧南洋群島ミクロネシア連邦（ヤップ、ポンペイ、チューク）における調査(二〇一六)に言及したい。ミクロネシア連邦の言語は、UNESCOの『世界の危機言語地図』（二〇一〇）において、コスラエ語やモキル語までの一三の言語が「危険」（三語）から「重大な危険」（九語）「極めて深刻」（一語)のカテゴリーに分類されていて、一〇〇年以内に完全に話し手を失い消滅すると予測されている。日常の生活レベルでも英語からの借用語の増加が進み、地域の言語の語彙が乏しくなっている。太平洋戦争終結後米国領になったため、英語教育が日本語教育に取って変わられ、小学校の低学年まで自分達の言語で教育が行われるが、その後は、英語に変わっていく。しかし、それにも関わらず七年生（日本の中学一年生）の英語水準は国際的な水準で言うと二年生レベルの英語の読解能力しかなく、一二年生（日本の高校三年生）は平均して五～七年の遅れがあるという（西尾・カッケンブシュ知念・一九九六・二九)。小学校高学年から高校まで指導言語が英語で行われているにもかかわらず十分な力が育っていないと同時に、自分達の言語の学びも十分ではないままである。どちらも十分に習得できていないセミリンガルの状態であった。若者達は動植物の名前を自分達の言語では言えず、待遇表現も使えず、新しい事柄を説明する時には、英語での説明になってしまう。自分達の母語・第一言語を学ぶ授業時間数の絶対的不足と、体系的に教える知識や技能をもつ教員の不足、教材や辞書・読み物等の不足等の問題が大きく、地域の人々の意識の問題、教育・行政側の課題、子供達の未来に関わる課題等、多くの課題が横たわっていた。

また、アイルランド語の母語復活運動（一九三〇～四〇年代）のようなケースも参考になろう。一二世紀から英国の侵略・植民地化が続き一八〇一年には併合されたが、一九三七年に独立を果たした。アイルランド語を憲法で「国語」「第一公用語」（英語は第二公用語と）と定めているが、英国式小学校制度導入による英語教育のため、アイルランド語はほぼ死に絶えていた。しかし、今では、アイルランド語を使って教育する小中学校も急増し、七〇年代始めには一〇数校だったのが、二〇〇六年の時点では二〇〇校以上できているという。それも、父母の主導であるという。アイルランド語育成庁もでき、九六年からは国営テレビのアイルランド語放送局もでき、一日中、スポーツやドラマを母語で楽しめるようになっている。

また、ニュージーランドのマオリ語言語再活性化運動に学んだハワイのイメージョン教育や台湾の原住民族の多言語教育等、参考になる事例が他にもあるが、ここでは割愛する。

以上のような事例から「しまくとぅばルネッサンス」を考える時に、第一言語である「日本語共通語＋うちなーやまとぅぐち」から第二言語の「しまくとぅば」へと、相互依存的に図ることを考慮してもいいのではないだろうか。その際に、「うちなーやまとぅぐち」が第一・第二言語の橋渡し的な役割を多少は担うことができるのではないだろうか。

イマージョン式バイリンガル教育を行う際に大事なことは、長期スパンで教育体制を設計し、学習者の成長に合わせて継続的に実施していくことが鍵となろう。そして、教育を受ける子供達を取り巻く環境、特に父母が主体となり自治体等の行政に働きかけるというボトムアップ方式で意識を醸成し、価値観を共有していくことが望ましいことであろう。

## (二) 第二言語習得や語学教育の視点から

長期スパンの「しまくとぅば」教育体制の整備を第二言語習得や語学教育の視点から考えてみたい。

### (1) 教育の理念や目標、そして、具体的な学習成果等の構築

「しまくとぅば」ルネッサンスを考える上で重要なことは、まず理念の明確化であろう。島社会からグローバル社会へと繋がる昨今の世界の中での言語文化の多様性の尊重、ユニークな言語文化の継承と発展の重要性の認識他、確固とした理念に裏打ちされた上で言語教育の目標を設定していくことではないだろうか。

言語習得の目標は、コミュニケーション能力を目標とする場合と、学力に結びついた能力を目標とする場合がある。どのような能力をどこまで伸ばす事を目標とするか、年齢に応じた目標設定やカリキュラムの構築、また、学習者が熟達度を「～できる」という形でわかりやすく表す「課題遂行能力」(Can Do Statement)[1] 等、段階を追って設定していくことも重要になろう。[2] それは、誰

を対象とするのかによっても目標設定が異なるだろう。例えば、学校教育の中で子供達を対象とする「しまくとぅば」教育に加えて、「看護師・介護士のための」や「世界のウチナーンチュのための」等のＳＳＰ(Shimakutuba for Special Purposes)のアプローチがあっても良いのではないだろうか。

そして、目標に見合った学習成果、そして、習熟度をどのように評価していくかということも考えていかなければならない。社会的な意識の高揚を視野に入れ、例えば、四技能に関わる各種の認定試験（ＳＬＰＴ＝Shimakutuba language proficienty Test）などの作成と実施も学習動機の向上や意識の高揚にも繋がることだろう。また、指導者に対する指導方法に関する研修、そして、ひいては指導要領の作成等の実施体制を構築し継続的に行っていかなければならないであろう。

⑵ シラバス・カリキュラム・教授法・授業活動等について

外国人が日本語を学ぶ際には、接続詞と助詞に誤用率が高く、次に形容詞、動詞、名詞が続くという研究成果がある（迫田・一九八八）。やさしいものを先に難しいものを後でという（易から難へ）言語習得の過程を踏まえた、あるいは、年齢や目標に応じた必要度の高い項目から順にシラバスを構築していくことも考えなければならないだろう。若年層にとって外国語のように距離ができてしまった「しまくとぅば」を、言語習得の順序や年齢・目的に応じた順序を考慮に入れ体系的なシラバス・カリキュラムを構築していくことも必要となろう。

そして、外国語教授法を、「しまくとぅば」の教材作成や実際の授業に活用していくことも一つの方法なのではないだろうか。構造言語学及び行動心理学に基づいたAudio-Lingual Methodのようにパターンプラクティス・口頭練習・文型練習を中心として多量のドリルを与え規則は機能的類推によって学んでいく方法や、ＣＬＬ（Community Language Learning）、ＴＰＲ、コミュニカティブ・アプローチ、タペストリー・アプローチ等々、コミュニケーション能力の育成を目的とする教授法に基づいたカリキュラム開発・教材作成・授業活動等も参考になろう。どのような教授法が適切なのか、それを用いてどのように学ぶことができるかを示すことが重要であり、その選択は教師と学習者が決めていけば良いであろう。

また、言語学習の四技能（話す、聞く、読む、書く）を統合的に、あるいはある技能に特化した目的別のシラバス・カリキュラムを考案することも一案であろう。学習意欲を引き出すような教材作成、そして、インタラクティブな授業活動を考案していくことも動機づけになろう。ロール・プレイ、シミュレーション、ドラマ、ゲーム活動、ペア学習、タスク練習、インフォメーション・ギャップを活用した活動、等々、積極的な言語活動と教材開発は、継続的な学習意欲に繋がろう。

例えば、日本語教育では『みんなの日本語』という初級用の教科書があり、それは構造シラバス、場面シラバス、トピックシラバス、機能シラバスの要素を取り入れ、理解から実際に使えるように設計されている。基本的には約六ヶ月で（時間にもよるが）日本語が全くできなかった人が、日常会話ができるまでになったりする。そのような外国語学習としての「しまくとぅば」教材、そして、教授法や教材開発、そして教授活動等も参考になるのではないだろうか。

また、デジタル・ネイティブ世代の学習スタイルに会った教材や教育方法を検討していくことも必要となってくるであろう。ウェッブ・リソースの活用、携帯やタブレットを使った語学教育など、テクノロジーの発達によって可能となったリテラシーの活用も、効果的な学習に繋がろう。

## (三) 社会言語学的視点から

### (1) 社会的なイメージや価値・評価を高める努力

沖縄県「しまくとぅば県民運動推進事業県民意識調査（報告書）」（二〇一四・二月）には、「しまくとぅばを主に使う」としたのは、（両方とも少ないのであるが）男性の方（一二・六％）が、女性（七・六％）を上回っているという結果が出ている。女性は標準語（威信のある形式）を好む傾向にあるのに対して男性は非標準語をよく使うと言う（ドラッドギル：一九七四）。更に、女性の中でも、井出（一九九二）は、地位が高くなれば、更に、改まった形式のことばや丁寧度が高くなるとしていて、[3]標準語化が深化するとしている。このようなことから、女性をターゲットにした、特に母親（父親もであるが）、あるいは、地位の高い女性達をターゲットにして、「しまくとぅば」の威信を高めていく努力を重ねることも一つの戦略的方法なのかもしれない。他にも、多様な社会言語学的要因別の視点からの「しまくとぅばルネッサンス」へのアプローチが検討されてもいいのではないだろうか。

オーストラリアでは、学校教育の中で少数言語を教えるＬＯＴＥというプログラムがあり、多文化・多言語化を進めている。カナダでは、イマージョン式バイリンガル教育や継承語教育が(Heritage Language Education)が行われている。双方とも、二言語、二文化(それ以上の場合も)にまたがって育つ子供達は二つが融合されたユニークな文化の担い手であって、二つの文化の寄せ集めではないと唱っている。このように、未来を担う沖縄の子供達が、「日本語共通語＋うちなーやまとぅぐち」＋「しまくとぅば」が融合されたユニークな言語文化の担い手であるという認識を更に高めていくことも「しまくとぅばルネッサンス」の基盤になるのではないだろうか。社会全体で、「しまくとぅば」としま文化のイメージを高め、その価値・評価を根付かせるような継続的な努力が基盤となることは言うまでもない。

社会的な価値を高める現実的な方法の一つとして、社会的に公認される五の(二)の(1)で述べたような「しまくとぅば能力認定試験」を級別に作成し動機づけの一助にしていくことも考えられる。教員採用試験やその他の採用試験の選択肢として活用し、履歴書に付加価値がつくようなイメージを高めていくことも学習動機や意欲に繋がろう。しかし、集落毎に異なる「しまくとぅば」を大切にしていくという観点からは多くの課題があろう。しかし「しまくとぅば」の消滅までに残された時間が少ない事を考えると、一つのモデルとして話者人口の多い「しまくとぅば」からか、あるいは話者人口の最も少ない「しまくとぅば」からか、優先順位を決めて動き出すことが求められているのではないだろうか。

(2)グローバリゼーションと「しまくとぅば」

グローバリゼーションが強調される昨今であるが、それと平行して「ローカル・マインド」「ローカル・アフェクト」も増々重要となっている。さまざまな文化や言語背景を持った地域の人々や心情を大切にし、共有する「ローカル・マインド」「ローカル・アフェクト」としての「しまくとぅば」は、グローバリゼーションの世界とも繋がっている。「しまくとぅば」は、地域から成り立っている世界に繋がっているという意識の醸成も、「しまくとぅば」ルネッサンスの意識を高めることに一役買うのではないだろうか。「しまくとぅば」が結ぶ世界の地域の好例として、世界のうちなーんちゅネットワークへの貢献を目的としたハワイのKZOO放送局の「うちなーぐち・ラジオ講座」やハワイ大学の「沖縄の言語と文化」コース等があり、「しまくとぅば」と「しま文化」が学ばれている。ハワイ大学では、沖縄系の学生だけではなく多様な背景の学生も少数言語である「しまくとぅば」を学んでいることがわかっている（大城・二〇一〇）。

## 最後に

「しまくとぅば」の継承や復興は、個人・団体・自治体等によって、また、教育者・研究者等の手によって努力が続けられており、十分とは言えないまでも教材開発も進みつつ学校教育にも取り入れられるようになってきている。しかし、多様な「しまくとぅば」を継承し生きた言語に育てていくのは並大抵のことではない。

「しまくとぅば」は、現段階では、一握りの高齢者の手に、また、研究者の手によって、そして社会が蓄えた記録や人々の記憶の中にかろうじて「生き存えて」いる。それに対して「うちなーやまとぅぐち」は、壮年層から若年層（幼年層）の間で変化しながら「生き続けて」いる。沖縄の若者達は、仲間内のことばとして「日本語共通語」に「うちなーやまとぅぐち」を混ぜ、軽やかに自分達を表現している。このような情況の中で、彼等の生の声である「うちなーやまとぅぐち」を、むしろポジティブに捉えていくことも一つの手立てなのかもしれない。彼等は、自分達が用いる「うちなーやまとぅぐち」を大人に使うと眉をひそめられるとも捉えているが、「うちなーやまとぅぐち」は彼らの第一言語の一部となっているのである。彼等にとっては第二言語となってしまった「しまくとぅば」へ繋がる一つの「きっかけ」あるいは「入り口」になりえないだろうか。「うちなーやまとぅぐち」は「しまくとぅば」ではなく、むしろ日本語共通語に近いものになっているが、見える形であるいは気付かない形で「しまくとぅば」の感性を受け継いでいるからである。「うちなーやまとぅぐち」の「しまくとぅば（もどき）感覚」・「造語性」・「感性の意識化」を「しまくとぅばルネッサンス」の一つのきっかけや入り口として活用することも考えられるのではないだろうか。

言語権は人権の一部であり、言語を選ぶ権利、あるいは選ばない権利は、一人一人の個人に委ねられている。「しまくとぅば」は、もはや生まれた時から身につけていくものではなくなってしまったが、誰でも、意識的に「しまくとぅば」を選択し学ぶことができるようになれば「しまくとぅば」ルネッサンスに勢いがつくのではないだろうか。そのためにも、「しまくとぅば」を、研究者が分析的に研究し記録として残すことは非常に重要であるが、それに加えて、より具体的で効果的に、わかりやすく学べるような、また、コミュニカティブに学べるようインタラクティブな教材開発や教授法、そして活動内容等を模索していくことが求められるのではないだろうか。そして、言語政策、諸言語学のアプローチ、第二言語習得、イマージョン・バイリンガル教育、外国語教授法等々の知見やノウハウを結集し学ぶ環境を整備していくことが基盤となっていくだろう。

「しまくとぅば」が意思や感情を自由に伝えることができる生命力のある言語として選択され、生活の中で、そして、人の一生を通して元気に使われ続けることを切望し、「うちなーやまとぅぐち」と「語学教育」の視点から、「しまくとぅばルネッサンス」を考えてみた。

## 参考文献


青木直子（二〇一六）「変わりゆく世界、かわりゆく言語教育」日本語教育学会二〇一六年度第一回研究集会（九州・沖縄地区）発表原稿

石原昌英（二〇一〇）「第四章　琉球諸語を巡る言語政策―精神の脱植民地化のために」『沖縄・ハワイコンタクト・ゾーンとしての島嶼』石原昌英・喜納育江・山城新（編）彩流社七一－九〇

――（二〇一四）「沖縄県における琉球諸語の危機」（発表原稿）

井出祥子・井上美弥子（一九九二）「女性ことばにみるアイデンティティー」『言語』第21巻第10号四六－四七

井上史雄（一九九五）「日本語の国際化と沖縄の言語状況」『国際社会における日本語についての総合的研究第1回研究報告会予稿集』新プロ「日本語」総括班九－一六

内間直仁（二〇〇二）「琉球方言の現状と将来」『国文学　解釈と鑑賞』第67巻7月号

――・野原三義（二〇〇六）『沖縄語辞典―那覇方言を中心に』研究社

沖縄県(二〇一四)『しまくとぅば沖縄県民運動推進事業県民意識調査〈報告書〉』

大城朋子(二〇〇二)「漢字圏学習者の『地域語・地域事情』に関する意識調査」『二十一世紀における日本研究』第五回香港中文大学学会誌：国際日本語教育・日本研究シンポジウム（論文集）

――（二〇〇三）「文脈指示詞『コ・ソ・ア』の用法に関するアクション・リサーチ―日本語教育副専攻の学生の場合―」『日本語日本文学研究』第7巻第2号（沖縄国際大学創立30周年記念論集）二九－五六

――・尚真貴子(二〇〇九)「あいづちに見る談話展開上の切り換え行動の特徴」『言語文化のクロスロード―沖縄からの事例研究―』（柴崎礼士郎編）一五九－一九四

――（二〇一〇）「何故、今、ハワイで『沖縄の言語と文化』なのか。―ハワイ大学の受講生の視点から―」『沖縄国際大学日本語日本文学研究』第15巻第1号一－三五

大野眞男（一九九九）「那覇」『どうなる日本のことば―方言と共通語のゆくえ』大修館書店二六五－二六九

かりまたしげひさ(二〇〇四)『消え行く小さな島のことば』月刊言語1月号六六－七三

――(二〇一三)「危機に瀕する南奄美沖縄北部諸方言と沖縄中南部諸方言」『日本語学』8月号　vol.32－10：二四－三五

――――（二〇一五）『琉球列島の諸方言』月刊琉球3月号：一三―一八
木部暢子・三井はるみ・下地賀代子・盛思超・北原次郎太・山田真寛（二〇一一）『危機的な情況にある言語・方言の実態に関する調査研究事業報告書』国立国語研究所
迫田久美子（一九八八）「誤用分析の基礎研究(2)」『教育学研究紀要』35巻
真田信治（一九九六）『地域語の生態シリーズ　関西篇　地域語のダイナミズム』おうふう。
高江洲頼子（一九九四）「ウチナーヤマトゥグチその音声、文法、語彙について―」『沖縄言語研究センター報告3　那覇の方言』沖縄言語研究センター
西岡敏（二〇一三）「『沖縄語』概説」『琉球諸語の復興』沖縄大学地域研究所・六五―八五
西尾桂子・カッケンブッシュ知念寛子（一九九六）『日本語教育とその環境・・太平洋島嶼地域における・・・』笹川平和財団島嶼国基金
野原三義（一九九八）「琉球・社会方言学への誘い―沖縄の若者言葉考―」『南島文化への誘い』沖縄国際大学公開講座7：二四一―二五五
――――（二〇〇五）『うちなあぐちへの招待』沖縄タイムス社・一五〇―一八三
ピーター・トラッドギル（一九七五）『言語と社会』（土田滋訳）岩波新書
外間守善（一九八一）「第六章　沖縄における言語教育の歴史」『日本語の世界9　沖縄の言葉』中央公論社三一一―三四二
宮良信詳（二〇一〇）「ハワイ・クレオールと琉球諸語」『沖縄・ハワイ　コンタクト・ゾーンとしての島嶼』石

原昌英・喜納育江・山城新（編）彩流社・九二
屋比久浩（一九八七）「ウチナーヤマトゥグチとヤマトゥウチナーグチ」『国文学解釈と鑑賞』第52巻7号　至文堂
Canale, M. & Swain, M.1980. Theoretical bases of communicative approaches to second language teaching and testing. *Applied Linguistics*,1
Cummins, J.1979. Cognitive/academic language proficiency, linguistic interdependency, the optimum age question and some other matters. *Working papers on Bilingualism*, 19:197-205
Genesee, F.1987.Learning through Two Languages. Cambrige, MA:Newbury House, 36-37
Lambert, W.E. & Tucker, G.R. 1972. Bilingual Education of Children: The St. Lambert Experiment. Rowley, *MA:Newbury House.*

## 参考資料

琉球新報(二〇〇六年八月三〇日木曜日)「特集　憲法考　くにとひと33　アイルランド母語復活」

## 注

(1) 熟達度を客観的に把握したり、今後の学習の目標を明確にしたりすることができ、他の機関と目標や熟達度を共有できる。

(2) 米国の「Standards for Foreign Language Learning: Preparing for the 21st Century」（外国語学習スタンダード）等の言語学習・教育に関わる包括的な指針や「Common European Framework of

Reference for Languages (CEFR)」(ヨーロッパ言語共通参照枠) の複言語主義に基づいた言語学習・教育の包括的な指針、「JF日本語教育スタンダード」なども参考になろう。

(3) 井出(一九九二)は、管理職の女性が、事務職の女性より、あらたまった形式のことばや丁寧度が高い敬語を使うとしていて、品位や威信を示すためではないかとしている。

# 現代台湾における原住民族語復興への取り組み

## ――その歴史的経緯・実践と沖縄「しまくとぅば復興」への提言――

石垣　直

石垣　直：いしがき　なおき
所属・職名：沖縄国際大学 総合文化学部
社会文化学科 教授
最終学歴：東京都立大学大学院社会科学
研究科　博士課程単位取得退学
博士（社会人類学）
専門分野：社会人類学、台湾地域研究、
沖縄地域研究

主な著書・論文等：

- 『現代台湾を生きる原住民―ブヌンの土地と権利回復運動の人類学』（単著）、二〇一一年、風響社
- 「先住民族運動と琉球・沖縄―歴史的経緯と様々な取り組み」、沖縄国際大学公開講座委員会（編）『世変わりの後で復帰四〇年を考える』、二〇一三年、東洋企画
- 「土地をめぐる複ゲーム状況―台湾・ブヌン社会の事例から」、杉島敬志（編）『複ゲーム状況の人類学―東南アジアにおける構想と実践』、二〇一四年、風響社
- 「祭り・年中行事にみる沖縄文化の歴史と現在―ハーリー、綱引き、エイサー」、沖縄国際大学宜野湾の会（編）『大学的沖縄ガイド―こだわりの歩き方』、二〇一六年、昭和堂
- 「交錯する「植民地経験」―台湾原住民・ブヌンと「日本」の衝突・接触・邂逅」、三尾裕子／遠藤央／植野弘子（編）『帝国日本の記憶―台湾・旧南洋群島における外来政権の重層化と脱植民地化』、二〇一六年、慶應義塾大学出版会

※役職肩書等は講座開催当時

# はじめに

近年、沖縄県では「しまくとぅば」（郷土語・地域語）継承の重要性が叫ばれている。二〇〇六年三月三一日、沖縄県議会は「九月一八日」を「しまくとぅばの日」とする条例を公布・施行した。これは、沖縄の伝統文化に注目が集まるなか、島々・村々（シマ・ムラ）で使用されてきた地域語がもつ「本県文化の基層」としての重要性に改めて注目したもので、「しまくとぅば」の理解・普及促進を目指した条例制定であった。さらに、三年後の二〇〇九年二月には、ユネスコ（国連教育科学文化機関）が発表した「消滅危機言語地図」（Atlas of the World's Languages in Danger）において、アイヌ語、八丈語とならび奄美・沖縄の六つの言語（方言）が、「消滅危機言語」（Languages in Danger）として取り上げられた。[(1)]

こうした背景のもと、沖縄県各地では毎年九月一八日前後に、地方自治体や教育機関主催で方言を用いた話し方大会や弁論大会などが開催されている。また、「しまくとぅばの日」条例を制定した沖縄県自体も、県内の言語学者へ委託して『しまくとぅば読本』（小学生用／中学生用）や『しまくとぅばハンドブック』を発行し、毎年「しまくとぅば県民大会」を開催するなど、言語復興において主導的な役割を果たしている。さらに、市町村や民間レベルでも、教材作成や方言辞典の編纂を通じて、各地の方言を記録・普及させる取り組みが行われている。

他方で、沖縄県の島々で使用される言語・方言を専門とする研究者も、ハワイ先住民など世界各国の事例を参考にした沖縄における「しまくとぅば復興」の可能性を模索している。しかし、沖縄の隣接地域である台湾における原住民族語復興の取り組みについては、それが二〇年以上にわたって実践され、かつ世界的にみても先進的な政策が施行されてきたのにも関わらず、沖縄の人々にはほとんど知られていないのが現状である。そこで本稿では、第一節で台湾およびそのマイノリティである台湾原住民族の概要を整理し、第二節では「原住民族語復興」の歴史と取り組みを報告する。その上で「おわりに」において、台湾原住民族の事例から沖縄の「しまくとぅば復興」に対してどのような提言が可能なのか、若干の私見を述べてみたい。[2]

## 一　台湾／原住民の概要

### ◆台湾の概要

九州より一回り小さい台湾（中華民国）は、二、三〇〇万人の人口を有するアジアの先進地域のひとつである。住民の大部分は一七世紀以降に中国大陸東南部から入植した漢族系住民（閩南系〔七三％〕、客家系〔一二％〕）であるが、五〇〇〇年以上前からこの島で生活してきたとされるオーストロネシア語族系先住者集団の末裔たち（現地の公称で「原住民（族）」）も二％程度（五四万人）生活している。台湾にはこの他にも、中国大陸での国共内戦に敗れた中華民国政府とともに台湾に移り住んだ「外省人」と呼ばれる人々（漢族系その他〔一三％〕）や、近年増加傾向にある東南アジアからの労働者や中国大陸出身の花嫁も生活している。

台湾の多言語・多文化状況を促進した理由のひとつは、その歴史にある。この島の古い住民はオーストロネシア語族系の原住民であったが、一七世紀にはヨーロッパ勢力（オランダ、スペイン）が台湾に触手を伸ばした。これと時を同じくして中国大陸東南部からの入植者が増加し、原住民は次第にマイノリティ化していった。台湾はその後、明朝の遺臣である鄭氏政権の本拠地となったが、一七世紀後半には清朝の版図に組み込まれた。その後長らく、台湾は福建省の管轄下にあったが、一九世紀末にはヨーロッパ勢力の東アジア進出や日本の近代化にともない、中国東南の要衝として「省」に格上げされた。しかし、一九世紀末からは日清戦争（一八九四〜一八九五年）に勝利した日本が領有することになった。

日本の台湾植民地統治は五〇年間に及んだが、一九四五年の敗戦後には、中国国民党（国民党）を主体とする中華民国がこの土地を接収した。第二次世界大戦の戦勝国である中華民国は、中国共産党（共産党）との内戦に敗れて台湾に逃れた一九四九年以降も、国際連合・安全保障理事会の常任理事国の座を維持した。しかし、共産党の中華人民共和国を支持する国々が増加した結果、一九七一年には国連での中国代表権を失い、国連を脱退した。中華民国はその後も「反攻大陸」・「統一中国」を掲げたが、国際的孤立は深まった。ただし、蔣介石時代から続く開発独裁や日米との緊密な貿易関係を背景に急速な経済成長を達成し、台湾は「アジアの四小龍」、「情報・精密機器の生産地」としての地位を築くに至った。一九九〇年代以降に中華人民共和国が政治・経済の両面で世界的な存在感を増した現在、台湾の人々は「中国との統一～台湾としての独立」の間を揺れ動いている。

## ◆台湾原住民の概要

「台湾原住民」とは、漢族系住民の入植以前から台湾で生活してきたオーストロネシア語族系（マレー・ポリネシア系）の人々の末裔である。ただし、この名称は総称であり、実際には政府公認の一六の民族集団[3]で構成される。かれらはかつて、山地部や沿岸部での焼畑耕作、狩猟や漁撈活動を主な生業としていた。その全ての言語が同一の語族に分類されるが、相互のコミュニケーションは困難で、個々の民族で親族・社会組織にも偏差があった。また民族内部におけるサブ・グループ間の方言差もみられた。現在定着している民族的な集団意識は歴史的には希薄で、サブ・グループや村落や家族・親族こそが、かれらの基本的な帰属単位だったと考えられる［台北帝国大学土俗人種学研究室一九三五］。

台湾原住民は、上述の諸外来政権によって統治されてきた。特に日本の台湾総督府および戦後の中華民国のもとでは、同化・国民化政策、地方自治制度など、近代的な統治を経験してきた。こうした経験は、一面では生活の「改善」・「進歩」をもたらしたが、それは伝統的な言語・文化・生活の転換あるいは消失も意味していた。また、第二次世界大戦の激動をへた後、一九四〇年代末からの積極的なキリスト教宣教を通じて、かれらの多くがキリスト教（主に長老派やローマ・カトリック）に改宗した。

工業化による急速な経済成長を経験した台湾では、一九八〇年代になると民主化要求が高まった。原住民社会においても、大学に進学した教育エリートや神学校出身の教会エリートらが中心となり、土地権や民族としての権利、言語・文化その他の諸権利を求めた「原住民族運動」が展開された。台湾原住民は台湾社会の絶対的なマイノリティではあるが、台湾が中国との統一vs独立をめぐって揺れ動くなか、かれらは「台湾の独自性」を強調する際に注目され、象徴的な存在となっていた。こうした運動は、台湾出身者初の中華民国・総統となった李登輝が一九九〇年代に行った憲法・国会改革や、独立志向の強い民主進歩党（民進党）政権（二〇〇〇〜二〇〇八年）の親原住民政策にも支持され、憲法追加修正条文における「原住民（族）」名称や「民族の意思」という文言の明記、行政院（内閣）における専門部局（行政院原住民委員会　以下、原民会）の設置、原住民族基本法の制定などに結実していった［石垣二〇一一］。以下で述べる言語復興の動きは、こうした権利回復運動の重要な要素のひとつである。

## 二　原住民族語復興への取り組みと現状

### ◆外来政権による原住民統治の歴史と転換――言語政策を中心に

清朝は一九世紀後半には、「撫墾局」設置や「番学堂」（教育所）開設などを通じた原住民の「教化」を開始したが、原住民社会全体が実質的な統治を受けるのは日本植民地期以降のことであった。台湾総督府は、山地部に整備した警備道路の要所に、駐在所、「蕃童」教育所、交易所、医療所などを設置して原住民の「教化」を進めた。特に教育所では、原住民諸語の使用は禁止され、日本語による国語、算術、修身、自然観察、体育、唱歌などの教育が行われた［台湾総督府警務局（編）一九四四］。

他方で、第二次世界大戦後に台湾を接収した中華民国は、原住民に対して「中国化」・「国民化」政策を推し進めた。具体的には、漢族式姓名の使用、地方自治制度の導入、「国民学校」教育、生活改善、定住農耕、造林などの政策が実施された。言語政策としては、「台湾省各県山地郷推行国語弁法」を公布（一九五一年）し、中国語使用の徹底を進めた。「国語」発表会などで優秀者が表彰される一方で、学校で「国語」を話さない者は記録され警告を受けた。続いて、「台湾省加強山地郷教育実施弁法」（一九五八年）や「山地郷国語運動法令」（一九七三年）も施行され、植民地期に共通語として浸透しつつあった日本語、さらには原住民族語の使用も禁止あるいは制限された［林二〇一〇、趙二〇一一］。このようにして、台湾原住民の社会は、日本／中華民国という二つの外来政権による約一世紀にわたる同化・国民化政策を経験し、その母語は外来統治者の「国語」によって消滅の危機に追い込まれていったのである。（表1）

しかし、民主化要求の高揚ならびに台湾の歴史・土着文化への注目とともに、政府による同化・国民化の動きにも変化が起った。教育現場では、一九九〇年頃から原住民諸語や閩南語教育の実験

表1　歴代の外来政権による言語関連政策略史（～ 1987年）

| 西　暦 | 原住民政策・言語政策・出来事 | 背　景 |
|---|---|---|
| 17C前半 | 接触、間接的交易 | 蘭東インド会社の間接統治 |
| 1680s~ | 接触、「熟番/生番」区分、隘勇線 | 清朝による消極的山地政策 |
| 1880s~ | 道路建設、「番学堂」設置 | 清朝の積極的山地開発政策 |
| 1890s~ | 綏撫政策、「国語伝習所」設置 | 日本の台湾領有 |
| 1900s初 | 道路･駐在所建設、「蕃童教育所」設置、日本語教育 | 綏撫政策→直接統治 |
| 1910s | 日本語教育、同化・教化政策 | 武力制圧と帰順圧力 |
| 1920s | 「教育所に於ける教育標準」通達（四年制） | 警察権力による直接統治 |
| 1930s~ | 理蕃大綱と同化・授産政策、皇民化政策 | 霧社事件、日中戦争 |
| 1940s初 | 「教育標準」改正→四年制から六年制へ | 太平洋戦争 |
| 1940s末 | 中国化政策（漢姓名、国語使用、国家意識） | 中華民国の台湾移転 |
| 1950s~ | 「山地施政要点」による国語化･定住･生活改善「山地推行国語辦法」→母語･日本語の排除<br>「山地行政改進方案」→一般社会との融合 | 白色テロ、地方自治の浸透 |
| 1970s~ | 「山地郷国語運動法令」と母語･日本語の排除 | 中華民国の国際的孤立 |
| 1980s~ | 原住民運動の高揚と自文化・言語意識 | 民主化、台湾・郷土ブーム |

出典：本稿の内容に基づき筆者作成

的な試みが行われており、こうした取り組みは「国民小学課程標準」における「郷土教学活動」の履修規定（一九九六年）、「国民中学課程標準」における「郷土芸術活動」および「認識台湾」の履修規定化（一九九七年）を通じて、政策として追認されていった［菅野二〇一二］。さらに二〇〇〇年代に入ると、教育改革の一環として実施された「国民中小九年一貫課程」において、「郷土言語教育」が独立した科目として初めてカリキュラム化された（二〇〇一年～）。現在、台湾の小学校では必修科目（四〇分）として、中学校では選択科目（四五分）として週一コマの「郷土言語」（閩南語、客家語、原住民諸語）教育が行われている［黃二〇一四］。

他方で、こうした多言語使用を許容する動きは、民主化とともにマスメディアの部門でも進展していた。例えば、一九八七年七月の戒厳令解除と前後し、「広播電視法」における「方言」制限の緩和によって、これまで「国語」推進政策のもとで抑圧されてきた閩南語などが、ラジオ・テレビ等で用いられるようになった。さらに二〇〇〇年に始まった民進党政権下では、「大衆運輸工具播音語言平等保障法」（二〇〇〇年）、「通訊伝播基本法」（二〇〇四年）、「国家通訊伝播委員会組織法」（二〇〇五年）の公布・施行などによって、公共機関・公共交通などでの閩南語や客家語、さらに地域によっては原住民諸語の使用が義務付けられるようになった。加えて、政府のサポートによって二〇〇三年七月には「客家テレビ」が、二〇〇五年七月にはアジア初の原住民専門チャンネル「原住民族テレビ」（ＴＩＴＶ）[4]がそれぞれ開局した。台湾社会が歴史的に作り上げてきた多民族・多言語状況を許容する多文化・多言語主義政策は、現代台湾において既定路線となっている［石垣二〇一一］。

### ◆原住民族語復興への取り組み

以下では、民主化とともに起こった言語政策の転換をへて、原住民族語復興のために具体的にどのような政策や取り組みが実施されてきたのかを整理してみたい。

台湾における、郷土語や原住民諸語教育の嚆矢は、一九九〇年九月に開始された台北県の烏来小中学校における原住民のタイヤル（泰雅族）語教育だとされる。こうした試みはその後、台湾各地に広がっていった。これと時を同じくし、政府からの委託を受けて台湾オーストロネシア諸語の正書法が検討・発表され、一九九五年からは教育部（文部科学省に相当）主導による原住民各族の言語毎の教科書編纂プロジェクトも開始された。さらに、上述の「郷土言語教育」のカリキュラム化にともない、二〇〇二年からは小学校一年生～中学校三年生用の教科書ならびに教員用指導ガイドの編纂が、政府からの委託を受けた政治大学原住民族言語教育文化研究センター（後の原住民族研究センター〔ＡＬＣＤ〕）によって進められた。その成果は逐次刊行され、二〇〇六年には一二族四〇方言に対応した教科書（三六〇種）および教員用指導ガイド（三六〇種）［政治大学原住民族研究中心（主編）二〇〇六］が完成した。同教材（内容は後述）は、「政大版」あるいは「官方版」（以下、九階教材）として、その後の原住民族語教材で中心的な役割を果たしている。

こうした初等・中等教育における「郷土言語教育」の制度化と合わせ、行政院原民会の主導により二〇〇一年から年一回ペースで実施されてきたのが、「原住民族語言能力認証考試」（族語認証テスト）であった。それは、多元文化教育や原住民言語・文化の尊重を謳った「原住民族教育法」（一九九八年）ならびに「原住民族語言能力認証弁法」（二〇〇一年）に基づくもので、同テストは当初、①教育・研究業績に基づく「書面審査」、②「推薦審査」、③筆記試験と面接からなる「一般試験」という三方式で実施された。①は、長年にわたって族語教育や族語宣教などに従事してきたネイティブあるいは外来の研究者・宣教師などを対象としたもので、②はアルファベットの書き取りなどに不慣れな五五歳以上の原住民を対象とし、原住民関連団体、教会、地方自治体などの団体による推薦が必要とされた（①・②は二〇〇五年以降廃止）。①・②に該当しない者が受験するのが③で、一二族三八方言（後に一四族四二方言）毎に準備された筆記試験（八〇点満点）・面接試験（一二〇点満点）の結果を合計し、一四〇点以上の者が合格とされた。①と③においては、原住民身分の有無は不問であった。なお、初年度に同テストの実施を担当した政治大学ＡＬＣＤは、言語学者やネイティブ研究者・教育者らとの協力の下、民族毎のテスト用問題集『原住民族語練習題』［政治大学原住民族語言教文推展中心（編）二〇〇一］（後述）を編纂している。

ところで、中華民国ではかねてより、その法律・教育制度の中で、マイノリティに対する「積極的差別是正措置」（Affirmative Action, AA）、例えば、入試における加点、特別枠設定、学費減額・免除などが実施されてきた。しかし、こうした施策に対しては「逆差別」との批判もあった。そこで二〇〇七年から実施されるようになったのが、進学希望の原住民学生に特化した「学生升学優待取得文化與語言能力考試」（進学用族語能力テスト）であった。同試験制度下では、原住民進学希望者全員ではなく、実質的な族語能力を有する同テスト合格者に対して、より多く加点（三五％）することになった。この制度の実施には、ＡＡ適用の正当性を具体的な言語能力によって根拠づけると同時に、原住民学生の族語学習意欲を喚起する意図もあった［行政院原住民族委員会二〇〇七］。

以上みてきたように、台湾では民主化以来の潮流において多文化・多言語政策が実施され、原住民諸語に対しても小中学校での必修／選択必修授業の制度化、教材の編纂、さらには族語認証テストと進学用族語能力テストが実施されてきた。しかしながら、族語認証テストは、応募者数の減少などから実施が見送られた年もあり、また族語能力のレベルに応じた試験区分の必要性も指摘されていた。そこで、「原住民族語言能力認証弁法」の改正に基づいて既存の二つの試験制度を統合・改良した「原住民族語言能力認証測験」（族語測定テスト）が、二〇一四年一二月から実施されることになった。新たに登場した族語測定テストは、「初級／中級／高級／薪伝級」という難易度の異なる四つのレベル応じた筆記試験および面接試験で族語能力の測定を行う仕組みになっている。この試験制度では、「初級」が高等学校や五年制専科学校への進学用、「中級」が四年制・二年制技術学校／二年制専科学校／大学への進学用の加点基準として設定されている。また「高級」は族語教員／民族学校（大学）教員／族語通訳／族語放送アナウンサー・記者／族語教育・保育担当者などの新たな資格基準、「薪伝級」（後に「優級」と改称）は大学・専門学校やコミュニティ・カレッジなどでの族語・文化講座の担当教員資格基準という設定になっている［行政院原住民族委員会二〇一四］。族語測定テストの概要・試験時間・配点は、表2の通りである。（表2）

台湾では、こうした族語学習のカリキュラム化や検定試験の制度化に対応し、族語教師の育成も行ってきた［黄二〇一一］。教育部は、「国民中小九年一貫課程」が実施される前年（二〇〇一年）に「原住民族語種子師資培訓課程」（原住民言語教師養成課程）を策定し、二〇〇二年からは行政

表2　「原住民族語言能力認証測験」の試験方法・採点概要

| レベル | 測定種 | 出題形式 | 時間 | 形式 | 配点 | 合格点 | 総計 |
|---|---|---|---|---|---|---|---|
| 初級 | ﾘｽﾆﾝｸﾞ | ○×、選択、一致 | 20分 | 筆記 | 60 | 45 | 100 |
| | 面接 | 単語朗読、簡単な応答、図説明 | 5分 | 口述 | 40 | 15 | |
| 中級 | ﾘｽﾆﾝｸﾞ | ○×、選択 | 20分 | 筆記 | 60 | 45 | 100 |
| | 面接 | 語朗読、簡単な応答、図説明 | 5分 | 口述 | 40 | 15 | |
| 高級 | ﾘｽﾆﾝｸﾞ | 選択 | 40分 | 筆記 | 150 | 105 | 200 |
| | 閲読 | 選択穴埋め、問題群選択 | 50分 | | | | |
| | 作文 | 段落翻訳、作文 | 60分 | | | | |
| | 面接 | 朗読、口頭での表現 | 30分 | 口述 | 50 | 35 | |
| 優級（薪伝級） | ﾘｽﾆﾝｸﾞ | 選択 | 40分 | 筆記 | 150 | 105 | 200 |
| | 閲読 | 選択穴埋め、問題群選択 | 50分 | | | | |
| | 作文 | 作文、評論 | 60分 | | | | |
| | 面接 | 朗読、即興演説 | 30分 | 口述 | 50 | 35 | |

出典：行政院原住民族委員会［2014］より翻訳・整理して転載

院原民会主催の「族語支援教学人員研習」（族語教員養成講座）を開催してきた。二〇〇三年からは、「族語教師支援班」、「族語教材編纂班」、「族語辞典編纂班」、「原住民文化研修班」、「デジタル・メディア利用研修班」など複数の研習班に分けた養成講座が実施され、二〇〇八年からは、族語教師の能力に応じた「基礎班」／「上級班」という区分も導入されている。なお、「上級班」は、研修の目的に応じ、「族語教学上級」、「族語出題形式技術」、「族語教材編纂」、「族語翻訳技術」などの班に分けられている。

　族語認証テストの合格者は、この種の族語教員養成講座を三六時間以上受講することで、族語教育に従事する資格（「研修証書」）を取得する。この資格を有する者は、地域の小中学校で族語教員の公募があった場合に、書類審査や面接などをへて、族語教師として教壇に立つことができる。自治体や予算状況によって違いはあるが、族語教師は一般的に一コマ当たり、小学校で三二〇元（約九六〇円）、中学校で三六〇元（約一、〇八〇円）程度の講師料を得ることができる。また、毎年一二月頃の進学用族語能力テスト、後の族語測定テストが近付く一〇月～一一月頃には「対策クラス」を開設する学校もあり、この場合は通常の講師料プラスアルファの手当てが付くこともある。族語教師に対しては、この他に交通費も支払われている。しかし、一人の族語教師が担当するのは一般的に週一日～二日／数コマ程度であり、仕事が少ない村落部の生活を基準としても、固定収入として十分なものではない。制度化が進んでいるとは言え、一般的には、村落内の古老、キリスト教会関係者、族語認証テストに合格した壮年者などが使命感をもって教壇に立っているのが実情である。なお、紙幅の関係で仔細に紹介することができないが、近年の台湾では、ニュージーランド先住民・マオリの先例に倣った幼児を対象とした「イマージョン式（沒入式）族語教育」、さらには政府が推奨するコミュニティ・カレッジや民族学校の制度を利用した民族の歴史・文化教育、体験講座なども実施されつつある［黃二〇一四、石垣二〇一五］。（表3）

### ◆教科書・教材内容とデジタル・メディアの活用

以下では、筆者がこれまで調査してきたブヌン（布農族）の事例を中心に、族語教科書・教材の

表３　民主化後における原住民母語復興関連の政策・取組み

| 西　暦 | 原住民に対する言語政策・取り組み | 背　景 |
|---|---|---|
| 1987 | メディアにおける閩南語・客家語使用 | 戒厳令解除 |
| 1990 | 烏来小中学校における族語教育の開始 | 李登輝政権（1988－2000） |
| 1994 | 憲法改正作業と「原住民」という正名記載 | 第３次憲法改正作業 |
| 1995 | 教育部の補助による族語教科書の編纂開始<br>「原住民諸語表記法」発表（教育部） | |
| 1996 | 「行政院原住民委員会」設置<br>『原住民教育季刊』発行（台東師範学院） | 国民党vs民進党 |
| 1997 | 憲法改正と「原住民族」・「多元文化」条文 | 第４次憲法改正作業 |
| 1998 | 「原住民族教育法」制定 | 一連の憲法改正作業 |
| 1999 | 政大・原住民族語言教文推展中心発足<br>「原住民族文化振興発展六年計画」(~2004年) | 国家典蔵デジタル(D)化計画<br>諸分野でのDメディア活用 |
| 2000 | 族語復興・自治政策の推進 | 民進党政権の誕生 |
| 2001 | 「国民中小学九年一貫教育課程」開始<br>「族語認証テスト」開始、「族語巣」（台北市） | 教育制度改革、郷土・多元化 |
| 2002 | 「族語教員養成講座」開始、「部落大学」設立<br>政治大学ALCD「九階教材」の編纂開始 | |
| 2005 | 「原住民族語標準表記システム」公表（原民会）<br>「原住民族基本法」公布・施行<br>「原住民電視台」開局、『原教界』刊行（政大） | |
| 2007 | 「進学用族語能力テスト」開始<br>原住民族諸語語・辞書編纂計画 | |
| 2008 | | 国民党政権の復活、対中交流 |
| 2010 | 原民会「原住民教育政策白書」 | |
| 2011 | イマージョン方式幼児族語教育 | ニュージーランドの先例 |
| 2013 | 幼児族語教育、族語保育士養成 | |
| 2014 | （段階別）「族語測定テスト」開始 | |

出典：本稿の内容に基づき筆者作成

内容とデジタル・メディアの活用について紹介してみたい。

台湾各地で族語教育が試験的に始められた一九九〇年代初頭の教科書の事例としては、例えば、南投県の委託を受けてローマ・カトリック教会関係機関が刊行した『布農族母語課本（二）讀與寫』［何／曽一九九三］がある。母音、子音、問與答（対話）、字彙（語彙）のセクションが設けられ、族語学習の基礎段階として個別言語・方言の発音ならびにそのアルファベット表記や簡易対話、さらには基本語彙に力点が置かれている。一九九〇年代半ばには、県レベルでの教材編纂も本格的に行われるようになり、正書法制定の試みの成果を踏まえた上で、序文・概説、発音記号・表記法説明、日常生活や伝統文化を中心にした諸単元（単語／例文・練習問題）、語彙集、カセット・テープ／CDによる音声資料の提供という基本形式への定式化がみられた［例えば、呂（主編）一九九五、一九九六］。同じく一九九〇年代半ばには、教育部主導の全国規模の族語教科書・教材編纂プロジェクトも実施され、①本文（会話形式および叙述形式）、②新出単語（族語／中国語訳）、③練習問題という形式をもった一〇程度の課から構成される『国民小学郷土語言教材』なども、各教材に対応した指導ガイド付きで編纂された［例えば、教育部（編）一九九七、全（主編）二〇〇〇］。

ただし、当時の教科書・教材は、表記方法の不徹底、誤字脱字、中国語訳・説明の誤り、過度の伝統文化の強調と難解さ、非系統的構成などの問題を抱えていた［黃二〇〇七、林二〇〇七］。二〇〇〇年代に入り、これらの問題に配慮した画期的な教科書・教材、すなわち上述の九階教材が編纂されることになった。その最大の特徴は、諸言語・方言毎かつ各学年に対応した教科書および教員用指導ガイドの編纂にある。各段階の教科書は、各三～四課からなる三つの単元（全一〇課）によって構成されている。各課の内容は、本文、新出単語などであり、巻末には各課の本文と中国語訳、各課の新出単語、アルファベット順に整理された本書全体の語彙集が掲載されている。第一～第三段階の本文は、学校・家庭生活に関する会話文が続くが、第四段階以降には季節・気候、交通・時間・買物・読書、さらには祭祀・神話・伝統・都市生活といった現代的な暮らしと伝統的な言語・文化との関わりに言及した内容も掲載されている。他方で指導ガイドには、教科書と同様の内容に加え、課毎の教学目標、教学準備、教学要領、教学活動への提言といった諸項目が追加され、学生の興味関心を喚起する方法、講義プロセスの詳細、学生たちに会話練習をさせる場合の方法、本文内容に関連した伝統文化の説明など、詳細な内容が示されている［政治大学原住民族研究中心（主編）二〇〇六］。（写真1）（表4）

写真１　「国民中小学九年一貫課程」用教材
（九階教材　ブヌン語イシブクン方言）

出典：筆者撮影

**表4 『国民中小学九年一貫課程　原住民語教材』の構成
（例：ブヌン語イシブクン方言）**

| 階 | 基本テーマ | 単元 | 各「課」の主題 |
|---|---|---|---|
| 1 | 自己と人間関係 | 1.1　学校に行く | こんにちは(祝福語)／私は学生です／起立！ |
| | | 1.2　私の友達 | あなたのお名前は?／私たちは女性です／私の犬 |
| | | 1.3　教室の中で | 先生はどこ?／これは何?／私のお母さん／赤い本 |
| 2 | 家とコミュニテイ | 2.1　暖かい家庭 | 私の家（家族）／ご飯を食べる／私は5歳です |
| | | 2.2　私の村 | あなたの家はどこ?／私は台東から来ました |
| | | 2.3　大自然 | 山と川／太陽が出た／雨が降った／雲と虹／畑 |
| 3 | 学校と社会 | 3.1　学校生活 | 私の友達／先生の教え／授業が終わった／熱発／運動 |
| | | 3.2　学校での音 | 歌と踊り／いま何時？／電話をかける |
| | | 3.3　日常生活 | お祖父さんを訪ねて／私は絵を描く |
| 4 | 時間と自然 | 4.1　昼と夜 | 陽が落ちて／太陽が昇った／午後 |
| | | 4.2　誕生日おめでとう | お祖母さんの誕生日／誕生日／願い |
| | | 4.3　季節と気候 | 日曜日／夏／台風／秋 |
| 5 | 運動と交通 | 5.1　汗と収穫 | アリ（蟻）／徒競走／収穫 |
| | | 5.2　交通手段 | 自転車／列車に乗る／路上で |
| | | 5.3　山と海 | 台湾の山／道を訊ねる／海／漁業 |
| 6 | 食品と健康 | 6.1　私たちの飲食 | ただいま／好きな食べ物は？／食堂 |
| | | 6.2　美味しい果物 | 果物／果樹／冷蔵庫 |
| | | 6.3　健康な身体 | 虫歯／褒める／昼食／転ぶ |
| 7 | 計算と生活 | 7.1　買い物 | あなたは何を買う？／両替／貯金 |
| | | 7.2　時計 | 時計／時間厳守／お母さんの一日／ |
| | | 7.3　動物園 | 羊が一匹足りない／蛇／蝶々／猿のお尻はなぜ赤い? |
| 8 | 知識と学習 | 8.1　言語と民族 | 私はブヌン語が話せる／僕らはブヌン／昔話 |
| | | 8.2　閲読の楽しみ | 読書／本を借りる／本を買う |
| | | 8.3　手紙を書く | 手紙を書く／従兄への手紙／日記／郵便 |
| 9 | 伝統と現代 | 9.1　祖先の知恵 | 分かち合う／古老の話／口琴 |
| | | 9.2　村と都市 | 私たちの村／現代の施設／都市原住民 |
| | | 9.3　祭りと祝祭日 | 射耳祭／祭祀／結婚／卒業式 |

出典：政治大学原住民族研究中心（主編）［2006］をもとに筆者作成

二〇〇〇年代初頭にはこの他にも、二〇〇一年に開始された族語認証テストの試験対策用としての『原住民族語練習題』（全一二冊）［政治大学原住民族語言教文推展中心（編）二〇〇二］、二〇〇七年から実施された進学用族語能力テストに対応した『進学用族語能力テスト問題集』［例えば、行政院行政院原住民族委員会二〇〇七］などが作成された。前者は、試験の区分・形式に対応し、各族語の方言毎に問題が用意されている。出題される問題自体は、Ⅰ筆記試験用の選択問題、正誤問題、穴埋め問題、組み合わせ問題、並べ替え問題、説明問題、Ⅱ面接試験用の文章朗読、会話（質問／応答）、即興談話という形式で整理されている。他方で後者は、「リスニング測定」（語彙や文意を表した絵の正誤あるいは選択問題）や「口述（面接）試験」（簡単な会話問題と図・絵の内容をもとにした談話能力の測定）の実際の内容に対応した、「Ⅰ．基本語彙」、「Ⅱ．生活会話百構文」、「Ⅲ．模擬試験」、「Ⅳ．練習問題」から構成されている。前者・後者ともに各族内部の方言差にも配慮した内容であり、試験問題対策形式ではあるものの、個々の単元の学習を通じて族語使用能力（語彙力、文法理解力、作文力、発音／リスニング、コミュニケーション能力、etc.）の向上が見込める内容となっている［石垣二〇一六］。

教育部や行政院原民会主導の現在の族語復興政策においては、九階教材のような全国規模の教科書・教材を紙媒体で編纂・刊行するのではなく、既存あるいは新規の教材・データベース等のネット公開という手法が採られている。[5] その代表例のひとつが、原民会が運営する原住民諸語学習のための総合サイト「原住民族語E楽園」である。本サイトに掲載された教科書・教材には、初心者向けの発音記号学習（音声付き）・タイピング練習、進学用族語能力テスト教材などを基礎とした中学生・高校生向け学習コーナー（基本語彙、生活会話百構文、絵・図理解、選択肢問題等）、本稿でも取り上げた九階教材、童謡・民謡（歌詞・音声付き）、物語・童謡・族語会話スキットの動画集などがある。同サイトには他にも、原住民諸語のイマージョン式（没入式）族語教育、極少言語復興、語彙力競技会、族語絵本編纂などに関する内容、そしてサイト運営主体である原住民族語デジタル・センターの活動が掲載されている。（写真2）

原住民族語復興あるいは語学学習をサポートするサイトとしては、この他にも、現在実施されている族語測定テストのサイトや、長年にわたって族語認証テストの実施や試験対策用問題集の作成ならびに族語教科書・教材の編纂を牽引してきた政治大学ALCDのサイトなどがある。前者は、進学用族語能力テスト用教材の内容などを基礎とした、基本語彙や生活会話百構文そして絵・図理解などの教材を掲載するだけでなく、族語測定テストの受験者に、受験関連情報や学習サポート、そして模擬試験問題（初級・中級用）などを提供している。後者のサイトでは、同センターが編纂した九階教材を画像・音声入りで掲載するだけでなく、二〇一四年には『原住民族語中級

写真２　族語Ｅ楽園サイト
出典：<http://web.klokah.tw/>

教材――閲讀書寫篇』を電子書籍形式でネット公開している。同教材は、九階教材その他の初級教科書・教材を学び終えた人々を対象に、特に「読み」・「書き」能力の向上を目的とし「中級者用」に提供されたもので、一四族四二方言毎にそれぞれ上冊・中冊・下冊（各一〇課、計三〇課）が編纂された。各課は、本文（原住民諸語／中国語）、新出単語（付中国語訳）、本文の作者・趣旨・文化的背景を解説した「文化点滴」、学習の方法を示した「学習活動」から構成される。九階教材が基本構成をもとに各方言教材を編纂したのと異なり、同中級教材では各方言担当者の創意工夫を認め、言語・生業・伝統文化、伝説・神話、文学作品や散文、聖書の内容、童謡・民謡など、その内容は多岐にわたっている。また、上記二つのサイトと同じく政治大学ALCDのサイトでも、多くの教科書・教

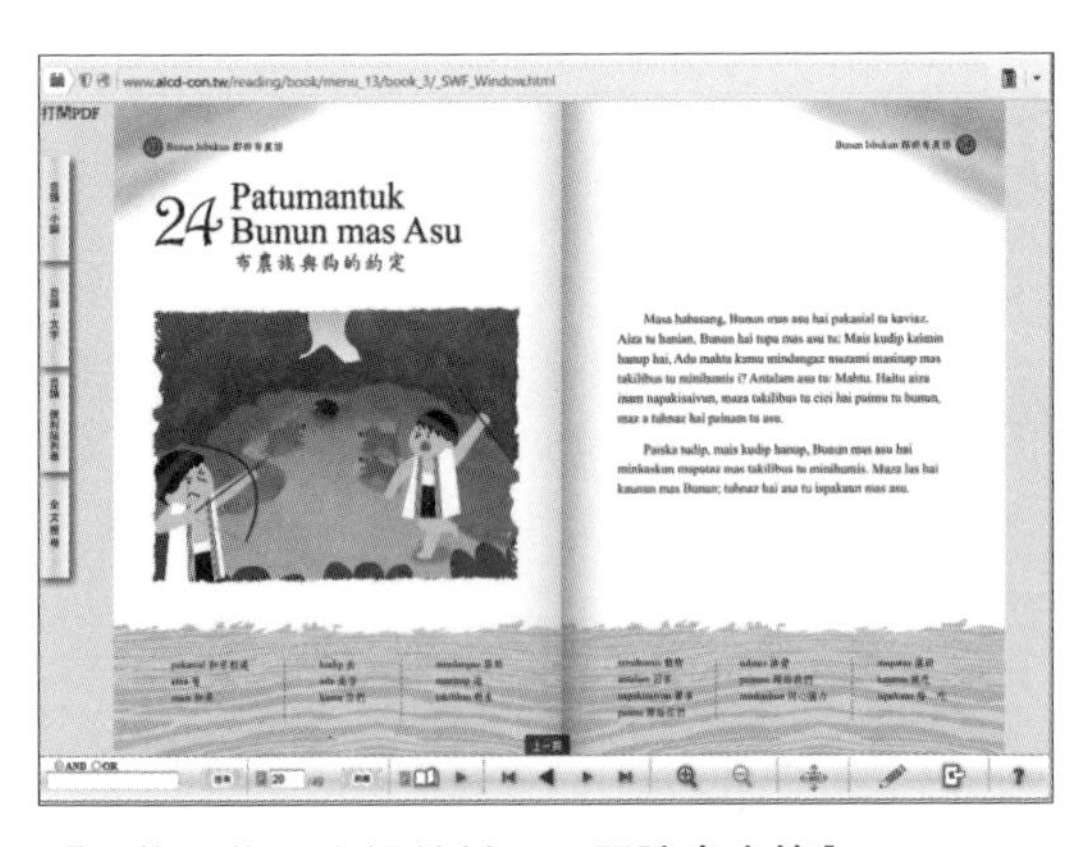


**写真３　『原住民族語中級教材――閲讀書寫篇』**（13．郡群布農語、下冊）
出典：「原住民族語中級教材――閲讀書寫篇」
<http://www.alcd-con.tw/reading/book/menu_13/book_3/_SWF_Window.html>

材が画像・音声付きで提示され、その大部分がＰＤＦやアプリ形式でのダウンロード可能となっている。特に『原住民族語中級教材』は電子書籍形式の利点を生かし、発音チェック、付箋貼り付け、メモ書き、本文検索を利用することが出来るのが特徴である。（写真3）

他方で、教育部や原民会では、地域レベルの教材や族語関連書籍の出版も補助してきた。例えば、筆者が調査してきたブヌンに限っただけでも、語彙集、読本、単語の構造分析、言語・文化辞典などが刊行されている。これと関連し、原民会主導の辞書編纂プロジェクト（二〇〇七年開始）の成果であるサイト「原住民族　族語辞典数位化平台」でも、七つの原住民族語辞書のデジタル・データを音声付きで公開している。こちらでは個別の言語・方言はもとより、民族を跨いだ語彙検索だけでなく、辞書本体もＰＤＦ形式でのダウンロードが可能となっている［石垣二〇一六］。

## ◆原住民族語使用の現状――現状と課題

以上のように、民主化後の台湾では多文化・多言語主義を肯定する先進的な諸政策が試みられてきた。しかし、長年の同化・国民化教育によって存続の危機に瀕した原住民諸語の復興は、決して容易ではない。行政院原民会の委託を受けて調査を実施（二〇一二年〜二〇一五年）した世新大学の報告［世新大学（編）二〇一六］によれば、調査対象となった原住民の六四・六二％が日常的に族語を使用すると回答しているが、日常的な中国語の使用はそれを上回り八九・三七％、閩南語でも二八・六三％に達した（複数回答可）。また、族語使用の状況は民族間で大きな開きがあり、八〇％が日常的に族語を使用するタロコ（太魯閣族）のような事例もあるが、人口の少ないサアロア（拉阿魯哇族）では全体の最低で六・八二％であった［世新大学（編）二〇一六：一六五］。自己の族語能力に対する原住民自身の評価については、「不得手」だとの回答が、リスニング（三八・八％）、スピーキング（四六・四五％）、リーディング（八一・七八％）、ライティング（八八・三〇％）となっている。全体としては、村落部の年配者で族語使用・能力が高い数値を示しているが、都市部ならびに若年層ではその割合は大きく低下している。なお、ユネスコの基準を踏まえた一六族の族語使用・継承および言語能力の現状は、表5のとおりである。（表5）

以下ではブヌンを事例に族語使用・能力の具体的な状況をみてみよう。上記の調査に基づけば、ブヌン（調査当時、人口五万四、〇〇〇人）の場合、五七・六四％が日常的に族語を使用すると回答したが、中国語使用は九四・五八％に達している［世新大学（編）二〇一六：二一五］。事実、中国語教育や中国語主体のマスメディアの影響により、村落部の若年層でもブヌン語能力は衰退傾向にあるため、祖父母世代が孫世代に合わせて中国語でコミュニケーションをとることが多い。二〇〇〇年代初頭にブヌン語の使用状況を調査した劉秋雲はこうした状況を、これまでの言語政策の結果としての、母語から「国語」（中国語）への使用言語の「転換」と表現している［劉二〇〇二］。

それでも、原住民諸族の中で四番目の人口を有するブヌンの場合、村落部での生活に限定すれば、依然として族語使用の機会は多い。例えば、家庭生活、近所付き合い、仕事（農作業、日雇労働など）、キリスト教会活動、村内放送、村落会議などの場面で、族語は日常的に使用されている。五〇～

**表５　台湾原住民諸族の族語継承・使用状況**

| 族別 | 世代継承状況 | | | 日常生活 | 使用領域 | 言語能力 | 総合評価 |
|---|---|---|---|---|---|---|---|
| | 対両親 | 対子供 | 子に教育 | | | | |
| アミ | 3 | 2 | 2 | 3 | 2 | 4 | 3 |
| タイヤル | 3 | 2 | 2 | 4 | 3 | 4 | 3 |
| パイワン | 3 | 2 | 3 | 4 | 3 | 4 | 3 |
| ブヌン | 3 | 2 | 2 | 3 | 4 | 3 | 3 |
| ルカイ | 2 | 2 | 2 | 4 | 3 | 4 | 3 |
| プユマ | 2 | 1 | 1 | 2 | 1 | 4 | 2 |
| サイシャット | 2 | 1 | 1 | 2 | 1 | 3 | 2 |
| ヤミ（タウ） | 2 | 2 | 2 | 4 | 2 | 4 | 3 |
| サオ | 3 | 1 | 1 | 2 | 1 | 3 | 2 |
| クヴァラン | 3 | 1 | 1 | 3 | 2 | 4 | 2 |
| タロコ | 3 | 2 | 2 | 5 | 2 | 4 | 3 |
| サキザヤ | 2 | 2 | 2 | 4 | 2 | 4 | 3 |
| セデック | 3 | 2 | 2 | 3 | 3 | 4 | 3 |
| ツォウ | 3 | 2 | 2 | 4 | 3 | 4 | 3 |
| サアロア | 2 | 1 | 1 | 1 | 1 | 3 | 1 |
| カナカナブ | 1 | 1 | 1 | 2 | 2 | 3 | 2 |
| 総合 | 3 | 2 | 2 | 4 | 2 | 4 | 3 |

出典：世新大学（編）［2016：164］。※数値はユネスコの基準に対応：「安全（5）／脆弱（4）／危険（3）／重大な危険（2）／極めて深刻（1）」に対応。

六〇代以上がブヌン語を母語として流暢に用いるだけでなく、三〇代でも族語使用の基本的な能力はもっている。村落部でも若年層が十分なブヌン語能力をもたないため、教会における説教や村内放送が、ブヌン語と中国語で行われる状況はあるが、逆にそれは若年層がブヌン語に触れる機会にもなっている。

小中学校でカリキュラム化された族語教育や各種の伝統文化発表会の存在は、児童生徒が族語を学び自文化に対する基礎的な知識を身に着ける重要な契機となっている。また、高校・大学進学の際の加点条件として族語能力の有無を問うことが制度化されていることも、若年層がブヌン語を学習する動機づけとして一定の役割を果たしている。しかしながら、伝統文化・言語の継承に関心をもつ人々や族語教師からは、小学校で週一回四〇分、中学校でも四五分の授業に限られることや、高等学校進学後は継続して族語を学習する機会がないことへの不満の声が挙がっている。さらに一九七〇年代から増加した都市移住の原住民（都市原住民）にいたっては、生活・教育環境や異民族間結婚などの要因もあり、移住第二世代以下の族語離れは、さらに深刻なものとなっている。

## おわりに――台湾原住民族の事例から考える沖縄の「しまくとぅば復興」

本稿では、台湾原住民族の概要を整理した上で、原住民諸語の復興に向けた諸政策や教科書・教材の内容、そして原住民社会における族語使用の現状を報告してきた。筆者はその中で、①民主化を背景とする権利回復運動の一環としての言語復興への取り組み、②政府のサポートや原住民自身の積極的参与を通じた族語教育の進展、③多様な言語・方言に対応した試験制度や教科書・教材・指導ガイドの編纂、④デジタル・メディアを活用した教科書・教材の提供、⑤若年層の族語離れや都市原住民社会における族語継承の困難などを指摘した。本稿を結ぶにあたり、台湾における原住民族語復興の経験から、沖縄の「しまくとぅば復興」の取り組みに対しどのような提言が可能かを考えてみたい。

第一に、台湾の原住民族語復興で試みられてきた、全体性を保持しつつも各民族の言語・方言の多様性に配慮した教科書・教材・指導ガイドの編纂という手法は、シマ・ムラ毎に様々なバリエーションをもつ琉球諸語の復興を考える上で、参考にすべき点を多く含んでいる。ハワイやニュージーランドの先例と比較しても、この言語・方言の多様性への配慮という点は、沖縄の「しまくとぅば復興」に対し、より具体的な施策の可能性を示していると言えよう。

第二に、沖縄でも音声データを用いた教科書・教材作成は行われている。しかし、デジタル・メディアを活用した教科書・教材・辞書データベースのインターネット公開・提供やパソコン・携帯電話などで利用可能なアプリケーションの制作・提供という台湾で試みられてきた手法は、より先進的である。場所や時間を限定されることのないユビキタスな語学学習の観点から、学ぶべき点は多い。[6]

第三に、教科書・教材の内容やコミュニティ・カレッジ等での教育理念・実践が示すように、台湾の原住民たちは族語復興を語学学習としてのみならず、伝統文化継承の重要な契機と捉えている。沖縄における「しまくとぅば」教育の取り組みもまた、言語学習・継承に留まらず、沖縄全体や個別地域の歴史・文化継承プロジェクトの一環として、実践される必要があるだろう。この点において、言語学だけでなく、考古学・歴史学・民俗学・人類学などの学際的な協力体制を築くことが重要である。

第四に、地域語離れが進む中で、人々の関心をいかに言語復興へ引き付けるかは、台湾でも重要な課題である。ハワイの事例のように、母語の使用が大学院を含む一部の高等教育機関でも制度化されたのにも関わらず、就職や一般社会での活用そして家庭での母語教育という点で、依然様々な問題に直面しているという事実も看過すべきではない[松原(編)二〇一〇]。上記第三点とも関連し、沖縄での「しまくとぅば復興」においても、グローバル化が進む二一世紀にローカルな言語・歴史・文化を学ぶ意義(7)を、若年層や社会全体へ説明し、持続可能な制度設計を行うことが必要であろう。

本稿の読者には、沖縄の「しまくとぅば復興」への関心は高くとも、隣国・台湾における原住民族語復興の取り組みについては全く知らなかったという方も多いだろう。しかし、現代の沖縄社会が抱えている政治・経済、あるいは教育・言語・文化継承、開発と環境、グローバル化と国家・地域への愛着などに係る社会の諸状況は、程度の差こそあれ世界各地でも発生している事象である。地域語の復興に限らず、個々の地域の社会・文化的な現実を、世界各地の類似状況との比較において捉えることは、個別地域の状況をより深く理解し、諸問題を改善・解決する方途を模索する上で、極めて重要である。本稿が、そうした比較社会・文化的な視座に人々が関心をもつきっかけのひとつとなれば、幸いである。

注

(1) 同地図は各言語の危機状況を、「消滅」(Extinct)を含む五段階に分けている。日本の場合、アイヌ語は「極めて深刻」(Critically Endangered)、八丈・奄美・国頭・沖縄・宮古の諸言語は「重大な危険」(Severely

Endangered)、八重山・与那国の諸言語は「危険」(Definitely Endangered)と評価されている。詳細は、ユネスコ(UNESCO)のサイト〈http://www.unesco.org/new/en/culture/themes/endangered-languages/〉を参照。

(2) 本稿の基本部分は、筆者が既発表論文［石垣二〇一五、二〇一六］を下敷きとして、二〇一六年度の沖縄国際大学うまんちゅ定例講座「しまくとぅばルネサンス」で行った発表(二〇一六年一〇月八日)をもとにしている。なお、沖縄の「しまくとぅば復興」の歴史と現状については、次の文献を参照した［ハインリッヒ／松尾(編)二〇一〇、沖縄大学地域研究所(編)二〇一三、下地／ハインリッヒ(編)二〇一四］。

(3) タイヤル(泰雅族)、サイシャット(賽夏族)、ブヌン(布農族)、ツォウ(鄒族)、パイワン(排湾族)、ルカイ(魯凱族)、アミ(阿美族)、プユマ(卑南族)、タウ(達悟族)、クヴァラン(噶瑪蘭族)、サオ(邵族)、タロコ(太魯閣族)、セデック(賽徳克族)、サキザヤ(撒奇莱雅族)、カナカナブ(卡那卡那富族)、サアロア(拉阿魯哇族)の一六族。

(4) 各族の言語を用いたニュース放送、伝統文化や現代生活に関する番組、族語学習番組などを放送している。参照、原住民族電視台ホームページ〈http://titv.ipcf.org.tw/〉。

(5) 以下で紹介する複数の原住民族諸語関連サイトについては、参考文献欄のURLを参照されたい。

(6) 言語習得の過程を考えたとき、台湾ではまだ具体的成果は表れていないが、ハワイやニュージーランドで長年取り組まれ、沖縄でも挑戦的な試みが行われてきたイマージョン式教育も、大いに推進すべきであろう。

(7) ローカルな言語・歴史・文化の教育は、地域的特性を強調する観光産業の発展、沖縄の地理・自然環境に根差した六次産業の育成、米軍基地問題をめぐって揺れる現代沖縄の政治・社会状況の歴史・文化的な再考、沖縄に必要な人材育成などの諸点において、必要不可欠な営為である。

## 参考文献

### 日本語


石垣　直二〇一一『現代台湾を生きる原住民――ブヌンの土地と権利回復運動の人類学』風響社

――――二〇一五「現代台湾における原住民母語復興（一）――諸政策の歴史的展開と現在」『南島文化』三七：一－二四．（沖縄国際大学南島文化研究所）

――――二〇一六「現代台湾における原住民母語復興（二）――教科書・教材内容の検討」『南島文化』三八：一－二七．（沖縄国際大学南島文化研究所）

沖縄大学地域研究所（編）二〇一三『琉球諸語の復興』芙蓉書房出版

下地理則／ハインリッヒ、パトリック（編）二〇一四『琉球諸語の保持を目指して――消滅危機言語をめぐる議論と取り組み』ココ出版

菅野敦志二〇一二『台湾の言語と文字――「国語」・「方言」・「文字改革」』勁草書房

台北帝国大学土俗人種学研究室一九三五『台湾高砂族系統所属の研究』刀江書院

台湾総督府警務局（編）一九四四『高砂族の教育』台湾総督府警務局

ハインリッヒ、パトリック／松尾慎（編）二〇一〇『東アジアにおける言語復興――中国・台湾・沖縄を焦点に』

三元社
松原好次（編）二〇一〇『消滅の危機にあるハワイ語の復権をめざして——先住民族による言語と文化の再活性化運動』明石書店

## 中国語（画数順）

世新大學（編）二〇一六『原住民族語言調査研究三年實施計畫　一六族綜合比較報告　第一—三期報告適要彙編』
全正文（主編）二〇〇〇『国民小学郷土語言教材 布農語 第四冊（六年級）試用本』教育部
行政院原住民族委員會二〇〇七『原住民學生升學優待取得文化及語言能力證明考試　基本語彙、生活会話百句、模擬試験及練習題【郡群布農語】』
行政院原住民族委員會二〇一四『一〇三年度　原住民族語言能力認證測驗　簡章』行政院原住民族委員會
呂必賢（主編）一九九五『布農母語読本　首冊』花蓮縣政府
——（主編）一九九六『布農母語読本　第一冊』花蓮縣政府
何新貴／曾瑞琳一九九三『布農族母語課本（二）　讀與寫』南投縣天主教山地服務研究社
林英津二〇一〇「原住民族語言政策的觀點——從『國語政策』到原民會的『族語認證』」黃樹民・章英華（編）『台灣原住民政策變遷與社會發展』：二九七—三五五．中央研究院民族學研究所
林修澈二〇〇七「政大版原住民族語言教材編寫的回顧與展望」台東大學華語文學系（編）『原住民族語言發展論叢——理論與實務』：二二五—二三六．行政院原住民族委員會

政治大學原住民族語言教文推展中心（編）二〇〇一『原住民族語練習題』全一二冊

政治大學原住民族研究中心（主編）二〇〇六『國民中小学九年一貫課程　原住民族語　學習手冊／教師手冊』（四〇種　全九階）教育部・行政院原住民族委員會

教育部（編）一九九七『國民小學鄉土語言教材　布農語　教師手冊　第一冊（三年級）試用本』教育部

黃美金二〇〇七「台灣原住民族語能力認證考試之回顧與展望」台東大學華語文學系（編）『原住民族語言發展論叢——理論與實務』：八二—一〇〇．行政院原住民族委員會

——二〇一一「台灣原住民族語師資的培育回顧與展望」『台灣語文研究』六（一）：六九—一一四．

——二〇一四「台灣原住民族復振工作之回顧與展望」、發表於「二〇一四年　台灣原住民族國際學術研討會——當代面貌的探索」（中央研究院民族學研究所・行政院原住民族委員會・順益台灣原住民博物館其他主辦）、二〇一四年九月一五日～一七日、台北

劉秋雲二〇〇二『台灣地區原住民母語教育政策之探討——以布農族為例』（國立政治大學語言研究所　碩士論文）

趙素貞二〇一一『台灣原住民族語教育政策之分析』東華大學原住民民族學院

インターネット（最終閲覧：二〇一六年一二月九日）

政治大學原住民族研究中心（ＡＬＣＤ）〈http://alcd.tw/〉

原住民族語言能力認證測驗　〈http://lokahsu.org.tw/〉

原住民族語Ｅ樂園　〈http://web.klokah.tw/〉

原住民族　族語辭典數位化平台　〈http://e-dictionary.apc.gov.tw〉
原住民族電視台（ＴＩＴＶ）　〈http://titv.ipcf.org.tw/〉
UNESCO　Endangered Language　〈http://www.unesco.org/new/en/culture/themes/endangered-languages/〉

# なぜ琉球方言を研究するか

狩俣繁久

狩俣　繁久・かりまた　しげひさ
所属・職名：
琉球大学　国際沖縄研究所　教授
一九七四年四月　琉球大学法文学部文学科国語国文学専攻課程
主要業績など：
「琉球方言の言語地理学と動的系統樹」『シークヮーサーの知恵』二〇一六年、京都大学出版会
「方言系統地理学—歴史言語学から列島形成史へ—」『国際琉球沖縄論集』第6号、二〇一六年
「endangered　language と killer language」『時の眼—沖縄』批評誌N27、二〇一三年
専門：琉球方言
※役職肩書等は講座開催当時

## 琉球方言と本土方言

日本語の諸方言は、琉球列島（沖縄県の八重山諸島、宮古諸島、沖縄諸島、それに鹿児島県の奄美諸島）で伝統的に話されてきた「琉球方言」と、それ以外の日本本土ではなされてきた「本土方言」の、ふたつにおおきく区分される。琉球列島の面積、人口ともに日本全体の一パーセントにすぎないにもかかわらず、琉球方言が本土方言と対立する大方言とみられるのは、琉球列島が地理的に本土からとおくはなれ、一八七九年に日本に組みこまれるまで約四五〇年ものあいだ、琉球国という国家を形成し、日本とは別の歴史をあゆみ、本土方言のつよい影響をうけることなく独自の発達をとげ、結果として本土方言とおおきくことなることによる。そのちがいは、発音、文法、語彙の面でみられる。

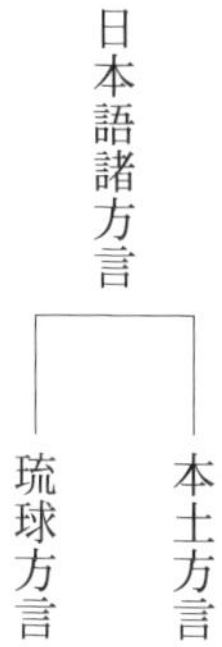

日本語諸方言
- 本土方言
- 琉球方言

琉球国がながいあいだ中国との交易を独自におこない、政治的にも文化的にも影響をうけたこと、そして、標準語しか知らない人が琉球方言を聞いてまったく理解できず、本土方言とのちがいがおおきいために、琉球方言を中国語の一種ではないかと疑問をもたれる人もすくなくない。

しかし、中国語の影響は少なく、料理や衣服など文化的な単語を借用しているのにとどまっている。

ポーポー（菓子名）
チンビン（巻餅・菓子名）
チンスコー（菓子名）
ティンガーチュー（ビロード・天鵝絨）
ヤンジン（ニッケル・洋銀）

琉球列島の固有のことばは、日本語との親族関係が証明されていて、日本語の地域語の「方言」であるとされている。

## 琉球方言の多様性

琉球列島北端の喜界島を宮城県仙台市にかさねると、那覇が長野県の西部あたりに位置し、石垣島は淡路島の西側に、最西端の与那国島は広島県近くに位置することになる。

約九〇〇㎞におよぶ海域に点在する島々ではなされているために、琉球方言は北と南ではことばがまったく通じないほど、その内部差がおおきく、青森方言と鹿児島方言の違いよりも大きいともいえる。沖縄本島の人たちは宮古方言が全く理解できない。八重山諸島の西端の与那国島の方言を、おなじ八重山諸島の石垣島の人が聞いて理解できないし、沖縄島のようなおおきな島のなかでも南部に位置する県都那覇市の人たちは、おなじく北部の今帰仁村の方言を聞いても理解できないことがある。それは母音や子音の数のちがいなど、音韻体系のちがいだけでなく、文法体系、とくに、動詞や形容詞の活用などのちがいが影響をあたえている。

下は、よくしられた昔話を与那国島方言と今帰仁村方言に訳したものである。

【今帰仁方言訳】

ムカーシ　ハーラムカーシ、ダーニゲーラ
プープートゥ　パーパーガ　ヲゥイタンディ。
プープーヤ　ヤマーカティ　タムーヌ　トゥイガ、
パーパーヤ　ハーラカティ　チヌー　アレーガ
イジャンディ。パーパーガ　チヌー　アラートゥイヌバー
ハーラヌ　ウイチャラ　マギ　ムムーガ
フチャイ　シジダイ　サーガチー　ナガリティ　チャンディ。

【与那国島方言訳】

ンカチ　ンカチ、アル　ドゥグルニ
アサトゥ　アブガ　ワタン。
アサヤ　ダマンキ　ティムヌ　スインディ、
アブヤ　カランキ　チンタク　キンディ
ワタン。アブガ　チンタク　キブリャー
カラヌ　カンガラ　ホーティンキヌ　ムムガ
キヤラ　キヤラ　ナガリスタン。

格助詞「-へ」が与那国島方言では「-ンキ」であらわれ、今帰仁方言では「-カティ」であらわれる。格助詞「-から」は与那国島方言では「-ガラ」で、今帰仁方言では「-チャラ」であらわれている。「アサ（おじいさん）」「アブ（おばあさん）」にたいして「プープー」「パーパー」で、ちがいがみられる。

| | | |
|---|---|---|
| フガラサ | ワリ | ミンブル |
| タンディガータンディ | ンミャーチ | カナマイ |
| ニフェーデービル | メンソーレー | チブル |
| アリガテサマリャオタ | イモルィ | カマチ |

それぞれ、与那国、宮古、那覇、奄美の「ありがとう」「いらっしゃい」「頭」である。

琉球方言は、奄美諸島、沖縄諸島で話されている奄美沖縄諸方言と、宮古諸島、八重山諸島で話されている宮古八重山諸方言の二つに大きく区分される。二つの方言グループは島の全くない約三〇〇キロメートルの海によって隔てられている。そのため、沖縄方言と宮古方言の言語差は非常に大きく、沖縄本島の人たちは宮古方言が全く理解できない。

沖縄県の沖縄諸島、宮古諸島、八重山諸島、鹿児島県の奄美諸島のよっつの諸島を総称して琉球列島とよぶことがある。琉球列島で伝統的に話されてきた言語は、系統的にみて日本語と深い関係にあり、日本語（本土方言）と共通の祖先から分かれた姉妹語である。

琉球列島の言語がとても多様であること、琉球国がながいあいだ日本国とは別の国家をなし、独自の歴史を歩んだこと、日本本土の諸方言（本土方言）ときわめて大きな違いをしめすことなどの理由から、最近では「琉球方言」とよばず「琉球語」とよばれるようになっている。

日本語とのあいだには発音のうえでの規則的な対応がみられる。琉球語全体で日本語のオ段の母音oがuに変化している。沖縄本島とその周辺の島々の方言ではエ段の母音eがiに変化し、イ段の母音iと一緒になっている。

## ことばは、最高の道具

人類が誕生して以来、創造してきたものは数えきれないほどあるが、もっとも崇高で最高の道具は、ことばである。ことばの所有は、人間と人間以外の動物をわける、もっとも大きな違いのひとつである。ことばは、単なる伝達のためだけに存在しているわけではない。われわれは、ことばがなければ、思想や科学をうみだすことも芸術をつくりだすこともできなかった。ことばがなければそれらのものを時間と空間を越えて遠く離れた人々に伝えることも発展させることもできなかった。ことばは、人類が創造し

| | | 沖縄首里方言 | | | | 八重山与那国島方言 | | |
|---|---|---|---|---|---|---|---|---|
| a | a | カサ（笠）， | ヤマ（山）， | ファー（葉） | a | カサ（笠）， | ダマ（山）， | バラ（わら） |
| i | i | シル（汁）， | チム（肝）， | アイ（蟻） | i | ミ$^{?}$チ（道）， | ウ$^{?}$チ（牛）， | チル（汁） |
| u | u | ムシ（虫）， | クジ（釘）， | ヌヌ（布） | u | フチ（口）， | クディ（釘） | ムチ（虫） |
| u | i | シナ（砂）， | ミジ（水）， | チミ（爪） | i | $^{?}$チナ（砂）， | ミディ（水）， | チディ（頂上） |
| e | i | ユミ（嫁）， | サキ（酒）， | ウディ（腕） | i | ドゥミ（嫁）， | ウディ（腕） | サギ（酒） |
| o | u | ムム（腿）， | クトゥ（事）， | スス（裾） | u | ムム（腿）， | ウトゥ（音）， | ブヌ（斧） |
| ae | e | メー（前）， | フェー（蝿）， | ，エー（藍） | ai | マイ（前）， | ハイ（蝿）， | アイ（藍） |

たもっとも緻密で繊細で複雑な道具だといえるだろう。

ことばによって人の行動が規定されることがある。イリマックヮということばをしっている人は、よそで寝るとき、どこに枕を向けるべきか気になり、無意識に行動する。ことばを媒介にした文化があり、文化を支えていることばがある。ことばそのものが文化であり、琉球語はかけがえのない無形の文化財である。


「マブヤー、マブヤー、アンマー フチュクル タックヮリヨー」

（魂、魂、お母さんの懐に付きなさい）。


これは「魂込（マブイグミ）」のときのまじないのことばである。魂はほんのちょっとした拍子にも抜け落ちると考えられ、子供に元気がないとき、様子がおかしいとき、簡単な儀式とともにまじないのことばを唱えた。家族や集落の人々の健康を祈願することばがある。伝統的な精神文化の多くがことばとともにある。

こういうことを古臭いとか単なる迷信だとかいわずに、親や祖父母の子どもや孫に対するスキンシップ、愛情表現のあらわれと捕らえなおしてみるのはどうだろう。なんとなく元気がないとき、母親や祖父母が心配し、どうしたの、何かあったのかと聞き、いろいろとやってくれる。その様子を見ながら、ああ自分は愛されているんだなと感じる。そういう経験は子どもの成長に欠かせないのではないだろうか。ほっぺたにキスをしたり、おもちゃを買い与えたりするだけが愛情表現ではないはずである。

さて、つぎの文を考えてみよう。

「うちには　一緒に　暮らしている　いとこが　いる。」
バンチャーカイ　マーゾン　クラセール　イチュフヌ　ウン。

「私」の「いとこ」は、男だろうか、女だろうか。「私」よりも年上なのだろうか、年下なのだろうか。一人だろうか、二人以上なのだろうか。

「おとうさん、おかあさん」「おじいちゃん、おばあちゃん」は男女の区別をする、「にいさん、ねえさん」「おとうと、いもうと」は男女の区別だけでなく、年齢の上下も区別する。しかし、「いとこ」はそのいずれの区別もしないし、「いとこ」と聞いてもその違いを認識することもない。「私」には、その「いとこ」が従兄弟、従姉妹、従兄妹、従姉弟、従妹弟、従兄姉、従兄、従姉、従弟、従妹のいずれであるのかは、わかりきったことなのに、ことばでそれを表わし分けないし、聞き手もその違いを気にしない。ことばにはとりまく現実をわれわれがどう認識したかが反映されているし、そのことばによって制約されて世界を認識している。

# ことばの力

「言霊（ことだま）」ということばを知っているだろうか。ことばには霊力や呪力がそなわっていて、ことばを発するとそれが実現するという考えをあらわしている。沖縄の諺「クトゥバ　ウーユン（コトバを追う）」は、現実がことばを追う、すなわち、良いことでも悪いことでも言ったとおりになるので、ことばづかいには注意しなさいという言霊的な考えがある。仏壇のまえで祖先に手をあわせるときや神に祈るとき、ことばを口に出したり心で唱えたりするのは、そんな考えがいまの私たちの生活のなかに生きているからなのだろう。

そんなの信じないという人でも生まれてきた自分の子が将来こんな人間になってほしいという親としての願いを込めて名まえをつける。子どもの幸せをねがう親の思いは、いつの世でも変わらないが、こんな人になってほしいという理想は時代によってかわる。沖縄のお年寄りの名まえに多いチルーやカミーには鶴や亀のように長生きして欲しいという願いがこめられている。人々の価値観が多様化した現代では子どもの名まえも様々である。名まえからは親の願いや時代がよみとれる。子どもが大人になったとき、どんな人間になっているか、どんな社会になっているか、五十年後の、百年後の、未来の子どもたちのことを考え、名まえをつける（行動する）ことが求められている。子どもの手本になるよう、大人としてことばを大切につかいたいものである。

沖縄の諺の「クトゥバヤ　ウシクマラン（ことばは押し込められない）」は、いちど口にしたことばを口に押し戻すことはできないので、大切に使いなさいと教えている。名まえに込められた親の願いや言霊のことを考えながら、祖先から受け継がれてきたことば、新たに生み出されることば、私たちのまわりのことばに注意をむけてみよう。

## なぜ琉球方言を研究するか

琉球方言の研究、そして記録、保存には、うしなわれていくものに対する感傷的な感情からでてくるのではない、普遍的で、かつ多様な意義がある。琉球方言が消滅の危機に瀕しているとすれば、将来に悔いをのこさないために、手遅れにならないうちに何をしなければならないのか真剣にかんがえなければならない。

## 文化としての琉球方言の記録保存

琉球方言が、そこに住む人々の生活現象や思想を表現し、伝達する道具であるならば、その記録保存は純粋に言語学的な目的だけでなされるものではない。過去の人々の知識の総体を記録したものとして、その社会と人々の生活、そして歴史を反映する文化財として琉球方言を後世にのこさなければならない。そのためにも辞典の編纂は重要な役割をもっている。(1)

まだ方言辞典をもたない地域がある。各地の方言辞典が是非とも欲しいものである。それは現在生きている人々のためにも、そして、未来の子どもたちのためにも必要なものである。

さまざまな習慣や風俗がすたれ、かつて使用した民具などが博物館や資料館などでしかみられなくなってきている。民具の記録には、その形態や使用方法、その部分の名称などが記述されなければならないし、植物名には食用になるのか、その調理方法、季節や生育状況、薬用になるとすれば、その効能などを記述することが大切だろう。生活様式や労働のすべての面にわたって記録しておくことがますます重要になってくるし、挿絵や写真などとともにしめすことも必要だろう。百科事典と国語辞典の両方の性格を備えた辞典が必要である。

科学技術の進歩にともない、安価で操作性にすぐれた情報機器がでてきた。パソコンを利用した電子辞典にしあげることも可能である。昆虫や植物などはカラー写真とともに提示することができる。芸能などはもちろん、民具などは、それの使い方をビデオで録画して提示することもできる。いまのうちに音声を録音しておけば、琉球方言の音声を再現しながら辞典をよむことができる。さまざまな観点からの検索も自由である。その電子琉球語辞典をインターネットにつなげば、どこからでも利用できるようになる。二二世紀にむけて理想的な辞典を編纂することが可能である。

いま、もっともいそがなければならないことは何だろう。パソコンなどの情報機器に入力すべき琉球方言そのものが消滅の危機にある。その語彙の収集がもっとも緊急な仕事なのではないだろうか。うえにのべたような大量に、詳しい琉球方言の収集が必要だし、それに民族誌的な記述をおこなうには民俗研究者はもちろんだが、何といっても、伝統的な生活のなかでゆたかな生活経験と知識をもっている地元の人々が自らの琉球方言を記述するのが一番である。

琉球方言の記録・保存と継承は、ある特定の個人のためのものではなく、その地元に現在すんでいる人々と、将来そこに住む人々のものであるとすれば、地元市町村の行政的な援助も必要である。いま、この瞬間にも琉球方言はうしなわれていっている。

## 琉球方言をはなせるようになりたい人のために

英語や中国語、ドイツ語やフランス語といった大言語のばあい、言語研究は、語学教育におおきく寄与する。それは、少数民族の言語についても同じである。琉球方言を話せない世代、あるいは、よそから移住してきた人々が琉球方言を理解し、話せるようになりたいという要求に対して、入門的なテキストが必要である。かつて、琉球方言が蔑視されていたころには考えられないことだが、琉球方言が消えてなくなろうとすることが明白になってきたためか、はなせるようになりたいという人のためのさまざまな活動がおこなわれてくるようになってきた。

封建的な社会で自由に移動することができず、人々が土地に縛られて暮らしていた時代には、琉球方言の習得は家庭や地域のなかで無意識に行われていたが、社会の変化とともに、そのような条件がかならずしも満たされないとすれば、今後は外国語をまなぶように琉球方言を身につけていかざるをえないだろう。

お年寄りとの円滑なコミュニケーションがはかるために、役所の若い職員や警察官、看護婦などを相手に方言講座がひらかれている。公民館やいろんなところで入門講座がひらかれている。そういう講座を成功させるには、本格的な入門書が必要である。まったく話せない人のための初歩的なテキス、中級編、上級編のテキストが用意されていなければならないだろう。また、学習者のための教材としてのカセットテープやビデオも準備しておく必要がある。そういうものがそれぞれの琉球方言に欲しいものである。

辞典とおなじように、文法書も重要である。将来、琉球列島の人々が自分の生まれ育った土地の琉球方言をつかいたくなったとき、その琉球方言がかなり変容しているか、あるいは、消滅してしまっていても、しっかりとした辞典と文法書があれば、ある程度の会話能力や読解能力を保障することはできる。

話せるようになりたいという目的で琉球方言をまなぶ人々のためには、読み物も必要である。伝統的な文学だけでなく、琉球方言で詩をかいたり、歌をつくったり、戯曲を創作したり、あたらしい試みの文学も必要だろう。「白雪姫」や『ハリーポッター』や、いろいろな科学的な読み物などを琉球方言に翻訳することも必要である。さまざまな場面で琉球方言が使用されることを想定して、たくさんのテキストを用意する必要がある。すなわち、琉球方言の言文一致運動である。

日本語とのあいだに、発音上も、文法上も規則的な対応関係があるので、日本語を第一言語（母語）とする人々にとって、琉球方言を習得するのは、他の外国語を習得するのにくらべてはるかに容易である。その好条件をいかせば、琉球方言の継承は、まったく不可能ではない。そして、琉球方言をおしえてくれる大勢の「教師」がまだまだ健在なのである。

## 「琉球文学」の研究と教育のために

琉球列島には祭祀にともなう歌謡が豊富にある。宮古島狩俣集落の「祖神にーり」は、集落の創世をテーマにした、長大な英雄叙事詩で、本土の「古事記」「万葉集」などの歌謡よりも古い形態だといわれている。このような歌謡が琉球列島各地に豊富にあり、注目をあつめている。これらの歌謡をふく琉球方言で語られる諺、謎々、民話などの口承伝承も「琉球文学」に属すし、琉球列島の人々のためにのこされた貴重な文化財である。

祖先の残した、このような文学作品を理解し、鑑賞することによって祖先の思想やものの感じ方、感性にまなぶことができる。われわれが子どものころによく読んでもらったり、聞かせてもらったりしたことのある、「白雪姫」や「ヘンゼルとグレーテル」といったグリム童話は、ドイツのグリム兄弟が自分たちの故郷の物語を収集し、書き残したものである。グリム兄弟の仕事によってドイツの一地方の物語が世界中の子どもたちに知られるようになった。グリム童話には普遍的なテーマ、面白さがあるが、同じような内容、あるいは効果がえられるのであれば、なにもとおい国の物語をよむことはない。琉球列島の子どもたちにとって身近な作品がいいはずである。

そのとき、標準語訳された作品だけで足りるだろうか。文学作品は、微妙な感性や表現の妙を読み取ることによってはじめて真の理解に到達できるものだとおもう。たしかに、いまの子どもたちは、琉球方言を知らない。しかし、おさない子どもたちは、何度も読み聞かせをうけるうちに物語を覚えてしまう。そんな子どもたちにすぐれた内容の物語を両親や祖父母がことばの意味を教えながら、何度も何度も読み聞かせることによって、子どもたちは琉球方言を覚え、物語世界のなかにはいっていくことができるだろう。そういう方法によってしか祖先の息づかいを感じることはできないはずである。琉球方言がわからないだろうといって、ことばを理解し記憶する子どもたちの能力を過小評価してはいないだろうか。琉球方言で読み聞かせられる両親や祖父母が今ならまだいる。

子どもや若者たちが自分の力でそんな物語を読みたいとおもったときのために、そのような原話には、標準語訳をつけ、古典文学全集などにみられる詳しい語注、解説をつける作業が必要である。いまなら簡単につけることのできる注や語訳も、百年後、二百年後には相当に困難な仕事になっているだろうし、万葉集や「おもろさうし」のように未詳語のおおいものになってしまう。その仕事は文学の研究者のものでもあるが、琉球方言の研究者も協力しなければならない。

琉球文学の継承と教育も大切である。日本人がまなぶべき教養として古事記や万葉集、源氏物語、徒然草などの古典文学が学校教育のなかでとりあげると同じように、沖縄県の子どもたちに郷土の文学を教えることも大切である。沖縄県教職組合が編集した「琉球文学―高校生のための副読本」

や中学生のための琉球文学の副読本があって、県下の学校で生徒たちに配布されている。戦後生まれの若い教師たちがふえ、その教師自身が琉球方言をしらず、琉球文学の素養がないまま、次世代への継承が危ぶまれ、新たな指導方法の確立が望まれている。いまならまだ、琉球方言をよく知るベテラン教師がいて、若い教師と一緒に教材開発や指導方法を確立することができるはずである。

## 一般言語学的に見て興味ぶかい琉球方言

ガラパゴス諸島は、何万年もの時間をかけて南アメリカ大陸から遠ざかってきた。陸上動物のおおくが南アメリカのそれと共通の祖先をもっているが、大陸からの影響をうけずに、島での独自の進化をとげたのである。ダーウィンは、このガラパゴス諸島に生息するゾウガメやフィンチ（鳥）が島ごとにみせる変異をみて、進化論を確立した。

琉球方言も、日本祖語から分岐したのち、ながいあいだ本土から孤立しながら、島ごとに独自の発達をとげてきた。

現代日本語には、「鉈（なた）」と「灘（なだ）」、「影（かげ）」と「賭け（かけ）」など語にみられるように、濁音（ガ行、ダ行、ザ行）と清音（カ行、タ行、サ行）の対立があって、意味のちがいを区別する。しかし、宮古大神島の方言には、清音（カ行、タ行、サ行）と濁音（ガ行、ダ行、ザ行）の対立がない。すなわち、/ｐｔｋ/と/ｂｄｇ/の区別がないのである。

ウティ（腕）、トゥー（胴）、ナタ（涙）、ナピ（鍋）、パサ（芭蕉）、カカむ（鏡）、

北海道の先住民であるアイヌの人々の固有の言語であるアイヌ語にもこのような対立はない。さらに周辺言語に目をむけると、ハワイ語をふくむポリネシア系の言語にも清濁の区別をもたない言語がある。大神島方言とこれらの言語との直接の関係はない。しかし、大神島方言ではかつて清濁の区別があったのだが、大神島方言が独自に変化した結果、うしなわれた。大神島方言で濁音がなくなっていった原因やその変化のプロセスをつきとめることは、一般言語学的にみて重要である。

与那国島の方言には母音が原則として三個しかないが、奄美大島の方言には子音が二八個もある。奄美大島北端の佐仁集落の方言には母音が一八個（短かい母音が一一個、長い母音が七個）あるが、宮古大神島の方言には子音が一〇個しかない。これらの方言は、いずれも日本祖語から分岐したのち、琉球方言内部での変化の結果、母音の数や子音の数に変化がみられる。文法的にも単語の意味の上でも同様の変異が島ごとにみられ、変化のさまざまな局面を見ることができる。この状況は、ガラパゴス諸島になぞらえることができる。

このように一般言語学的に見て興味深い現象を提示してくれる琉球方言であるが、琉球方言が島ごとに、そして地域ごとにすこしずつちがっていることが、その変化のプロセスを解明するための重要な要因になっている。日本祖語から分岐したコトバが琉球列島の島々にひろがって定着し、島ごとに独自の変化をしていくさまをみていくことによって、言語がいかに変化していくかをみるこ

とができる。このような緻密で詳細な研究を保障してくれる環境は、ダーウィンにとってのガラパゴス諸島にも似て、一般言語学に対する琉球方言研究の貢献が期待されるのである。

## 日本語の歴史の研究のために

言語の歴史を研究する方法には、文献学的な方法と比較再建の方法がある。文献学的な方法は、「万葉集」「古事記」などの現存する古い文献、木簡、碑文などにのこされたコトバから言語史をさぐる方法で、文献の年代がある程度わかるので、言語史をさぐる確実な方法である。

しかし、文献の数には制限がある。古くてまとまった資料の得られる文献は、「日本書紀」「竹取物語」「源氏物語」などの中央のものである。そして、文献以前の言語状況をしることはできない。文献に記された言語も当時の言語生活全体をあらわしてはいない。この文献学的な方法だけでは、言語の歴史を解明するのは十分ではない。

その文献学的な方法をおぎなうのが、現存する方言や言語を比較することによって言語の歴史を再建する比較再建の方法である。この比較再建の方法によって古い時代の言語を解明するには、中央語の影響をあまりうけない、多様な周辺言語の研究が必要である。

本土の方言が絶え間なく中央語の影響にさらされていたのに対して、琉球方言は、ながいあいだ、孤立して独自の発展をとげた。そのために、本土の方言がうしない、琉球方言が保存している特徴がおおくある。本土からのながいあいだの孤立、本土の方言との差異のおおきさなどを考慮すると、文献以前の日本語の歴史を研究するとき、琉球方言研究の役割はとてもおおきいのである。

日本語のハ行の音は、奈良時代以前には/p/であり、おそくとも平安時代の初期には/p/はうしなわれたと推定されている。そして、室町時代には/Φ/になり、現在では/h/に変化してしまった。「鼻」はかつて「パナ」と発音されていて、「ファナ」になり、いまは「ハナ」といっているわけである。ところが、沖縄島北部の方言、石垣島や宮古島の方言は、いまでも/p/を残して発音されていることがよく知られている。

パナ（花）、ピィトゥ（人）、ピラ（へら）、ポーザー（包丁）、プニ（骨）『石垣方言辞典』から

花、骨、日など、ハ行の音で始まる単語の語頭の子音のhは、奈良時代以前にはpであったといわれている。すなわち、「パナ」「ポネ」「ピ」のような発音だったわけである。ハ行の音は、おそくとも平安時代の初期には「パ、ピ、ポ」から「ファ、フィ、フォ」のように変化し、現代では「ハ、ヒ、ホ」になっている。

しかし、沖縄北部の名護市や今帰仁村の方言や宮古諸島の方言は、「パナ（花）」「プニ（骨）」「ピル（昼）」などのように、古い日本語のハ行のpを保存している。これらの方言を含め、琉球方言の発音の実態とその仕組みを詳しくしらべることによって、日本語では何故pからhに変化したの

か、そして、どのようにして変化していったのかなど、変化の原因やメカニズムを解明するための重要な鍵をにぎっている。

## 琉球列島、日本列島の史的研究のために

琉球列島は、すくなくとも縄文時代以降、現在にいたるまで、日本本土とのながい交流の歴史をもっている。しかし、日本語は弥生時代以降に列島にひろがっていったと推定されているが、もしそうだとして、いま話されている琉球方言のまえに、琉球列島ではなされていた先住民の基層語はどんな言語だったのだろうか。

港川人の子孫である琉球列島の人々は、いつから、そして、どのようにして日本語の姉妹語である琉球方言をはなすようになったのだろう。その琉球方言がはなされる以前にはどんな言語がはなされていたのだろうか。あとから渡来してきた人々が先住民を滅ぼしてしまったのだろうか。それとも少数の人々が言語や文化をはこんできたのだろうか。言語学者はこの問題の解決にあたらなければならない。

琉球方言と日本語とのあいだにかなり規則的な対応があり、先行言語（基層語）が残り滓のようにしか存在していないとすれば、琉球方言に先行する基層語の研究には高い理論が必要である。また、考古学、人類学、民俗学など周辺諸科学の成果に学びながら、日本語、およびアイヌ語を含む

周辺諸言語との詳細な比較研究も必要になってくる。

そのためには、地名、熱帯や亜熱帯に固有の動植物名などを含むたくさんの単語の収集、すなわち、辞典が必要である。日本語と対応しない単語のなかに、先住民の基層語につながるものがのこっている可能性があるからである。

周辺諸科学の進歩は、別の分野での思わぬ新しい発見を準備する。たとえば、考古学的な遺跡の発掘において遺物を収集したあとの土砂は、以前なら捨てられていたが、研究の進歩にともなって、その土砂のなかから植物の花粉やイネ科の植物に含まれるプラントオパールをとりだし、人々の食生活や農耕の有無が確認できるようになってきた。法医学や病理学、遺伝子工学や生化学などの発達が人類の系統の研究に多大な成果をもたらすようになった。現段階の言語学は、まだ、日本人(琉球列島の人々をふくむ)の起源をさぐるうえでの大きな力になっていないが、周辺諸科学の成果にまなびながら、詳細に言語資料を集積し、研究を進展させていければ、日本人と日本文化の起源の解明のために、言語学が寄与できる日がくるだろう。

以上のように、琉球方言研究には、さまざまな目的、多様な意義があります。琉球方言研究は、単に大学の研究者だけのためのものではない。琉球列島の珊瑚礁が世界的にみても貴重な自然であり、飛騨高山の合掌作りの家並が世界遺産であるように、琉球方言も、もちろん、琉球列島にうまれそだった人々にとって大切なコトバだが、世界的にみても貴重な文化財なのである。

なお、琉球方言を継承していくうえで、学校教育の可能性については、「消滅危機言語の教育可能性を考える―多様な琉球諸語は継承できるか―」藤田陽子、渡久地健、かりまたしげひさ編琉球大学国際沖縄研究所ライブラリー『島嶼地域の新たな展望―自然・文化・社会の融合体としての島々』（二〇一四）九州大学出版会に書いた。「消滅危機方言における辞典の役割」『シークヮーサーの知恵』（二〇一六年）、「endangered languageとkiller language」『時の眼―沖縄』批評誌N二七（二〇一三年）、「琉球列島の諸方言」『月刊琉球』しまくとぅば特集三月号、（二〇一五年）などと合わせてご参照ください。

注

(1) 琉球語には、宮良當壯『八重山語彙』（一九三〇）、国立国語研究所編『沖縄語辞典』（一九六四）、仲宗根政善『沖縄今帰仁方言辞典』（一九八三）、長田須磨、須山名藻保子編『奄美方言分類辞典』上下巻（一九七七、一九八〇）、宮城信勇『石垣方言辞典』（二〇〇三）、『伊是名島方言辞典』（二〇〇五）、『与論方言辞典』（二〇〇五）のような本格的な方言辞典が刊行されている。

# 刊行のことば

沖縄国際大学学長　前津榮健

二〇一六年六月～一〇月の間に開催された沖縄国際大学公開講座の「うまんちゅ定例講座」をまとめ、『しまくとぅばルネサンス』と題して刊行することとなりました。

大学は高等教育機関として社会に有用な人材の育成を目指すことを第一の使命としています。また、教育活動の成果を地域社会に還元し、地域社会の発展に寄与することも使命の一つであります。本学は、「沖縄の伝統文化と自然を大切にし、人類の平和と共生を支える学術文化を創造する。そして豊かな心で個性に富む人間を育み、地域の自立と国際社会の発展に寄与する」ことを教育理念として、人材育成に努めております。

そして、教育活動の地域社会への還元として、本学では地域社会で暮らす皆様に向けて、うまんちゅ定例講座、学外講座、大学入門講座、大学正規科目の公開、そして講演会の五種類の公開講座を提供しております。

その中で、「うまんちゅ定例講座」の刊行は、第一巻の『琉球大国の時代』から始まり、今回で二六巻目にあたります。

これまでにも、沖縄の歴史、文化、芸能、社会、経済、産業、環境、政治、法政、基地問題等、多岐にわたる分野の中から、各学部持ち回りでメインテーマを設定した講座を開催しており、本書の末尾にシリーズ全二六巻のタイトルと各担当者のテーマを掲載しておりますので、併せてご覧頂ければ幸いです。

今回は、総合文化学部の教員を中心に一三人がその専門性と見識に基づき、消滅が危惧されている沖縄の「しまくとぅば」について様々な切り口で分析を行い、発表しています。「しまくとぅば」あるいは「地域語」の現状と課題に関心のある皆様にとって、沖縄の将来展望を考える一助になればと存じます。

沖縄国際大学は、日本復帰直前の一九七二年二月に創立して以来、建学の精神に則り、前述の教育理念に基づき、地域に根ざし、世界に開かれた大学を目指して参りました。こらからさらに力強く発展するために、地域と連携・協力し、地域を世界につなげる人材の育成に邁進してまいります。

万国津梁の沖縄を運営する人材を目指し、未来を展望するためにも、「うまんちゅ定例講座」シリーズの刊行がその役割の一つを担っているものと考えております。

老若男女を問わず、多くの県民の皆さんが「うまんちゅ定例講座」に参加し、活発な議論を交わして頂くことができれば、本講座の大きな目的が果たされるといえるでしょう。

皆様の人生を豊かなものにして頂く一助となりますよう、今後も「うまんちゅ定例講座」をよろしくお願い致します。

沖縄国際大学公開講座26

# しまくとぅばルネサンス

発　行――二〇一七年三月三一日
編　集――沖縄国際大学公開講座委員会
発行者――西岡　敏
発行所――沖縄国際大学公開講座委員会
〒九〇一―二七〇一
沖縄県宜野湾市宜野湾二丁目六番一号
電話　〇九八―八九二―一一一一（代表）
印刷所――株式会社　東洋企画印刷
発売元――編集工房東洋企画
〒九〇一―〇三〇六
沖縄県糸満市西崎町四丁目二一―五
電話　〇九八―九九五―四四四四
ISBN978-4-905412-70-0 C0080 ¥1500E

# 地域を映す
# 沖縄国際大学公開講座

**沖縄国際大学公開講座シリーズ　四六版**

## 1 琉球王国の時代

一九九六年発行　発売元・ボーダーインク　本体価格　一四五六円

琉球王国以前の沖縄　高宮廣衛／琉球の歴史と民衆　仲地哲夫／琉球王国の英雄群像　遠藤庄治／琉球王国と言語　高橋俊三／琉球王国の通訳者　伊波和正／琉球王国と武芸　新里勝彦

## 2 環境問題と地域社会―沖縄学探訪―

一九九七年発行　発売元・ボーダーインク　本体価格　一四五六円

地形図をとおしてみた沖縄―沖縄の自然と文化　小川護／沖縄の土壌―ジャーガル・島尻マージ・国頭マージの特性　名城敏／沖縄の自然とその保全―やんばるの森はいま！　宮城邦治／沖縄の信仰と祈り―民間信仰の担い手たち　稲福みき子／沖縄の地域共同体の諸相―ユイ・郷友会・高齢者など　玉城隆雄／沖縄から見た世界のスポーツ　宮城勇

## 3 女性研究の展望と期待

一九九七年発行　発売元・那覇出版社　本体価格　一四五六円

ノーベル文学賞と女性　喜久川宏／英米文学史の中の女性像　伊波和正／アメリカ南部の女性像　ウィリアム・ランドール／近代女性作家の戦略と戦術　黒澤亜里子／沖縄県における女子労働の実態と展望　比嘉輝幸／教科書に見られる女性労働と女性像　カレン・ルパーダス

## 4 沖縄の基地問題

一九九七発行　発売元・ボーダーインク　本体価格　一四五六円

沖縄の基地問題の現在　阿波連正一／米軍の犯罪と人権　福地曠昭／反戦地主、「おもい」を語る　新崎盛暉・真栄城玄徳／米軍基地と平和的生存権　井端正幸／地方分権と機関委任事務　前津榮健／沖縄社会と軍用地料　来間泰男／国内政治の変遷と沖縄基地　高嶺朝一／日米安保体制と沖縄　長元朝浩／国際都市形成構想の意義　府本禮司／基地転用と国際都市形成構想の課題　野崎四郎

## 5 アジアのダイナミズムと沖縄

一九九七年発行　発売元・ボーダーインク　本体価格　一五〇〇円

アジアの経済的ダイナミズム　富川盛武／華南経済圏と沖縄　富川盛武／中国本土における経営管理　天野敦央／台湾の政治と経済の発展　湧上敦夫／沖縄・福建圏域の構想と実現化―中国との共生を目指して　吉川博也／岐路に立つ韓国経済　呉錫畢／タイの経済発展新垣勝弘／シンガポールの社会経済の発展と課題　大城保／国境地域の経済　野崎四郎／華僑のネットワーク　小熊誠／外来語にみる日本語と中国語　兼本敏／タイに学ぶ共生の社会　鈴木規之／韓国の文化と社会　稲福みき子

沖縄国際大学公開講座委員会刊

# 地域を映す
# 沖縄国際大学公開講座

## 6 沖縄経済の課題と展望

一九九八年発行　発売元・那覇出版社　本体価格　一五〇〇円

沖縄経済の現状と課題　湧上敦夫／国際都市形成構想　宮城正治／規制緩和と沖縄の経済発展—フリー・トレード・ゾーン（FTZ）を中心に　富川盛武／米軍基地と沖縄経済　眞栄城守定／地方財政の動向と地域振興　前村昌健／軍事基地と自治体財政　仲地博／沖縄の経済開発政策　野崎四郎／沖縄の政策金融　譜久山當則／内発的発展による沖縄の経済発展と自立化—沖縄と済州島の比較　呉錫畢／沖縄のアグリビジネス—主として薬草産業（健康食品産業）を中心に　比嘉堅／沖縄の雇用問題—次世代の主役たちのための社会的資源の適正配置を考える　喜屋武臣市／マルチメディア・アイランドの形成に向けて　金森邦雄／返還跡地と業態立地—北谷町の事例を中心に　金城宏／国際都市と自由貿易構想の検討—主として流通論を中心に　新城俊雄／沖縄の産業と規制緩和　宮城弘岩

## 7 南島文化への誘い

一九九八年発行　発売元・那覇出版社　本体価格　一五〇〇円

南島文化への誘い—南島文化とは何か・模合から見た沖縄とアジア—　波平勇夫／南島現代社会論への誘い—現代沖縄の郷友会社会—　石原昌家／南島考古学への誘い—沖縄のルーツ—　當眞嗣一／南島近世史への誘い—日本の中の異国—　仲地哲夫／南島民俗宗教への誘い—南島の祖先祭祀—　平敷令治／南島文化人類学への誘い—中国から来た風水思想—　小熊誠／民俗社会における「正当性」を巡る考察　李鎮榮／琉球方言への誘い—琉球方言の地域性—　加治工真市／琉球・社会方言学への誘い—沖縄の若者言葉考—　野原三義／沖縄民話への誘い—キジムナーとカッパ—　遠藤庄治／琉球文学への誘い—『おもろさうし』の魅力　嘉手苅千鶴子／沖縄民俗音楽への誘い—神歌からオキナワン・ポップスまで—　比嘉悦子／南島民俗芸能への誘い—祭りや村遊びに出現する踊り神・来訪神　宜保榮治郎

## 8 異文化接触と変容

一九九九年発行　発売元・編集工房東洋企画　本体価格　一五〇〇円

源氏物語と異文化—「辺境」からの創造—　葛綿正一／中世神話と異文化—養蚕をめぐる貴女の物語—　濱中修／大城立裕—内包される異文化—　大野隆之／イスラムとユダヤの出会い　須永和之／ことばと異文化接触　兼本敏／沖縄の異文化家族—エスニシティーへの理解と言語習得・教育の諸問題—　ダグラス・ドライスタット／アフリカ系アメリカ人の文学と沖縄文学—二重意識の問題を中心に—　追立祐嗣／大学における国際化と文化的交流　西平功／バルザックの世界と異文化—アジアの国々をめぐる想像の産物—　大下祥枝／日本とドイツ—人の交流—　漆谷克秀／文学における異文化接触　米須興文

沖縄国際大学公開講座委員会刊

# 地域を映す
# 沖縄国際大学公開講座

## 9 転換期の法と政治

二〇〇〇年発行　発売元・編集工房東洋企画　本体価格　一五〇〇円

転換期における国際政治と外交　松永大介／転換期における医療保険の現状と未来　伊達隆英／生命保険契約法の改正について—その社会的背景と展望—　脇阪明紀／人権の国際的保護　緑間榮／日本の外交政策—転換期の環境問題—　赤阪清隆／安楽死是非論　高良阮二／転換期における東欧と民族紛争—コソボ危機を中心に—　伊藤知義／転換期の国家法一元論　徳永賢治／消費者法の展開—製造物責任法と消費者契約法—　阿波連正一／企業再編時代の到来—会社法の現在、そして未来—　山城将美／二一世紀に向けた国際政治の潮流と沖縄　江上能義／変わりゆく家族—国際的な状況の変化と家族法のゆくえ—　熊谷久世／変貌する少年法制　小西由浩／地方分権と行政課題—情報公開を中心として—　前津榮健／遺伝子鑑定の現実と社会的環境　新屋敷文春

## 10 情報革命の時代と地域

二〇〇一年発行　発売元・ボーダーインク　本体価格一五〇〇円

マルチメディア社会とは何か　稲垣純一／沖縄県にソフトウェア産業は根付くか　又吉光邦／産業ネットワークと沖縄経済の振興　富川盛武／情報技術革新下の課題と方途—情報管理の視点から情報化の本質を考える—　砂川徹夫／情報技術の商業的な利用法について　安里肇／情報通信による地域振興　古閑純一／デジタルコンテンツビジネス産業の可能性について　稲泉誠／情報化と行政の対応　前村昌健／ＩＴ（情報技術）とマーケティング　宮森正樹／沖縄県におけるコールセンターの展望　玉城昇

## 11 沖縄における教育の課題

二〇〇二年発行　発売元・編集工房東洋企画　本体価格　一五〇〇円

教育崩壊の克服のために—教育による人間化を—　遠藤庄治／日本語教育から見たパラダイム・シフト—より豊かな「つながり」を目ざして—　大城朋子／学校教育とカウンセリング　逸見敏郎／教育課程改革の動向と教育の課題—「総合的な学習の時間」導入の背景と意義—　三村和則／現代沖縄と教育基本法の精神—人権・平和・教育の課題への問い—　森田満夫／教師に求められる新たな人間観・教育観　玉城康雄／「生きる力」を培う開かれた教育　津留健二／総合学習と地理教育の役割—環境論的視点から—　小川護／沖縄の国語教育—作文教育の成果と課題—　渡辺春美／教育情報化への対応　吉田肇吾／情報教育の課題—有害情報問題をめぐって—　山口真也／平和教育の課題　安仁屋政昭／大学の現状と課題—大学の危機とポスト学歴主義—　阿波連正一／憲法・教育基本法の根本理念　垣花豊順／八重山の民話と教育　遠藤庄治／学校教育と地域社会教育の連携と教育の再興　大城保

沖縄国際大学公開講座委員会刊

# 地域を映す
# 沖縄国際大学公開講座

12 **自治の挑戦 これからの地域と行政**
二〇〇三年発行　発売元・編集工房東洋企画　本体価格　一五〇〇円
地方分権と自治体の行政課題　前津榮健／国際政治のなかの沖縄　吉次公介／地方議会の現状と課題　照屋寛之／沖縄の基地問題　屋良朝博／市民によるまちづくり・NPOの挑戦　横山芳春／アメリカの自治に学ぶ　佐藤学／地方財政の現状と課題　前村昌健／沖縄の地方性と政治　西原森茂／政策評価とこれからの地方自治　佐藤学／八重山の自然環境と行政　西原森茂／今なぜ市町村合併か　照屋寛之／政治の中の自治と分権　井端正幸

13 **様々な視点から学ぶ経済・経営・環境・情報**
**—新しい時代を生きるために—**
二〇〇四年発行　発売元・編集工房東洋企画　本体価格　一五〇〇円
テーゲー経済学序説—環境・経済・豊かさを語る—　呉錫畢／キャッシュ・フロー情報の利用　鵜池幸雄／IT時代の情報管理モデル　砂川徹夫／食糧生産と地理学—米と小麦生産を中心に—　小川護／日本社会経済の再生—地域分権化・地域活性化・全国ネットワーク化—　大城保／長期不況と日本経済のゆくえ—構造改革路線を考える—　鎌田隆／タイの観光産業の現状とマーケティング活動　モンコンノラキット・モンコン／久米島の環境　名城敏／ヨーロッパ公企業論—タバコ産業の場合—　村上了太／マーケティングの心とビジネス　宮森正樹／自動車システムから学ぶ人間の生き方　比嘉堅

14 **沖縄芸能の可能性**
二〇〇五年発行　発売元・編集工房東洋企画　本体価格　一五〇〇円
国立劇場と沖縄芸能の可能性　大城學／琉球舞踊と玉城盛義　玉城節子／沖縄の民話と芸能　遠藤庄治／琉球芸能の可能性　狩俣恵一／沖縄芝居と沖縄方言　八木政男／琉歌を語る、歌う　島袋正雄／祭祀芸能の地理的基盤—本部町村落の景観変化—　崎浜靖／本土芸能と琉球芸能——覚書　葛綿正一／琉球舞踊と初代宮城能造　宮城能造／創作組踊の可能性—大城立裕の「新五番」　大野隆之／組踊、いまむかし　島袋光晴

15 **基地をめぐる法と政治**
二〇〇六年発行　発売元・編集工房東洋企画　本体価格　一五〇〇円
なぜ米軍は沖縄にとどまるのか　我部政明／米軍基地と日米地位協定　新垣勉／戦後沖縄の「保守」に関する基礎的考察　吉次公介／米軍再編と沖縄基地、普天間の行方は？　伊波洋一／米国の保守支配を考える　佐藤学／普天間飛行場跡地利用を考える　上江洲純子／軍事基地と環境問題　砂川かおり／基地と情報公開　前津榮健／米軍再編と沖縄　問われる発信力　松元剛／基地問題と報道　三上智恵／刑事法から見る「日米地位協定」　小西由浩／基地所在市町村における公共投資支出　平剛

沖縄国際大学公開講座委員会刊

# 地域を映す
# 沖縄国際大学公開講座



沖縄国際大学公開講座委員会刊

# 地域を映す
# 沖縄国際大学公開講座

⑲ うまんちゅ法律講座　二〇一〇年発行　発売元・編集工房東洋企画　本体価格　一五〇〇円

日本国憲法の原点を考える　井端正幸／裁判員制度について　吉井広幸・渡邉康年／刑事裁判の変貌　小西由浩／不況と派遣労働者　大山盛義／個人情報保護法制定の意義と概要　前津榮健／グレーゾーン金利廃止と多重債務問題　田中　稔／会社法の課題　―企業グループの運営における支配会社の責任　坂本達也／歴代那覇地裁・那覇家裁所長から裁判所行政を考える　西川伸一／日本の立法過程：政治学の観点から　芝田秀幹／郷土の法学者　佐喜眞興英の生涯　稲福日出夫

⑳ 地域と環境ありんくりん　二〇一一年発行　発売元・編集工房東洋企画　本体価格　一五〇〇円

新エネルギーとして導入が進む太陽光発電　新垣武／持続可能な観光と環境保全　上江洲薫／沖縄県における「基地外基地」問題について　友知政樹／沖縄ジュゴン訴訟　砂川かおり／地域の環境保全に活かされる金融　永田伊津子／島嶼型低炭素社会を探る　野崎四郎／沖縄本島と沖永良部島におけるキク類生産の現状と課題　小川護／観光を楽しむための情報技術　根路銘もえ子／沖縄の自然環境と環境問題　名城　敏／コモンズ（入会）と持続可能な地域発展　呉錫畢

㉑ 産業を取り巻く情報　二〇一二年発行　発売元・編集工房東洋企画　本体価格　一五〇〇円

銀行ATMの「こちら」と「むこう」　池宮城尚也／情報化と行政について　前村昌健／観光調査の情報分析と政策への提言　宮森正樹／パソコンや家電が身振り手振りで操作できる！　小渡悟／情報を知識に変えるマネジメント　岩橋建治／海外市場における日本製娯楽ソフトの不正利用状況と消費メカニズム　原田優也／オリオンビールの新製品開発と原価企画　木下和久／県内企業と決算情報　河田賢一

㉒ 世変わりの後で復帰40年を考える　二〇一三年発行　発売元・編集工房東洋企画　本体価格　一五〇〇円

島津侵入～近世琉球への模索～　田名真之／琉球処分　赤嶺守／沖縄戦　―　壊滅から復興へ　吉浜忍／占領という「世変わり」と自治の模索　鳥山淳／沖縄の開発と環境保護　宮城邦治／文化財行政、世界遺産　上原靜／沖縄の生殖・家族とジェンダー　澤田佳世／民俗宗教と地域社会　信仰世界の変容　稲福みき子／記憶と継承　記憶・保存・活用　藤波潔／先住民族運動と琉球・沖縄　石垣直

沖縄国際大学公開講座委員会刊

# 地域を映す
# 沖縄国際大学公開講座

## 23 自治体改革の今　沖縄の事例を中心にして

二〇一四年発行　発売元・編集工房東洋企画　本体価格　一五〇〇円

沖縄の発展可能性と戦略　富川盛武／琉球政府と沖縄県―権力移行期における「議会」の比較―　黒柳保則／市町村合併と自治体改革　古謝景春／那覇市繁多川公民館の試みから　大城喜江子・南信乃介／中核市・那覇の未来を拓く　翁長雄志／地方制度改革の現状　佐藤学／議会改革の現状と課題―アンケート調査結果を中心に―　前津榮健／行政評価と自治体財政　平剛／国と地方のあり方～地方分権改革の視点から～　照屋寛之

## 24 沖縄を取り巻く経済状況

二〇一五年発行　発売元・編集工房東洋企画　本体価格　一五〇〇円

横断的問題解決手法　浦本寛史／沖縄経済論―二つの陥穽について―　宮城和宏／沖縄の雇用労働問題―中小企業イコールブラック企業か―　名嘉座元一／沖縄経済と観光　湧上敦夫／沖縄の基地経済～課題と展望～　前泊博盛／大学の社会的責任―経済性と社会性に関する非営利組織論的アプローチ―　村上了太／アブダクションを用いた製品設計のための方法論の検討―沖縄における創造性―　金城敬太／地域資産としての沖縄の文化的景観　崎浜靖／沖縄における金融状況　安藤由美／沖縄における交通産業の生成と発展　梅井道生

## 25 産業情報学への招待

二〇一六年発行　発売元・編集工房東洋企画　本体価格　一五〇〇円

観光資源未開発地域の活性化に関する一考察　宮森正樹／沖縄県財政の特徴―類似県との比較を通じて―　仲地健／沖縄県におけるスポーツの果たす可能性を探る　慶田花英太／沖縄県におけるIT人材育成の課題と方途　砂川徹夫／クルーズ客船の経済学　田口順等／アジア新中間層における日本エンターテインメントの消費行動　原田優也／沖縄県における六次産業化の現状について　高嶺直／地域経済からみる中国国際貿易市場　佐久本朝一／人工知能見聞録　曹真

## 26 しまくとぅばルネサンス

二〇一七年発行　発売元・編集工房東洋企画　本体価格　一五〇〇円

琉球文とシマ言葉　狩俣恵一／しまくとぅばと学校教育　田場裕規／ベッテルハイムと『英琉辞書』　漢語　兼本敏／沖縄を描く言葉の探求　村上陽子／崎山多美の文体戦略　黒澤亜里子／香港における言語状況　李イニッド／琉球語の表記について　仲原穣／琉球民謡に見るしまくとぅばの表現　西岡敏／「しまくとぅば」の現状と保存・継承の取り組み　中本謙／南琉球におけるしまくとぅばの現状　下地賀代子／「うちなーやまとぅぐち」から「しまくとぅばルネッサンス」を考える　大城朋子／現代台湾における原住民族語復興への取り組み　石垣直／なぜ琉球方言を研究するか　狩俣繁久

沖縄国際大学公開講座委員会刊

# 地域を映す
# 沖縄国際大学公開講座

9 沖縄と世界の海の神話／西洋の海の神話
学習院大学教授・同大学文学部長　吉田敦彦　著／フランス・グルノーブル第三大学教授・同大学想像性研究所所長　フィリップ・ワルテル　著
二〇〇二年発行　発売元・編集工房東洋企画　本体価格五〇〇円

10 21世紀における大学教育
札幌学院大学教務部長 廣川和市、名城大学学長 網中政機、京都学園大学人間文化学部長（次期学長）海原　徹
桜美林大学学長 佐藤東洋士、熊本学園大学理事・事務局長 目黒純一、沖縄国際大学理事長・学長 波平勇夫　著
二〇〇三年発行　発売元・編集工房東洋企画　本体価格五〇〇円

11 個人のライフスタイルとコミュニティーの自立
心理学者　ジル・ジョーダン　著
二〇〇三年発行　発売元・編集工房東洋企画　本体価格五〇〇円

12 グローバリゼーションの中の沖縄
沖縄国際大学理事長・学長 波平勇夫、イリノイ大学名誉教授 コージ・タイラ、静岡県立大学教授 伊豆見 元、宜野湾市長 伊波洋一、フランス国立科学研究センター研究主任・社会科学高等研究院日本研究所所長 パトリック・ベイヴェール、翰林大学校教授・日本学研究所所長 池 明観
二〇〇四年発行　発売元・編集工房東洋企画　本体価格五〇〇円

13 元米海兵隊員の語る戦争と平和
アレン・ネルソン　著
二〇〇六年発行　発売元・編集工房東洋企画　本体価格五〇〇円

14 インドの生命科学　アーユルヴェーダに学ぶ、真の沖縄の健康づくり
クリシュナ・ウパディヤヤ・カリンジェ　著
二〇〇九年発行　発売元・編集工房東洋企画　本体価格五〇〇円

沖縄国際大学公開講座委員会刊